Hans Christian Andersen · MUTTER HOLUNDER

Hans Christian Andersen

MUTTER HOLUNDER

21 Märchen aus dem Teekessel

Bilder von Sabine Friedrichson

Ausgewählt und mit einem Vorwort

»Bevor Mutter Holunder über der Teetasse schwebt«

von Bernd Jentzsch

BELTZ
& Gelberg

Bildquellen im Anhang: H. C. Andersen Hus, Odense (S. 2, 3, 4, 5, 7, 8, 9, 17, 18, 19, 22, 23, 24); S. 3 u. S. 20/21 Scherenschnitte, hergestellt nach Vorlagen aus dem Andersen Hus / Sabine Friedrichson, Hamburg (S. 10, 11, 14, 15, 16) / Det Kongelige Bibliothek, Kopenhagen (S. 6, 7 unten) / Ralf Mauer, Collage aus zeitgenössischen Andersen-Fotos (S. 12, 13).

Bild S. 7, Ausschnitt aus Foto »Auf Friejsenborg im Sommer 1863« (Undenrigsministeriet, Kobenhagen)

Der Andersen-Essay von Egon Monk erschien erstmalig in einer Serie der ZEIT und wurde mit freundlicher Erlaubnis des Autors dem Band *»Die ZEIT-Bibliothek der 100 Bücher«, hersg. von F. J. Raddatz, Suhrkamp Taschenbuch 645, Suhrkamp Verlag, Frankfurt a. M.,* entnommen.

(Mit freundlicher Erlaubnis wurde das Titelmärchen ›Fliedermütterchen‹ verändert in ›Mutter Holunder‹)
Umschlag von Sabine Friedrichson, Hamburg
Typographie von Ralf Mauer, Hamburg
Gesetzt aus der Baskerville
Gesamtherstellung
Beltz Offsetdruck, 6944 Hemsbach über Weinheim
Printed in Germany
ISBN 3 407 80100 9

BEVOR MUTTER HOLUNDER ÜBER DER TEETASSE SCHWEBT

Es war einmal ein kleiner dänischer Junge, der hieß Hans nach dem Vater und Christian – ja, Christian hieß er wohl nach seinem Großvater. Er wollte ein berühmter Dichter werden, und das ist er dann auch geworden. Als er geboren wurde, blühten überall in den Gärten Tulpen und Narzissen, und auf dem Kalenderblatt stand: 2. April 1805. Zur Welt gekommen ist er in Odense. Wenn ihr das große »O« betont und die letzten beiden Buchstaben wie »See« aussprecht, habt ihr schon ein bißchen Dänisch gelernt. Dänisch ist eine schwierige Sprache. Die Hauptstadt von Dänemark heißt Kopenhagen, aber die Dänen sagen »Köbnhaun«. Und das Wort, das Hans Christian Andersen später für seine Märchen benutzt hat, schreiben die Dänen so: »Eventyr«. (Ihr merkt schon, es ist mit unserem Wort »Abenteuer« verwandt.) Laßt das »e« in der Mitte einfach weg, sprecht das »y« wie »ü« aus, gebt euch alle

Mühe beim »r« und betont es gleichzeitig vorn und hinten. Ja, so ist es richtig: »Evntür«. Und mehr müßt ihr über die dänische Sprache gar nicht wissen. Aber über den kleinen dänischen Jungen, der Dichter werden wollte, gibt es noch viel zu erzählen.

Womit soll ich nun beginnen? Vielleicht ist es am besten, wenn ich damit beginne: Hans Christian Andersen ist in der Welt weit herumgekommen. Es gibt fast kein Land in Europa, in dem er nicht wenigstens einmal war. Doch davon erzähle ich euch später. Am Ende seines Lebens wurde er sogar nach Amerika eingeladen. Aber weil er Angst hatte, das Meer zu überqueren, blieb er lieber zu Hause. Ein wenig wird er dabei auch an ein Mädchen gedacht haben, das er sehr lieb hatte und das auf der Fahrt nach Amerika mit dem Schiff untergegangen ist.

Wer so viele Reisen unternimmt, der braucht natürlich ein großes Reisegepäck. Hans Christian Andersen ist mit zwei Koffern, einer Tasche, einer Hutschachtel und einem Schirm um die halbe Welt gereist. Und mit einem Seil. Damit hat es eine besondere Bewandtnis.

Er hatte es immer bei sich, wenn er auf Reisen ging. Warum? fragt ihr. Weil er felsenfest davon überzeugt war, daß irgendwann einmal das Hotel abbrennen würde, in dem er gerade übernachtete. Dann wollte er das Seil am Fensterkreuz festbinden und an ihm auf die Straße hinunterklettern.

Er hatte wirklich schreckliche Angst vor vielen Dingen. Nie hat er auch nur einen einzigen Löffel von der dänischen Obstsuppe gekostet, weil er fürchtete, Bauchweh zu bekommen. Eines Morgens hatte der Kaffee einen komischen Beigeschmack, und er glaubte, der Kellner habe ihn vergiften wollen. Wenn in der Lotterie seine Nummer nicht gezogen wurde, war er traurig wie einer, der Liebeskummer hat. (Aber einmal hat er doch 500 Taler gewonnen!) Auf der Straße konnte es passieren, daß ihn plötzlich eine furchtbare Platzangst ergriff – dann hakte er sich hilfesuchend bei einem fremden Menschen unter. Er hatte auch immerzu Angst, sein Reisepaß könnte nicht in Ordnung sein, und schon malte er sich aus, was der Grenzbeamte alles mit ihm anstellen würde. Die allergrößte Angst hatte er davor, lebendig begraben zu werden. Deshalb legte er abends einen Zettel vor sein Bett, auf den er geschrieben hatte: »Ich bin scheintot.«

Für sein Leben gern trank er Holundertee, denn Holundertee beruhigt und hilft, die Angst zu vertreiben, besonders bei Fieber. In dem Märchen von der »Mutter Holunder«, mit dem unser Buch beginnt, erzählt er davon. Und wenn ihr ganz genau lest, werdet ihr merken, daß Hans Christian Andersen immer auch ein klein wenig von sich selber erzählt. Der Soldat, der in dem Märchen »Das Feuerzeug« auf der Landstraße dahermarschiert kommt – sieht er ihm nicht zum Verwechseln ähnlich? Oder das häßliche Entenküken, das von allen nur getreten und verspottet wird, bis es sich in einen prächtigen Schwan verwandelt – ja, das ist kein anderer als er selbst. »Er wird sich schon durchschlagen!« sagt die Entenmutter im Märchen, aber eigentlich hat es Hans Christian Andersen ganz allein zu sich gesagt, um sich Mut zu machen.

Als er dann ein alter Mann war, der zwischen Nase und Mund lange, tiefe Falten hatte, ist er ein sehr berühmter Dichter gewesen. Er war zu seiner Zeit der bekannteste Däne in Dänemark. Nicht nur seine Dichterkollegen kannten ihn, sondern auch die Kutscher und die Waschfrauen und die Rechtsanwälte und die Kapitäne. Am besten aber kannten ihn wohl die Kinder, für die er all die schönen Märchen geschrieben hat, und dafür liebten sie ihn. Geliebt und verehrt wurde er nun in ganz Europa. Könige baten ihn an ihre Höfe und verliehen ihm Orden, eine Reise jagte die andere – so war das, als er alt war. Wißt ihr auch, wie es vorher gewesen ist? In seiner Jugend hat es Hans Christian Andersen sehr schwer gehabt. Er konnte sich nur selten satt essen, und manchmal wußte er nicht, wovon er die Miete für sein Zimmer bezahlen sollte.

Jetzt habt ihr schon ziemlich viel über diesen Mann aus Odense erfahren, aber noch nichts über die Zeit, in der er gelebt hat. Hört also gut zu!

Damals waren die Städte klein, die Straßen schlecht und unsicher, und es gab noch keine Autos und kein Radio. Die Leute arbeiteten vierzehn Stunden am Tag, und nicht alle konnten lesen und schreiben. Trotzdem war das eine sehr aufregende Zeit, denn in ihr wurden viele Erfindungen gemacht. Mister Morse erfand den Schreibtelegrafen (denkt nur an das Morse-Alphabet), Monsieur Daguerre die Fotografie, die man Daguerreotypie nannte, Herr Reis das Telefon und Herr Nobel das Dynamit. 1835 fuhr zwischen Nürnberg und Fürth die erste deutsche Eisenbahn, und die Reisenden wunderten sich, daß es ganz ohne Pferde voranging.

So sah die Welt aus, als er geboren wurde. Seine Eltern waren ein Schustergeselle und eine Dienstmagd.

Heute kann nicht einmal der schlaueste Forscher sagen, wo das

Geburtshaus von Hans Christian Andersen stand. Später ist die Familie in das kleine Haus in der Munkemöllestraede gezogen.

Ihr wißt ja, wie bange einem werden kann, wenn man allein im Zimmer sitzt und es dunkel und immer dunkler wird. Hans Christian hat sich vor dem Dunkelwerden sehr gefürchtet. Aber nicht nur davor! Das Herz schlug ihm bis zum Hals, wenn er am Zuchthaus von Odense oder am Friedhof vorbeigehen mußte. Am wohlsten fühlte er sich in einer Ecke bei seinen selbstgebastelten Spielsachen. Und als er endlich lesen konnte, las er die wenigen Bücher, die der Vater besaß. Lesen war bald schon seine Lieblingsbeschäftigung.

Mit fünf Jahren kam er in die Schule. Weil ihn die Lehrerin verprügelte, meldete ihn seine Mutter in einer Schule an, in die nur jüdische Kinder gingen. Als diese Schule geschlossen wurde, mußte er in die Armenschule gehen. Dort gab es einen Lehrer, der die alten Geschichten aus der Bibel so spannend erzählte, daß Hans Christian ganz begeistert davon war. Er spielte sie mit seinen Puppen nach und vergaß darüber sogar die Hausaufgaben, die er dann schnell auf dem Schulweg erledigte. Das Lernen ist ihm sehr leichtgefallen. Eines Tages sagte eine alte Frau zu seiner Mutter, aus ihrem Sohn werde bestimmt einmal ein bedeutender Mann, und Odense werde ihm zu Ehren hell erleuchtet sein.

Im Stadttheater hörte er zum ersten Mal das geheimnisvolle Wort »Dichter«. Es machte einen so gewaltigen Eindruck auf ihn, daß er beschloß, selber Dichter zu werden. Er besorgte sich Papier und Tinte und dichtete ein Schauspiel, in dem alle Personen auf der Bühne sterben müssen. Seine Mutter kriegte es mit der Angst zu tun, verbot ihm das »dumme« Dichten und schickte ihn in eine Tuchfabrik. Und was hat er in der Fabrik gemacht? Er sang den Arbeitern Lieder vor. Weil er eine schöne Stimme hatte, hielten sie ihn für ein Mädchen, das sich verkleidet, und trieben derbe Späße mit ihm. Da ist er nie wieder in die Fabrik gegangen.

Nach der Konfirmation sollte er ein Handwerk erlernen. Aber Hans Christian wollte kein Handwerker, sondern Schauspieler werden. Er bettelte so lange, bis seine Mutter es ihm erlaubte. In einer Postkutsche versteckt, fuhr er im Herbst 1819 als blinder Passagier nach Kopenhagen. Sofort meldete er sich beim Direktor des Königlichen Theaters an. Als er das Zimmer des Direktors verließ, war er sehr traurig, denn es gab keine freien Stellen am Theater.

Ein Tischlermeister, der einen Lehrling suchte, sagte zu ihm: »Zeig mir deinen Taufschein und einen Brief, in dem steht, was du für ein Kerl bist.« Ja, das ist schnell gesagt! Aber woher sollte Hans Christian diese Papiere nehmen? Um sie zu besorgen, hätte er nach Hause zurückkehren müssen, und das brachte er nicht übers Herz, weil er fürchtete, in Odense ausgelacht zu werden. Schon hörte er die ganze Stadt rufen: »Seht nur, da kommt unser Schauspieler, der bei Frau Säge und Herrn Hobel in der Lehre ist!«

Das war eine sehr schlimme Zeit für ihn. Glücklich war er nur nachts in seiner Kammer, wenn er Gedichte und Schauspiele schrieb. Endlich kam der Tag, an dem ein kleines Stück aus seinem neuesten Schauspiel in einer Zeitschrift abgedruckt wurde, und darunter stand in großen Buchstaben: von Hans Christian Andersen. Bald darauf erschien auch sein erstes richtiges Buch. Doch weil den jungen Dichter noch niemand kannte, wollte es niemand haben. Der Verleger überlegte nicht lange und verkaufte die Druckseiten als Einwickelpapier für saure Gurken und grüne Heringe.

»Wenn ich doch bloß noch mehr wüßte«, sagte da Hans Christian zu sich, »dann könnte ich die schönsten Geschichten der Welt schreiben!« Und er fuhr nach Slagelse und lernte fleißig auf der Lateinschule. Am Anfang ging es gar nicht gut. Er fiel durch die Prüfung und blieb sitzen. Im nächsten Jahr gelang es ihm besser, und er wurde sogar Klassenerster. Das hätte ihn nun sehr freuen können, wenn da nicht dieser Herr Dr. Meisling gewesen wäre, der Schuldirektor. Das war wirklich ein böser Mann! Er sah aus wie ein Bierfaß auf zwei Stelzen.

»Du Shakespeare mit den Vampiraugen!« hat er ihn einmal vor der ganzen Klasse angeschrien. Damit wollte er ihn gleich zweimal beleidigen, denn das sollte heißen: Ein so großer Dichter wie der Engländer William Shakespeare wirst du sowieso nicht, und häßliche Augen hast du obendrein! Aber das wissen wir ja nun inzwischen besser.

Zu allem Unglück mußte Hans Christian auch noch bei der Familie Meisling wohnen. Dort ging es merkwürdig zu! Stellt euch vor, die Toilette diente zugleich als Schweinestall und als Speisekammer. Jeden Abend um acht legte sich Dr. Meisling ins Bett und trank so viel Punsch, den er sich aus Rum und Wasser braute, bis er einschlief und laut schnarchte. Wenn Hans Christian den Direktor schnarchen hörte, schrieb er heimlich ein paar Verse in sein Heft. Vielleicht sind auch die zwei hier in so einer Nacht entstanden:

Sag, bekomm ich Flügel auch im Leben,
oder erst in seinem Sternenhaus?

Das klingt traurig – findet ihr nicht auch? In dieser Zeit war er sehr oft traurig, schlimmer noch: Er wollte sterben. Mit dem Gedanken ging er schlafen, und mit ihm wachte er auf.

Im Jahr 1827 verließ er die verhaßte Lateinschule. Nun bereitete er sich bei einem Privatlehrer auf das Abitur vor, um auf der Universität, der höchsten Schule, die es gibt, zu studieren.

Ja, und so könnte ich noch lange weitererzählen. Aber ich habe euch versprochen, auch von seinen Reisen zu berichten. Die erste große Reise hat Hans Christian Andersen im Frühjahr 1833 unternommen. Ist es nicht seltsam, daß er so viel reiste, wo er doch so ängstlich war? (Das Seil auf seinem Koffer!)

Am besten ist es, wenn ihr euch den Atlas hervorsucht und mit dem Finger auf der Landkarte die Reise mitmacht. Er hat die Länder zwar nicht alle hintereinander besucht, aber das Reisefieber packte ihn immer wieder. Und nun schlagt einmal das Blatt auf, über dem »Europa« steht.

Zuerst reiste er über Lübeck, Hamburg und Frankfurt am Main nach Paris und in die Schweiz und dann nach Italien. Es gibt fast keine italienische Stadt, die er nicht besucht hat. Er war in Mailand, Pisa, Florenz und Rom, in Triest, Genua, Verona und Frascati, in Neapel, Salerno und Sorrent. Aber das ist noch lange nicht alles! Er hat auch den Vesuv bestiegen und machte einen Ausflug in die alte Ruinenstadt Pompeji.

Ich sehe schon, ihr kommt mit euren Fingern kaum nach. Plötzlich ist er in Innsbruck! Auch dort blieb er nur kurz, denn er wollte noch nach München, Prag, Wien und Dresden. Eine andere Reise führte ihn nach Schweden. »Herzliche Grüße aus Malta!« schrieb er an einen Freund in Dänemark, und als die Karte ankam, war er bereits in der griechischen Hauptstadt Athen. Mit dem Schiff fuhr er durch die Dardanellen und das Marmarameer bis nach Konstantinopel. Nun war er in der Türkei. Und wohin wird er denn jetzt gereist sein? In alle Länder, die am Weg lagen: nach Rumänien, Bulgarien und Ungarn. Selbstverständlich war er auch in Spanien und Portugal, in Finnland und England, in Belgien und Holland. In welchem Land der Welt ist er eigentlich nicht gewesen? In Amerika war er nie, und die Gründe dafür kennt ihr ja.

Und was er unterwegs alles gesehen hat! Die Tafelberge im Elbsandsteingebirge, die wie Tische aussehen, das Kolosseum und den Petersdom in Rom, die Akropolis in Athen, das Britische Museum in London, und in der Türkei sah er prachtvolle Kirchen, die Moscheen heißen. Nur die Teestunde beim Pascha von Tanger, dem höchsten Beamten der Stadt, hat er in schlechter Erinnerung behalten, weil ihm der Tee nicht schmeckte.

Unter den berühmtesten Schriftstellern seiner Zeit hatte Hans Christian Andersen viele Freunde. Sie waren genauso still wie ihr, wenn er ihnen ein neues Märchen vorlas. Heinrich Heine, den er in Paris besuchte, lehnte sich in seinem Sessel zurück und zupfte sich am Bart, und Alexandre Dumas war wie verzaubert und vergaß dabei ganz, daß auch er ein weltbekanntes Buch geschrieben hatte, das »Der Graf von Monte Christo« heißt, und der englische Dichter Charles Dickens, von dem ihr unbedingt den »Oliver Twist« lesen müßt, sagte ihm, daß er diese Märchen immer wieder lesen werde. Selbst die Könige von Dänemark, Schweden, Griechenland, Preußen und Sachsen gehörten zu seinen Zuhörern, und sie bestellten bei ihm Märchen für ihre Kinder, wie man beim Konditor eine Geburtstagstorte bestellt. Daß jetzt auch ihr zu seinen Freunden gehört, freut mich zehnmal mehr.

Einen Freund hat Hans Christian Andersen gehabt, der ihn sein ganzes Leben wie ein Vater beschützte. Er schrieb für ihn Empfehlungsbriefe, wenn er eine Stelle suchte, und half ihm mit Geld aus, wenn er leere Taschen hatte. Doch als er ihn fragte, ob er ihn aus Dankbarkeit mit »du« anreden dürfe, ließ es der gestrenge Herr Collin nicht zu. Hans Christian Andersen hat darüber das Märchen »Der Schatten« geschrieben. Zu dem Märchen »Die Nachtigall« hat ihn die schwedische Sängerin Jenny Lind angeregt, die damals überall in Europa gefeiert wurde. Wenn ihr es lest, werdet ihr spüren, wie verliebt er in sie war.

Seht ihr, jetzt sind es schon fünf Märchen, in denen etwas vorkommt, was auch in Hans Christian Andersens Leben vorgekommen ist. Das erste war »Das Feuerzeug«, das zweite »Das häßliche Entenküken« und das dritte ist das von der »Mutter Holunder«. Wo sollte er es denn sonst auch herhaben?

Und was ist nun aus der Voraussage der alten Frau geworden? Ganz Odense sollte doch ihm zu Ehren erleuchtet sein! Das wollte ich euch gerade erzählen. Als Hans Christian Andersen schon den Roten Adlerorden besaß und den Nordsternorden und den Maximiliansorden und das Kommandeurskreuz und längst Herr Professor genannt wurde, beschlossen die Stadtväter von Odense, ihm die Ehrenbürgerwürde zu verleihen. Am Abend trat er auf den Balkon hinaus, schwenkte seinen Zylinder in der Luft und sah sich den Fackelzug an, der so lang war, daß er tatsächlich ganz Odense erleuchtete. Aber Hans Christian Andersen hatte gar keine Freude daran, weil ihn schreckliche Zahnschmerzen plagten.

In den folgenden Jahren ist er immer mürrischer geworden. Er lehnte die Kutsche ab, die man ihm schenken wollte, und verbot, auf seinem Denkmal Kinder darzustellen.

Vielleicht hat er damit gemeint, daß er nicht nur für Kinder, sondern auch für Erwachsene geschrieben hat.

Doch zu seinem siebzigsten Geburtstag ist er dann doch mit der königlichen Kutsche ins Schloß Amalienborg gefahren, und »Die kleine Meerjungfrau« aus Bronze, die im Hafen von Kopenhagen aufgestellt ist, hätte ihm bestimmt gefallen.

1872 ist Hans Christian Andersen sehr krank geworden. Er schrieb nun nichts mehr, nicht einmal ein ganz kleines Märchen. Wenn er sich etwas besser fühlte, schnitt er aus Illustrierten Bilder aus und klebte sie zusammen mit alten Fotos auf einen Wandschirm.

Im Juli 1875 verlor er die Erinnerung an alles, was er erlebt hatte. Er lag im Bett und sagte den ganzen Tag leise vor sich hin: »Ich verstehe nichts mehr.« Am 4. August ist er dann in Kopenhagen gestorben. Zuletzt sagte er noch: »Wie seltsam das alles ist!« Und überall in den Gärten blühten die Sommerblumen.

Bei seinem Begräbnis folgte kein einziger Angehöriger seinem Sarg. Aber ganz Dänemark trauerte um ihn, denn wer sollte nun die neuen Märchen schreiben? Und die Schiffe, die im Hafen von Kopenhagen vor Anker lagen, setzten die Fahnen auf halbmast.

Das Haus, in dem sich Hans Christian Andersen als kleiner Junge so gefürchtet hat, wenn es dunkel und immer dunkler wurde, ist heute ein Museum. Jedes Jahr besuchen es 200 000 Menschen. Und im Sommer werden auf einer Freilichtbühne bei Odense seine Märchen von Kindern gespielt, und die Kinder, die zuschauen, kaufen sich ein Eis, das »Eventyr« heißt wie seine Märchen, und die sind in über hundert Sprachen übersetzt worden. In China, stellt euch vor, im fernen China, stehen sie auf den Bücherlisten an erster Stelle.

Ja, wie seltsam das alles ist.

Hans Christian Andersen hat einhundertfünfzig Märchen geschrieben und noch ein paar dazu. Beinahe hätte er sie gar nicht geschrieben, denn ein Kritiker riet ihm, nicht seine Zeit damit zu vergeuden. Ein elfjähriges Mädchen war da viel klüger. Es schrieb an ihn, daß seine Märchen die schönsten Geschichten der Welt seien. Und so ist es auch! Hört zu, wie er mit dem Erzählen beginnt: »Es waren einmal fünfundzwanzig Zinnsoldaten, sie waren alle Brüder; denn sie waren von einem alten Zinnlöffel geboren worden.« Ist das nicht ein hübscher Anfang? Oder: »In China, das weißt du ja wohl, ist der Kaiser ein Chinese, und alle, die er um sich hat, sind Chinesen.« Habt ihr die Märchen schon erkannt? Aber das hier werdet ihr gleich erkennen: »Es war einmal ein kleiner Junge, der war erkältet; er hatte sich nasse Füße geholt, niemand konnte begreifen, wo er sie herbekommen hatte, denn es war ganz trockenes Wetter. Nun zog seine Mutter ihn aus, brachte ihn zu Bett und ließ die Teemaschine hereinkommen, um ihm eine gute Tasse Tee zu machen, denn das wärmt!« So beginnt das Märchen von der »Mutter Holunder«. Und jetzt, wo es schon ganz dunkel geworden ist und Mutter Holunder über der Teetasse schwebt, jetzt könnt ihr allein weiterlesen. Aber vergeßt nicht: Wenn die Stadt Kopenhagen vorkommt, müßt ihr »Köbnhaun« sagen.

Euer Bernd Jentzsch

MUTTER HOLUNDER

Es war einmal ein kleiner Junge, der war erkältet; er hatte sich nasse Füße geholt, niemand konnte begreifen, wo er sie herbekommen hatte, denn es war ganz trockenes Wetter. Nun zog seine Mutter ihn aus, brachte ihn zu Bett und ließ die Teemaschine hereinkommen, um ihm eine gute Tasse Holundertee zu machen, denn das wärmt! Im selben Augenblick kam der alte, drollige Mann zur Tür herein, der ganz oben im Haus wohnte und ganz allein lebte, denn er hatte weder Frau noch Kinder, hatte aber alle Kinder so gern und wußte so viele Märchen und Geschichten zu erzählen, daß es eine Lust war.

»Nun trinkst du deinen Tee!« sagte die Mutter, »vielleicht bekommst du dann ein Märchen erzählt.«

»Ja, wenn man nur etwas Neues wüßte!« sagte der alte Mann und nickte freundlich. »Aber wo hat sich denn der Kleine die nassen Füße geholt?« fragte er.

»Ja, wo hat er sie her?« sagte die Mutter. »Das kann keiner begreifen.«

»Krieg ich ein Märchen erzählt?« fragte der Junge.

»Ja, aber kannst du mir möglichst genau sagen – denn das muß ich erst wissen –, wie hoch der Rinnstein hier in der kleinen Straße ist, wo du zur Schule gehst?«

»Genau bis halb zu den Schäften rauf«, sagte der Junge, »aber dann muß ich in das tiefe Loch treten!«

»Sieh mal an, da haben wir die nassen Füße her!« sagte der Alte. »Nun würde ich gern ein Märchen erzählen, aber ich weiß keins mehr!«

»Sie können im Handumdrehen eins machen!« sagte der kleine Junge. »Mutter sagt, aus allem, was Sie anschauen, kann ein Märchen werden, und aus allem, was Sie anrühren, können Sie eine Geschichte machen!«

»Ja, aber die Märchen und Geschichten taugen nichts! Nein, die richtigen, die kommen von selber, die klopfen an meine Stirn und sagen: ›Da bin ich!‹ «

»Klopft es nicht bald?« fragte der kleine Junge, und die Mutter lachte, tat Holundertee in die Kanne und goß kochendes Wasser darauf.

»Erzählen Sie, erzählen Sie!«

»Ja, wenn von selber ein Märchen käme, aber so eins ist vornehm, das kommt nur, wenn es selber Lust hat! – Halt!« sagte er mit einemmal, »da haben wir es! Paß auf, da ist jetzt eins auf der Teekanne!«

Und der kleine Junge sah zur Teekanne hinüber, der Deckel hob sich mehr und mehr, und die Holunderblüten kamen ganz frisch und weiß hervor, sie trieben große und lange Zweige, selbst aus der Tülle breiteten sie sich nach allen Seiten aus und wurden immer größer, es war der schönste Holunderstrauch, ein ganzer Baum, er reichte bis zum Bett herüber und schob die Vorhänge beiseite; nein, wie es blühte und duftete! Und mitten im Baume saß eine alte, freundliche Frau mit einem sonderbaren Kleid, das war ganz grün, genau wie die Blätter des Holunderstrauchs, und mit großen weißen Holunderblüten besetzt, man konnte erst gar nicht sehen, ob es Stoff war oder lebendiges Grün und Blüten.

»Wie heißt die Frau?« fragte der kleine Junge.

»Ja, die Römer und Griechen«, sagte der alte Mann, »die nannten sie eine Dryade, aber das verstehen wir nicht; draußen in Nyboder hat man einen besseren Namen für sie, dort heißt sie ›Mutter Holunder‹, und sie ist es nun, auf die du achtgeben sollst; hör nur her und schau den schönen Holunderbaum an.

Ein ebenso großer, blühender Baum steht draußen in Nyboder. Er

wuchs auf einem kleinen, ärmlichen Hof in der Ecke; unter diesem Baum saßen eines Nachmittags im schönsten Sonnenschein zwei alte Leute, es waren ein alter, alter Seemann und seine alte, alte Frau, sie waren Urgroßeltern und wollten bald ihre goldene Hochzeit feiern, aber sie konnten sich nicht so recht auf das Datum besinnen; und Mutter Holunder saß im Baum und sah mächtig vergnügt aus, geradeso wie hier. ›Ich weiß genau, wann die goldene Hochzeit ist!‹ sagte sie, aber sie hörten sie nicht, sie sprachen von alten Zeiten.

›Ja, weißt du noch‹, sagte der alte Seemann, ›damals, als wir ganz kleine Kinder waren und herumliefen und spielten, es war genau auf demselben Hof, wo wir jetzt sitzen, und wir steckten Hölzchen in die Erde und machten einen Garten.‹

›Ja‹, sagte die alte Frau, ›das weiß ich noch genau! Und wir begossen die Hölzchen, und eines davon war ein Holunderzweiglein, das schlug Wurzeln, trieb grüne Schößlinge und ist nun der große Baum geworden, unter dem wir alten Menschen sitzen.‹

›Ja gewiß!‹ sagte er. ›Da drüben in der Ecke stand ein Wasserzuber, dort schwamm mein Fahrzeug, ich hatte es selber geschnitzt. Wie das segeln konnte! Aber ich sollte später wahrlich anders segeln lernen!‹

›Ja, aber zuerst gingen wir in die Schule und lernten etwas!‹ sagte sie, ›und dann wurden wir eingesegnet; wir weinten beide, aber nachmittags gingen wir Hand in Hand auf den Runden Turm und sahen über Kopenhagen und das Meer in die Welt hinaus! Dann gingen wir nach Frederiksberg, wo der König und die Königin in ihren prächtigen Booten auf den Kanälen segelten.‹

›Aber ich sollte wahrlich anders in die Welt hinaussegeln, und obendrein noch viele Jahre lang, weit fortsegeln, auf großer Fahrt!‹

›Ja, ich habe oftmals geweint um dich!‹ sagte sie. ›Ich dachte, du wärest gestorben und verdorben und lägest und schwapptest da unten in dem tiefen Wasser! Manche Nacht stand ich auf und sah nach, ob die Wetterfahne sich drehte; ja, sie drehte sich wohl, aber du kamst nicht! Ich weiß noch ganz genau, wie es eines Tages goß. Der Aschenmann kam dorthin, wo ich in Stellung war, ich ging mit dem Mülleimer hinunter und blieb an der Tür stehen – was war es für ein greuliches Wetter! Und wie ich da stand, war der Postbote neben mir und gab mir einen Brief, der war von dir; ja, wie war der umhergereist! Ich machte mich gleich drüber her und las; ich lachte und weinte, ich freute mich so! Da stand, du wärest in den heißen Ländern, wo die Kaffeebohnen wachsen!

Was muß das für ein gesegnetes Land sein! Du erzähltest so viel, und ich sah es alles, während der Regen niederströmte und ich mit dem Mülleimer dastand. Im selben Augenblick kam einer und faßte mich um!‹

›Ja, aber du gabst ihm tüchtig eins hinter die Ohren, so daß es laut klatschte.‹

›Ich wußte doch nicht, daß du es warst! Du warst ebenso schnell gekommen wie dein Brief, und du warst so stattlich – das bist du aber noch. Du hattest ein großes, gelbseidenes Taschentuch einstecken und einen blanken Hut auf, du warst so fein. Gott, was war das für ein Wetter, und wie sah die Straße aus!‹

›Dann heirateten wir!‹ sagte er. ›Erinnerst du dich? Und wie wir dann den ersten kleinen Jungen bekamen und dann Marie und Niels und Peter und Hans Christian?‹

›Ja, und wie sie allesamt groß geworden sind und brave Menschen, die jedermann gern hat!‹

›Und deren Kinder wieder, die haben Kinder bekommen!‹ sagte der alte Matrose; ›ja, das sind Kindeskindeskinder, die haben es in sich! – Es war doch, will mir scheinen, um diese Jahreszeit, daß wir Hochzeit feierten . . .‹

›Ja, gerade heute ist der goldene Hochzeitstag!‹ sagte Mutter Holunder und steckte den Kopf zwischen den beiden Alten hindurch, und sie meinten, es wäre die Nachbarin, die nickte; sie sahen einander an und faßten sich bei den Händen; kurz darauf kamen Kinder und Kindeskinder; die wußten genau, daß es der goldene Hochzeitstag war, sie hatten schon heute morgen gratuliert, aber das hatten die Alten vergessen, während sie alles, was vor vielen Jahren geschehen war, sehr genau wußten; und der Holunder duftete so stark, und die Sonne, die eben untergehen wollte, schien den beiden Alten gerade ins Gesicht; sie hatten beide so rote Backen, und das kleinste von den Enkelkindern tanzte um sie herum und rief ganz glückselig, heute abend sollte ein richtiges Fest sein, sie bekämen warme Kartoffeln zum Abendbrot; und Mutter Holunder nickte im Baum und rief mit all den anderen zusammen hurra.«

»Aber das war doch kein Märchen!« sagte der kleine Junge, dem es erzählt worden war.

»Ja, das mußt du verstehen!« sagte der, welcher erzählte. »Aber wir wollen doch mal Mutter Holunder fragen!«

»Das war kein Märchen«, sagte Mutter Holunder, »aber jetzt

kommt es! Aus dem Wirklichen erwächst gerade das erstaunlichste Märchen; sonst könnte ja mein schöner Holunderstrauch nicht aus der Teekanne gesprossen sein.« Und dann nahm sie den kleinen Jungen aus dem Bett, legte ihn an ihre Brust, und die Holunderzweige, voll von Blüten, schlugen um die beiden zusammen, sie saßen wie in der dichtesten Laube, und sie flog mit ihnen durch die Luft, es war über alle Maßen herrlich. Mutter Holunder war mit einemmal ein junges, wunderhübsches Mädchen geworden, aber das Kleid war noch von demselben grünen, weißgeblümten Stoff, wie Mutter Holunder ihn getragen hatte; auf der Brust hatte sie eine richtige Holunderblüte und um ihr gelbes, lockiges Haar einen ganzen Kranz von Holunderblüten; ihre Augen waren ganz groß, ganz blau, oh, sie war so wunderbar anzuschauen! Sie und der Junge küßten sich, und nun waren sie gleichen Alters und von der gleichen Freude beseelt.

Sie gingen Hand in Hand aus der Laubhütte und standen nun in dem schönen Blumengarten des Hauses; neben dem frischen Rasenstück war des Vaters Stock an einem Pflock angebunden, für die Kleinen war der Stock lebendig; sobald sie sich rittlings daraufsetzten, verwandelte sich der glänzende Knauf in einen prächtig wiehernden Pferdekopf, die lange, schwarze Mähne flatterte, vier schlanke, kräftige Beine holten aus; das Tier war stark und feurig; im Galopp sausten sie um das Rasenstück herum, hussa! »Nun reiten wir viele Meilen fort!« sagte der Junge. »Wir reiten zu dem Gutshof, wo wir im vorigen Jahre waren!« und sie ritten und ritten rund um das Rasenstück herum; und immer rief das kleine Mädchen, das, wie wir wissen, niemand anders war als Mutter

Holunder: »Nun sind wir auf dem Lande! Siehst du das Bauernhaus mit dem großen Backofen? Der schaut aus wie ein riesengroßes Ei in der Hauswand nach der Straße hin; der Holunderbaum neigt seine Zweige darüber, und der Hahn macht einen Kratzfuß vor den Hennen, sieh, wie er sich brüstet! – Nun sind wir an der Kirche! Die liegt hoch auf dem Hügel unter den großen Eichen, deren eine halb eingegangen ist! – Nun sind wir bei der Schmiede, wo das Feuer lodert und die halbnackten Männer mit dem Hammer schlagen, daß die Funken weit umherstieben. Auf, auf – zu dem prächtigen Gutshof!« Und alles, was das kleine Mädchen, das hinten auf dem Stocke saß, sagte, das flog auch vorüber; der Junge sah es, und dennoch kamen sie nur um das Rasenstück herum. Dann spielten sie auf dem Seitenpfad und zeichneten einen kleinen Garten ins Erdreich, und sie nahm die Holunderblüte aus ihrem Haar, pflanzte sie ein, und die wuchs genauso, wie es bei den alten Leuten in Nyboder geschehen war, damals, als sie klein gewesen waren, und wovon oben schon erzählt wurde.

Sie gingen Hand in Hand, ebenso wie die alten Leute es als Kinder getan hatten, aber nicht auf den Runden Turm hinauf oder zum Frederiksberg Have, nein, das kleine Mädchen faßte den Jungen um, und dann flogen sie in ganz Dänemark umher, und es war Frühling, und es wurde Sommer, und es war Herbst, und es wurde Winter, und Tausende von Bildern spiegelten sich in den Augen und dem Herzen des Jungen wider, und immer sang das kleine Mädchen ihm vor: »Das wirst du

nie vergessen!« Und während des ganzen Fluges duftete der Holunder gar süß und köstlich; der Junge spürte zwar die Rosen und die frischen Buchen, aber der Holunder duftete noch wundersamer, denn seine Blüten hingen an dem Herzen des kleinen Mädchens, und an dieses lehnte er während des Fluges oftmals seinen Kopf.

»Hier ist es herrlich im Frühling!« sagte das junge Mädchen, und sie standen in dem jüngst ausgeschlagenen Buchenwald, wo der grüne Waldmeister zu ihren Füßen duftete und die zartrosa Anemonen in dem Grün so wunderbar aussahen. »Oh, wäre es doch immer Frühling in dem duftenden dänischen Buchenwald!«

»Hier ist es im Sommer schön!« sagte sie, und sie flogen an alten Herrensitzen aus der Ritterzeit vorbei, deren rote Mauern und Treppengiebel sich in den Kanälen spiegelten, in denen die Schwäne schwammen, und sie schauten die alten, kühlen Alleen hinauf. Auf dem Felde wogte das Korn, als ob es ein Meer wäre, die Gräben standen voll von roten und gelben Blumen, die Zäune von wildem Hopfen und blühender Winde. Und abends stieg der Mond rund und groß empor, die Heudiemen auf den Wiesen dufteten gar süß. »Das vergißt man nie!«

»Hier ist es im Herbst schön!« sagte das kleine Mädchen, und die Luft wurde doppelt so hoch und blau, der Wald bekam die herrlichsten Farben, rot, gelb und grün; die Jagdhunde schossen dahin, ganze Scharen von Vogelwild flogen kreischend über das Hünengrab, wo die Brombeerranken um die alten Steine hingen: Das Meer war schwarzblau, die Segler weiß; und auf der Tenne saßen alte Frauen, Mädchen und Kinder und zupften Hopfen in einen großen Zuber. Die Jungen sangen Lieder, aber die Alten erzählten Märchen von Wichteln und Trollen. Besser konnte es gar nicht sein!

»Hier ist es im Winter schön!« sagte das kleine Mädchen, und alle Bäume waren vom Rauhreif überzogen, sie sahen aus wie weiße Korallen, der Schnee knirschte unter den Füßen, als hätte man ständig neue Stiefel an, und vom Himmel fiel eine Sternschnuppe nach der anderen. In der Stube wurde der Weihnachtsbaum angezündet, hier gab es Geschenke, und es herrschte Frohsinn; auf dem Lande ertönte die Fiedel in der Bauernstube, Apfelkrapfen gab es, soviel man wollte; selbst das ärmste Kind sagte: »Es ist doch im Winter so schön!«

Ja, es war schön; und das kleine Mädchen zeigte dem Jungen alles, und immer duftete der Holunder, und immer wehte die rote Flagge mit dem weißen Kreuz, die Flagge, unter welcher der alte Seemann aus Nyboder gesegelt war! – Und der Junge wurde ein Bursche, und er mußte in die weite Welt hinaus, weit fort in die warmen Länder, wo der Kaffee wächst; aber zum Abschied nahm das kleine Mädchen eine Holunderblüte von ihrer Brust und gab sie ihm zum Andenken, und die wurde ins Gesangbuch gelegt, und immer, wenn er in der Fremde das Buch aufschlug, war es gerade an der Stelle, wo die Erinnerungsblüte lag, und je mehr er sie ansah, desto frischer wurde sie; er spürte gleichsam den Duft der dänischen Wälder, und deutlich sah er zwischen den Blütenblättern das kleine Mädchen mit seinen hellen blauen Augen hervorschauen, und dann flüsterte sie: »Hier ist es schön im Frühling, im Sommer, im Herbst und Winter!« Und Hunderte von Bildern durchzogen seine Gedanken.

Auf diese Weise gingen viele Jahre dahin, und er war jetzt ein alter Mann und saß mit seiner alten Frau unter einem blühenden Baum; sie hielten einander an den Händen, genauso wie Urgroßvater und Urgroßmutter es draußen in Nyboder taten, und sie redeten ebenso wie jene von alten Zeiten und von der goldenen Hochzeit. Das kleine Mädchen mit den blauen Augen und mit den Holunderblüten im Haar saß oben im Baum, nickte ihnen beiden zu und sagte: »Heute ist der Tag der goldenen Hochzeit!« und dann nahm sie zwei Blüten aus ihrem Kranz, drückte einen Kuß darauf, und sie glänzten zuerst wie Silber, dann wie Gold, und als sie sie den alten Leuten auf den Kopf legte, wurde jede Blüte zu einer goldenen Krone; da saßen sie beide, wie ein König und eine Königin, unter dem duftenden Baum, der ganz und gar aussah wie ein Holunderbaum, und er erzählte seiner alten Frau die Geschichte von Mutter Holunder, so wie man sie ihm erzählt hatte, als er ein kleiner Junge gewesen war; und sie fanden beide, daß so viel darin vorkam, was ihrer eigenen ähnlich war, und das gefiel ihnen am besten.

»Ja, so ist es!« sagte das kleine Mädchen im Baum. »Manche nennen mich Mutter Holunder, andere nennen mich Dryade, aber eigentlich heiße ich Erinnerung, ich bin es, die im Baume sitzt, der wächst und wächst, ich kann mich an alles erinnern, ich kann erzählen! Laß einmal sehen, ob du noch deine Blüte hast!« Und der alte Mann schlug sein Gesangbuch auf, da lag die Holunderblüte, so frisch, als ob sie eben erst hineingelegt worden wäre, und die Erinnerung nickte, und die beiden Alten mit der goldenen Krone saßen in der roten Abendsonne; sie schlossen die Augen und – und – ja, da war das Märchen aus!

Der kleine Junge lag in seinem Bett, er wußte nicht, ob er geträumt hatte oder ob er es hatte erzählen hören; die Teekanne stand auf dem Tisch, aber es wuchs kein Holunderstrauch daraus hervor, und der alte Mann, der erzählt hatte, wollte gerade zur Tür hinausgehen, und das tat er. »Wie war das schön!« sagte der kleine Junge. »Mutter, ich bin in den warmen Ländern gewesen!«

»Ja, das glaube ich gern!« sagte die Mutter. »Wenn man zwei volle Tassen Holundertee im Leibe hat, dann soll man wohl in die warmen Länder kommen!« und sie stopfte die Decke gut um ihn fest, damit er sich nicht erkältete. »Du hast sicher geschlafen, während ich dasaß und mich mit ihm stritt, ob es eine Geschichte war oder ein Märchen!«

»Und wo ist Mutter Holunder?« fragte der Junge.

»Sie ist in der Teekanne!« sagte die Mutter, »und da mag sie bleiben!«

DAS FEUERZEUG

Ein Soldat kam auf der Landstraße dahermarschiert: Eins, zwei! Eins, zwei! Er hatte seinen Tornister auf dem Rücken und einen Säbel an der Seite, denn er war im Krieg gewesen, und nun wollte er nach Hause. Da traf er eine alte Hexe auf der Landstraße; sie war wirklich abscheulich, ihre Unterlippe hing ihr bis auf die Brust hinab. Sie sagte: »Guten Abend, Soldat! Du hast aber einen feinen Säbel und einen großen Tornister. Du bist ein richtiger Soldat! Nun sollst du so viel Geld haben, wie du willst!«

»Vielen Dank, du alte Hexe!« sagte der Soldat.

»Kannst du den großen Baum sehen?« sagte die Hexe und zeigte auf den Baum, der neben ihnen stand. »Der ist innen ganz hohl! Da kletterst du jetzt auf die Spitze, dann siehst du ein Loch, durch das du nach unten rutschen kannst und tief in den Baum hineinkommst. Ich binde dir einen Strick um den Leib, damit ich dich wieder hochziehen kann, wenn du mich rufst!«

»Was soll ich denn unten im Baum?« fragte der Soldat.

»Geld holen!« sagte die Hexe. »Du mußt wissen, wenn du auf den Boden des Baumes kommst, dann bist du in einem großen Gang, der ist ganz hell, denn da brennen über hundert Lampen. Dann siehst du drei Türen, du kannst sie aufschließen, der Schlüssel steckt. Gehst du in die erste Kammer hinein, dann siehst du mitten im Raum eine große Truhe, auf der sitzt ein Hund; der hat ein Paar Augen, so groß wie Teetassen, aber daraus brauchst du dir nichts zu machen! Ich gebe dir meine blaugewürfelte Schürze mit, die kannst du auf dem Fußboden ausbreiten. Gehe nun schnell hin und nimm den Hund hoch, setze ihn auf meine Schürze, mach die Truhe auf und nimm so viele Geldstücke heraus, wie du willst. Sie sind allesamt aus Kupfer; möchtest du aber lieber Silber haben, dann gehst du in das nächste Zimmer; da sitzt aber ein Hund, der hat ein Paar Augen, so groß wie Mühlräder; aber daraus brauchst du dir nichts zu machen, setz ihn auf meine Schürze und nimm dir von dem Geld! Möchtest du dagegen Gold haben, kannst du auch das bekommen, und zwar so viel, wie du tragen kannst, wenn du in die dritte Kammer gehst. Aber der Hund, der dort auf der Geldtruhe sitzt, der hat zwei Augen, jedes so groß wie der Runde Turm. Das ist ein richtiger Hund, kannst du mir glauben! Aber daraus brauchst du dir nichts zu machen! Setz ihn nur einfach auf meine Schürze, dann tut er dir nichts, und nimm du aus der Truhe so viel Gold, wie du willst!«

»Das wäre gar nicht so dumm!« sagte der Soldat. »Aber was muß ich dir geben, du alte Hexe? Denn etwas willst du wohl auch davon haben, denke ich!«

»Nein«, sagte die Hexe, »nicht einen Schilling will ich haben. Du sollst für mich nur ein altes Feuerzeug mitbringen, das meine Großmutter vergessen hat, als sie das letztemal da unten war!«

»Soso! Dann bind mir den Strick um den Leib!« sagte der Soldat.

»Hier ist er!« sagte die Hexe. »Und hier ist meine blaugewürfelte Schürze.« Nun kletterte der Soldat auf den Baum, ließ sich in das Loch hineinplumpsen und stand, wie die Hexe gesagt hatte, unten in dem großen Gang, wo die vielen hundert Lampen brannten.

Nun machte er die erste Tür auf. Uh! dort saß der Hund mit den Augen, so groß wie Teetassen, und stierte ihn an.

»Du bist ein braver Kerl!« sagte der Soldat, setzte ihn auf die Schürze der Hexe und nahm so viele Kupfermünzen, wie er in seiner Tasche unterbringen konnte, schloß dann die Truhe, setzte den Hund wieder drauf und ging in das zweite Zimmer. Ei, da saß der Hund mit

Augen, so groß wie Mühlräder. »Du solltest mich nicht immerzu anschauen!« sagte der Soldat. »Die Augen könnten dir davon weh tun!« Und dann setzte er den Hund auf die Schürze der Hexe; als er aber das viele Silbergeld in der Truhe sah, schmiß er alles Kupfergeld, das er hatte, weg und füllte seine Tasche und seinen Tornister bloß mit Silber. Nun ging er in die dritte Kammer! – Nein, das war gräßlich! Der Hund da drinnen hatte wirklich zwei Augen, so groß wie der Runde Turm! Und die liefen ihm im Kopf herum wie Räder!

»Guten Abend!« sagte der Soldat und griff an die Mütze, denn so einen Hund hatte er noch nie gesehen. Als er sich ihn aber ein bißchen angesehen hatte, dachte er, nun mag es ja genug sein, hob ihn auf den Fußboden hinunter und machte die Truhe auf. Nein, du lieber Himmel, was da für eine Menge Gold drin war! Dafür könnte er ganz Kopenhagen und die Zuckerschweinchen der Kuchenfrauen kaufen, alle Zinnsoldaten, Peitschen und Schaukelpferde, die es in der Welt gab! Ja, da war wirklich Geld! Nun warf der Soldat alles Silbergeld, mit dem er seine Taschen und seinen Tornister gefüllt hatte, fort und nahm statt dessen Gold, ja alle Taschen, der Tornister, die Mütze und die Stiefel wurden gefüllt, so daß er kaum gehen konnte! Nun hatte er Geld! Den Hund setzte er wieder auf die Truhe, schlug die Tür zu und rief dann durch den Baum hinauf: »Zieh mich nun hinauf, du alte Hexe!«

»Hast du das Feuerzeug mit?« fragte die Hexe.

»Ach, richtig!« sagte der Soldat, »das hätte ich ganz vergessen«, und nun ging er hin und holte es. Die Hexe zog ihn herauf, und er stand wieder auf der Landstraße, die Taschen, Stiefel, den Tornister und die Mütze voller Geld.

»Was willst du nun mit diesem Feuerzeug?« fragte der Soldat.

»Das geht dich gar nichts an!« sagte die Hexe, »du hast jetzt Geld bekommen! Gib mir das Feuerzeug!«

»Schnickschnack!« sagte der Soldat, »du sagst mir jetzt gleich, was du damit willst, oder ich ziehe meinen Säbel und haue dir den Kopf ab!«

»Nein!« sagte die Hexe.

Da hieb ihr der Soldat den Kopf ab. Da lag sie! Aber er knüpfte all sein Geld in ihre Schürze, nahm sie wie ein Bündel auf den Rücken, steckte das Feuerzeug in die Tasche und ging schnurstracks in die Stadt.

Es war eine schöne Stadt, und in dem schönsten Gasthof stieg er ab, verlangte die allerbesten Zimmer und das Essen, das er gern mochte, denn jetzt war er reich, da er so viel Geld hatte.

Der Hausknecht, der seine Stiefel putzen mußte, meinte allerdings, das seien doch ein Paar sonderbare alte Stiefel, die so ein reicher Herr habe, aber er hatte sich noch keine neuen gekauft; am nächsten Tag bekam er Stiefel zum Ausgehen und feine Kleider. Nun war der Soldat ein vornehmer Herr geworden, und die Leute erzählten ihm von all der Pracht, die es in ihrer Stadt gebe, und von ihrem König, und was für eine wunderhübsche Prinzessin seine Tochter sei.

»Wo kann man sie sehen?« fragte der Soldat.

»Die kann man gar nicht sehen!« sagten alle miteinander. »Sie wohnt in einem großen, kupfernen Schloß, mit sehr vielen Mauern und Türmen rundherum! Keiner außer dem König darf bei ihr ein und aus gehen, weil geweissagt worden ist, daß sie einen ganz gemeinen Soldaten heiraten wird, und das gefällt dem König nicht.«

»Die würde ich gern mal sehen!« dachte der Soldat, aber das wurde ihm ja gar nicht erlaubt.

Nun lebte er sehr vergnügt, ging ins Theater, fuhr in Kongens Have* und schenkte den Armen sehr viel Geld, und das war hübsch von ihm! Er wußte noch aus früheren Zeiten, wie schlimm es war, keinen Schilling zu besitzen! Er war jetzt reich, hatte feine Kleider und fand nun viele Freunde, die alle sagten, er sei ein guter Kerl, ein richtiger Kavalier, und das gefiel dem Soldaten wohl! Da er aber täglich Geld ausgab und keines wiederbekam, so hatte er zuletzt nicht mehr als zwei Schilling übrig und mußte aus den schönen Zimmern ausziehen, in denen er gewohnt hatte, in eine winzig kleine Kammer, ganz oben unterm Dach, mußte selber seine Stiefel putzen und sie mit einer Stopfnadel flicken, und keiner von seinen Freunden kam zu ihm, denn es waren so viele Treppen zu steigen.

Es war ein ganz dunkler Abend, und er konnte sich nicht einmal eine Kerze kaufen, aber da fiel ihm ein, daß ein Lichtstümpfchen in dem Feuerzeug lag, welches er aus dem hohlen Baum mitgenommen hatte, in den ihm die Hexe hinuntergeholfen hatte. Er holte das Feuerzeug und den Kerzenstummel hervor, aber kaum schlug er Feuer und die Funken sprühten von dem Feuerzeug auf, da sprang die Tür auf, und der Hund, der Augen hatte, so groß wie Teetassen, und den er in dem Baum unten gesehen hatte, stand vor ihm und sagte: »Was befiehlt mein Herr?«

»Nanu!« sagte der Soldat, »das ist ja ein ulkiges Feuerzeug; kann

* Königsgarten (Anmerkung d. Übers.).

ich so einfach bekommen, was ich haben will? Verschaff mir etwas Geld!« sagte er zu dem Hund, und wupps, war der weg, wupps, war er wieder da und trug einen großen Beutel mit Geldstücken in seiner Schnauze. Jetzt wußte der Soldat, was das für ein wunderbares Feuerzeug war! Schlug er einmal, dann kam der Hund, der auf der Truhe mit dem Kupfergeld saß, schlug er zweimal, dann kam der, welcher das Silbergeld hatte, und schlug er dreimal, kam der, welcher Gold hatte. – Nun zog der Soldat wieder in die schönen Zimmer hinunter, legte die guten Kleider an, und flugs kannten ihn alle seine Freunde wieder, und sie hatten ihn so gern.

Da dachte er einmal: Es ist doch zu lächerlich, daß man diese Prinzessin nicht sehen darf! Sie soll ganz wunderschön sein, sagen sie alle miteinander! Aber was nützt es, wenn sie immer da drinnen in dem großen, kupfernen Schloß mit den vielen Türmen sitzt. – Kann ich sie denn gar nicht zu sehen bekommen? – Wo ist jetzt mein Feuerzeug? Und dann schlug er Feuer, und wupps, kam der Hund mit Augen, so groß wie Teetassen.

»Es ist allerdings mitten in der Nacht«, sagte der Soldat, »aber ich möchte so riesig gern die Prinzessin sehen, nur ein Augenblickchen!«

Der Hund war gleich zur Tür hinaus, und ehe der Soldat es dachte, sah er ihn wieder mit der Prinzessin, sie saß auf des Hundes Rücken und schlief und war so wunderschön, daß ein jeder sehen konnte, sie war eine richtige Prinzessin; der Soldat konnte es gar nicht lassen, er mußte sie küssen, denn er war ein richtiger Soldat.

Der Hund lief nun mit der Prinzessin wieder zurück, aber als es Morgen war und der König und die Königin beim Tee waren, erzählte die Prinzessin, sie habe in der Nacht einen so seltsamen Traum gehabt von einem Hund und einem Soldaten. Sie sei auf dem Hunde geritten, und der Soldat habe sie geküßt.

»Das ist ja eine feine Geschichte!« sagte die Königin.

Nun sollte in der nächsten Nacht eine von den alten Hofdamen am Bett der Prinzessin wachen, um zu sehen, ob es ein richtiger Traum wäre oder was es sonst sein könnte.

Den Soldaten verlangte es ganz schrecklich danach, die wunderschöne Prinzessin wiederzusehen, und nun kam nachts der Hund, nahm sie und lief, so sehr er konnte, aber die alte Hofdame zog sich Wasserstiefel über und lief ebenso schnell hinterdrein; als sie nun sah, daß sie in einem großen Haus verschwanden, dachte sie, nun weiß ich, wo es ist, und machte mit einem Strück Kreide ein großes Kreuz an das Tor. Dann ging sie nach Hause und legte sich schlafen, und der Hund kam auch mit der Prinzessin zurück. Als er aber sah, daß an das Tor, wo der Soldat wohnte, ein Kreuz gemacht war, nahm er auch ein Stück Kreide und setzte an alle Tore der ganzen Stadt ein Kreuz, und daran hatte er klug getan, denn jetzt konnte ja die Hofdame das richtige Tor nicht finden, da nun an allen Kreuze waren.

Am Morgen früh kamen der König und die Königin, die alte Hofdame und alle Offiziere, um zu sehen, wo die Prinzessin gewesen war!

»Dort ist es!« sagte der König, als er das erste Tor mit einem Kreuz sah. »Nein, es ist dort, mein guter Mann!« sagte die Königin, die das zweite Tor mit einem Kreuz sah.

»Aber da ist eins und da ist eins!« sagten sie alle miteinander; wohin sie blickten, waren Kreuze an den Toren. So mußten sie doch wirklich einsehen, es nützte nichts, daß sie suchten.

Aber die Königin war eine sehr kluge Frau, die mehr konnte als in der Kutsche fahren. Sie nahm ihre große, goldene Schere, zerschnitt ein großes Stück Seide und nähte nun einen kleinen hübschen Beutel; den füllte sie mit kleinen, feinen Buchweizenkörnern, band ihn der Prinzessin auf den Rücken, und als das getan war, schnitt sie ein kleines Loch in den Beutel, so daß die Körner auf dem ganzen Weg, den die Prinzessin entlangkam, herausrieseln konnten.

Nachts kam der Hund nun wieder, nahm die Prinzessin auf seinen Rücken und lief mit ihr zum Soldaten, der sie so liebhatte und so gern ein Prinz gewesen wäre, damit er sie zur Frau bekommen könnte.

Der Hund merkte gar nicht, wie die Grützekörner rieselten vom Schloß bis hin zum Fenster des Soldaten, wo er mit der Prinzessin an der Hauswand hinauflief. Morgens konnten der König und die Königin sehen, wo ihre Tochter gewesen war, und da holten sie den Soldaten und steckten ihn ins Loch.

Da saß er. Uh, wie war es hier finster und langweilig, und dann sagten sie zu ihm: »Morgen wirst du gehenkt.« Das zu hören war kein Spaß, und sein Feuerzeug hatte er daheim im Gasthof vergessen. Am Morgen konnte er zwischen den eisernen Stangen in dem kleinen Fenster hindurch sehen, wie die Leute aus der Stadt hinauseilten, um zuzugucken, wie er gehenkt würde. Er hörte die Trommeln und sah die Soldaten marschieren. Alle Menschen rannten dahin; auch ein Schusterlehrling mit Schurzfell und Pantoffeln war dabei, der trabte in solchem

Galopp, daß der eine Pantoffel ab- und bis zur Mauer hinflog, wo der Soldat zwischen den eisernen Stangen hindurchguckte.

»Ei, du Schusterjunge! Du brauchst dich gar nicht so zu beeilen«, sagte der Soldat zu ihm, »es geht doch nicht los, bevor ich nicht da bin! Aber möchtest du nicht hinlaufen, wo ich gewohnt habe, und mir mein Feuerzeug holen? Du bekommst auch vier Schillinge! Aber du mußt die Beine in die Hand nehmen!« Der Schusterlehrling wollte gern die vier Schillinge haben und sauste los nach dem Feuerzeug, gab es dem Soldaten und – ja, nun werden wir aber was hören!

Außerhalb der Stadt war ein großer Galgen gebaut worden. Rundherum standen die Soldaten und viele hunderttausend Menschen. Der König und die Königin saßen auf einem wunderbaren Thron dem Richter und dem ganzen Rat gegenüber.

Der Soldat stand schon oben auf der Leiter, aber als sie ihm den Strick um den Hals schlingen wollten, sagte er, man gestatte doch einem Sünder immer, bevor er seine Strafe erleide, daß ihm ein harmloser Wunsch erfüllt werde. Er wollte so gern eine Pfeife Tabak rauchen, es wäre doch die letzte Pfeife, die er in dieser Welt rauchen würde.

Dazu wollte nun der König nicht nein sagen, und so holte denn der Soldat sein Feuerzeug heraus und schlug Feuer: eins, zwei, drei! Und nun standen alle Hunde da, der eine mit Augen, so groß wie Teetassen, der mit Augen, so groß wie Mühlräder, und der, welcher Augen hatte, so groß wie der Runde Turm.

»Helft mir nun, daß ich nicht gehenkt werde!« sagte der Soldat, und da gingen die Hunde auf die Richter und den ganzen Rat los, nahmen einen bei den Beinen und einen bei der Nase und warfen sie viele Klafter hoch in die Luft, so daß sie herunterfielen und sich ganz zuschanden schlugen.

»Ich will nicht!« sagte der König, aber der größte Hund nahm ihn wie auch die Königin und warf sie hinter all den anderen drein; da erschraken die Soldaten, und alle Leute riefen: »Kleiner Soldat, du sollst unser König sein und die reizende Prinzessin haben!«

Dann setzten sie den Soldaten in des Königs Kutsche, und alle drei Hunde tänzelten voraus und riefen:»Hurra!« und die Jungen pfiffen durch die Finger, und die Soldaten präsentierten das Gewehr. Die Prinzessin kam aus dem kupfernen Schloß heraus und wurde Königin, und das gefiel ihr gut! Die Hochzeit dauerte acht Tage, und die Hunde saßen mit bei Tisch und machten große Augen.

DIE KLEINE MEERJUNGFRAU

Weit draußen auf dem Meer ist das Wasser ganz blau, wie die Blütenblätter der schönsten Kornblume, und ganz durchsichtig, wie das reinste Glas, aber es ist sehr tief, tiefer, als eine Ankerkette reicht, viele Kirchtürme müßten übereinandergesetzt werden, um vom Grunde bis über das Wasser zu reichen. Dort unten wohnen die Meerleute.

Nun soll man doch ja nicht glauben, daß dort nur kahler, weißer Sandboden ist! Nein, da wachsen die wunderlichsten Bäume und Pflanzen, deren Stengel und Blätter so biegsam sind, daß sie sich bei der geringsten Bewegung des Wassers rühren, ganz als wären sie lebendig. Alle Fische, kleine und große, huschen zwischen den Zweigen hindurch, ebenso wie hier oben die Vögel durch die Luft. An der allertiefsten Stelle liegt das Schloß des Meerkönigs, die Mauern sind aus Korallen und die langen, spitzen Fenster aus dem allerklarsten Bernstein, aber das Dach sind Muschelschalen, die sich öffnen und schließen, je nachdem wie das Wasser geht und kommt. Das sieht wunderbar aus; denn in jeder liegen schimmernde Perlen; eine einzige wäre eine große Pracht in der Krone einer Königin.

Der Meerkönig dort unten war seit vielen Jahren Witwer, aber seine alte Mutter führte ihm den Haushalt; sie war eine kluge Frau, aber stolz auf ihren Adel, daher hatte sie immer zwölf Austern auf ihrem Schwanz, die anderen Vornehmen durften nur sechs tragen. – Sonst verdiente sie viel Lob, namentlich weil sie die kleinen Meerprinzessinnen so liebte, die Töchter ihres Sohnes. Es waren sechs prächtige Kinder, aber die Jüngste war die schönste von allen überhaupt, ihre Haut war so schier und rosig wie ein Rosenblatt, ihre Augen waren so blau wie der tiefste See, aber ebenso wie alle übrigen hatte sie keine Füße, der Rumpf endete in einem Fischschwanz.

Den lieben langen Tag hindurch konnten sie unten im Schloß spielen, in den großen Sälen, wo aus den Wänden richtige Blumen wuchsen. Die großen Bernsteinfenster wurden geöffnet, und dann schwammen die Fische zu ihnen herein, genauso wie bei uns die Schwalben hereinfliegen, wenn wir aufmachen. Aber die Fische schwammen geradewegs zu den kleinen Prinzessinnen hin, aßen aus ihrer Hand und ließen sich streicheln.

Vor dem Schloß draußen lag ein großer Garten mit feuerroten und dunkelblauen Bäumen, die Früchte glänzten wie Gold und die Blüten wie brennendes Feuer, da sie fortwährend Stengel und Blätter bewegten. Die Erde selbst war der feinste Sand, aber blau wie Schwefellohe. Über dem Ganzen dort unten lag ein wundersam blauer Schein, man hätte eher meinen sollen, man stünde hoch oben in der Luft und könnte nur den Himmel über und unter sich erblicken, als daß man auf dem Meeresgrunde stünde. Bei Windstille konnte man die Sonne erkennen, sie sah aus wie eine Purpurblüte, aus deren Kelch das ganze Licht strömte.

Die kleinen Prinzessinnen hatten jede ihren kleinen Platz im Garten, wo sie graben und pflanzen konnten, wie sie selber wollten. Eine gab ihrem Blumenflecken die Gestalt eines Walfischs, einer anderen gefiel es besser, wenn der ihre einer kleinen Meerjungfrau ähnlich war, aber die Jüngste machte ihren ganz rund wie die Sonne und hatte nur Blumen darauf, die rot glühten wie diese. Sie war ein seltsames Kind, still und nachdenklich, und während die anderen Schwestern die wunderlichsten Dinge als Schmuck gebrauchten, die sie von gestrandeten Schiffen bekamen, wollte sie außer den rosenroten Blumen, die der

Sonne hoch droben ähnlich waren, nur ein schönes Marmorstandbild haben. Es war ein hübscher Knabe, aus dem weißen, reinen Stein gehauen, der bei einer Strandung auf den Meeresgrund geraten war. Neben das Standbild pflanzte sie eine rosenrote Trauerweide, die wuchs herrlich und ließ ihre frischen Zweige darüberhängen, bis auf den blauen Sandboden hernieder, wo der Schatten violett erschien und sich genauso wie die Zweige bewegte; es sah aus, als spielten Wipfel und Wurzeln, ob sie einander küssen könnten.

Für die kleine Meerjungfrau gab es keine größere Freude, als von der Menschenwelt droben zu hören; die alte Großmutter mußte alles erzählen, was sie von Schiffen und Städten, Menschen und Tieren wußte, vor allem kam es ihr wunderbar schön vor, daß oben auf der Erde die Blumen dufteten, das taten die auf dem Meeresgrund nicht, und daß die Wälder grün waren und die Fische, die man zwischen den Zweigen sah, so laut und herrlich singen konnten, daß es eine Lust war. Das waren die Vögelchen, die die Großmutter Fische nannte, denn sonst würden die Meerjungfrauen sie nicht verstanden haben, da sie keine Vögel gesehen hatten.

»Wenn ihr euer fünfzehntes Jahr vollendet habt«, sagte die Großmutter, »dann bekommt ihr die Erlaubnis, aus dem Meer aufzutauchen, im Mondschein auf den Felsen zu sitzen und die großen Schiffe zu sehen, die vorüberfahren, auch Wälder und Städte werdet ihr sehen!« Im kommenden Jahr wurde die eine der Schwestern fünfzehn Jahre alt, aber die anderen? Ja, eine war immer ein Jahr jünger als die nächste, und die Jüngste von ihnen hatte demnach noch fünf ganze Jahre vor sich, ehe sie vom Meeresgrund heraufkommen und sehen durfte, wie es bei uns aussieht. Aber die eine versprach immer der nächsten, ihr zu erzählen, was sie am ersten Tag gesehen und am schönsten gefunden hatte; denn ihre Großmutter erzählte ihnen nicht genug, da gab es so viel, wonach sie sich erkundigen mußten.

Keine war so voller Sehnsucht wie die Jüngste, gerade sie, die noch am längsten warten mußte und die so still und nachdenklich war. Manche Nacht stand sie am offenen Fenster und schaute durch das dunkelblaue Wasser, wo die Fische mit ihren Flossen und Schwänzen klatschten, nach oben. Mond und Sterne konnte sie sehen, allerdings glänzten sie ganz schwach, aber durch das Wasser sahen sie viel größer aus als vor unserem bloßen Auge; glitt dann so etwas wie eine schwarze Wolke unter ihnen dahin, dann wußte sie, es war entweder ein Walfisch, der

über sie hinwegschwamm, oder auch ein Schiff mit vielen Menschen. Die dachten sicher nicht daran, daß eine süße kleine Meerjungfrau hier unten stand und ihre weißen Hände nach dem Kiel ausstreckte.

Nun war die älteste Prinzessin fünfzehn Jahre alt und durfte zum Meeresspiegel hinaufsteigen.

Als sie zurückkehrte, hatte sie hundert Dinge zu berichten. Aber am schönsten, sagte sie, wäre es, im Mondschein auf einer Sandbank in der ruhigen See zu liegen und die große Stadt dicht an der Küste zu sehen, wo die Lichter glänzten wie Hunderte von Sternen; die Musik und den Lärm und die Geräusche von Wagen und Menschen zu hören, die vielen Kirchen und Turmspitzen zu sehen und zu hören, wie die Glokken läuteten; eben weil sie nicht dorthin kommen konnte, sehnte sie sich am allermeisten nach diesen Dingen.

Oh, wie hörte da die jüngste Schwester zu. Und wenn sie dann abends an dem offenen Fenster stand und durch das dunkelblaue Wasser nach oben schaute, dachte sie an die große Stadt mit all dem Lärm und den Geräuschen, und dann war ihr so, als könnte sie die Kirchenglocken bis zu sich herunter läuten hören.

Im Jahre darauf durfte die zweite Schwester durch das Wasser nach oben steigen und hinschwimmen, wohin sie wollte. Sie tauchte empor, als die Sonne eben unterging, und diesen Anblick fand sie am schönsten. Der ganze Himmel habe ausgesehen wie Gold, sagte sie, und die Wolken, ja deren Schönheit könne sie gar nicht genug beschreiben! Rot und violett waren sie über ihr dahingesegelt, aber viel schneller als sie flog, wie ein langer weißer Schleier, ein Schwarm wilder Schwäne über das Wasser, auf dem die Sonne lag; sie schwamm auf sie zu, aber die Sonne sank, und der Rosenschimmer auf der Meeresoberfläche und den Wolken erlosch.

Im Jahre darauf kam die dritte Schwester nach oben, sie war die kühnste von allen, daher schwamm sie einen breiten Fluß hinauf, der ins Meer floß. Herrliche grüne Anhöhen mit Weinranken sah sie, Schlösser und Höfe schauten zwischen prächtigen Wäldern hervor; sie hörte alle die Vögel singen, und die Sonne schien so warm, daß sie oftmals unter Wasser tauchen mußte, um ihr glühendes Gesicht zu kühlen.

In einer kleinen Bucht traf sie einen ganzen Schwarm von kleinen Menschenkindern. Ganz nackt liefen sie ins Wasser und planschten drin herum. Sie wollte mit ihnen spielen, aber die rannten erschrocken davon. Und dann kam ein kleines, schwarzes Tier, das war ein Hund, aber sie hatte nie zuvor einen Hund gesehen; der bellte sie so schrecklich an, daß ihr angst wurde und sie ins offene Meer hinausstrebte, aber nie konnte sie die prächtigen Wälder, die grünen Hügel und die reizenden Kinder vergessen, die auf dem Wasser schwimmen konnten, obwohl sie keinen Fischschwanz hatten.

Die vierte Schwester war nicht so keck, sie blieb mitten auf dem wilden Meer und erzählte, eben das sei das Schönste: man konnte viele Meilen weit um sich blicken, und der Himmel darüber war genauso wie eine große Glasglocke. Schiffe hatte sie gesehen, aber weit weg, sie sahen aus wie Mantelmöwen, die drolligen Delphine hatten Kobolz geschossen, und die großen Walfische hatten Wasser aus ihren Nasenlöchern in die Höhe gespritzt, daß es ringsum ausgesehen hatte wie hundert Springbrunnen.

Nun kam die Reihe an die fünfte Schwester. Ihr Geburtstag war gerade im Winter, und daher sah sie, was die anderen das erstemal nicht gesehen hatten. Die See wirkte ganz grün, und rundum schwammen große Eisberge, jeder sehe aus wie eine Perle, sagte sie, und sei doch weit größer als die Kirchtürme, die die Menschen erbauten. In den wundersamsten Gestalten traten sie auf und blinkten wie Diamanten. Sie hatte sich auf einen von den größten gesetzt, und alle Segler kreuzten voller Schrecken in weitem Bogen um den Platz herum, wo sie saß und den Wind in ihrem langen Haar wehen ließ. Aber gegen Abend überzog sich der Himmel mit Wolken, es blitzte und donnerte, während die finstere See die großen Eisblöcke hochhob, so daß sie im Licht der roten Blitze funkelten. Auf allen Schiffen holte man die Segel ein, es herrschten Angst und Grauen, aber sie saß ruhig auf ihrem schwimmenden Eisberg und sah, wie der blaue Blitzstrahl im Zickzack in die schimmernde See einschlug.

Wenn eine der Schwestern das erstemal an die Oberfläche kam, war sie immer begeistert von dem Neuen und Schönen, das sie erblickte. Da sie aber jetzt, als erwachsene Mädchen, die Erlaubnis hatten, nach oben zu steigen, wann sie wollten, wurde es ihnen gleichgültig, es verlangte sie wieder nach Hause, und nach Verlauf eines Monats sagten sie, bei ihnen unten wäre es doch am allerschönsten und es wäre so behaglich daheim.

Manche Abendstunde faßten die fünf Schwestern einander an und stiegen in einer Reihe über das Wasser empor. Herrliche Stimmen hatten sie, schöner als irgendein Mensch, und wenn ein Sturm heraufzog und sie vermuten konnten, daß Schiffe untergehen würden, schwammen sie vor den Schiffen her und sangen so herrlich davon, wie schön es auf dem Meeresgrunde sei, und sagten den Seeleuten, sie sollten sich nicht davor fürchten, dort hinunterzukommen. Aber die Seeleute konnten die Worte nicht verstehen, sie meinten, es sei der Sturm, und sie bekamen auch die Schönheit dort unten nicht zu Gesicht, denn wenn das Schiff sank, dann ertranken die Menschen und kamen nur als Tote zum Schloß des Meerkönigs.

Wenn nun die Schwestern abends, Arm in Arm, hoch durch das Meer nach oben stiegen, dann stand die kleine Schwester ganz allein und schaute ihnen nach, und es war, als müßte sie weinen, aber die Meerjungfrau hat keine Tränen, und so leidet sie viel mehr.

»Ach, wäre ich doch fünfzehn Jahre alt!« sagte sie. »Ich weiß, ich werde die Welt dort oben und die Menschen, die dort oben ihr Haus bauen, liebgewinnen!«

Endlich war sie fünfzehn Jahre alt.

»Siehst du, nun haben wir dich auch soweit«, sagte ihre Großmutter, die alte Königinwitwe. »Komm, laß dich schmücken, ebenso wie deine anderen Schwestern!« Und sie setzte ihr einen Kranz von weißen Lilien aufs Haar, aber jedes Blütenblatt war eine halbe Perle; und die Alte ließ acht Austern sich an dem Schwanz der Prinzessin festklemmen, damit man ihre hohe Abkunft erkennen konnte.

»Es tut so weh!« sagte die kleine Meerjungfrau.

»Ja, fürs Feinsein muß man leiden!« sagte die Alte.

Oh, sie hätte so gern diese ganze Pracht abgeschüttelt und den Kranz abgelegt, ihre roten Blumen im Garten standen ihr viel besser zu Gesicht, aber sie wagte es jetzt nicht zu tun. »Auf Wiedersehen!« sagte sie und stieg nun leicht und hell wie eine Blase durch das Wasser nach oben.

Die Sonne war eben untergegangen, als die Meerjungfrau den Kopf über die Wasseroberfläche hob. Aber alle Wolken schimmerten noch wie Rosen und Gold, und mitten in der blaßrosa Luft strahlte der Abendstern hell und schön. Die Luft war mild und frisch und das Meer ganz glatt. Dort lag ein großes Schiff mit drei Masten, ein einziges Segel nur war gesetzt, denn es rührte sich kein Wind, und überall in den Tauen und auf den Rahen saßen Matrosen.

Musik und Gesang ertönten, und als der Abend immer dunkler wurde, wurden Hunderte von buntfarbigen Lichtern angezündet; sie sahen aus, als wehten die Flaggen aller Nationen in der Luft. Die kleine Meerjungfrau schwamm ganz dicht an ein Kajütenfenster heran. Und jedesmal, wenn das Wasser sie in die Höhe hob, konnte sie durch die spiegelblanken Scheiben sehen, wo eine Menge geputzte Menschen standen, aber der Schönste war der junge Prinz mit den großen, schwarzen Augen, er war gewiß nicht viel älter als sechzehn Jahre, es war sein Geburtstag, und das war der Grund für die ganze Pracht. Die Matrosen tanzten an Deck, und als der junge Prinz heraustrat, gingen über hundert Raketen in die Luft, die glänzten wie der lichte Tag, so daß die kleine Meerjungfrau sehr erschrak und unter Wasser tauchte, aber sie steckte den Kopf bald wieder heraus, und da sah es aus, als ob alle Sterne des Himmels auf sie niederfielen. Niemals hatte sie solche Feuerkünste erblickt. Große Sonnen drehten sich im Kreise, prächtige Feuerfische schwangen sich durch die blaue Luft, und alles glänzte von der reinen, stillen See wider. Auf dem Schiff selbst war es so hell, daß man das kleinste Tau sehen konnte, um wie vieles leichter die Menschen. Oh, wie schön war der junge Prinz, und er drückte den Männern die Hand, lachte und lächelte, während die Musik durch die herrliche Nacht klang.

Es wurde spät, aber die kleine Meerjungfrau konnte die Augen nicht von dem Schiff wenden und von dem schönen Prinzen. Die bunten Lichter wurden gelöscht, die Raketen stiegen nicht mehr in die Luft, es ertönten auch keine Kanonenschüsse mehr, aber tief drunten im Meer summte und brummte es. Sie saß inzwischen auf dem Wasser und schaukelte auf und nieder, so daß sie in die Kajüte hineinsehen konnte. Aber das Schiff begann schneller zu fahren, ein Segel nach dem anderen entfaltete sich, jetzt wurde der Seegang stärker, große Wolken zogen herauf, es blitzte in der Ferne. Oh, es kam ein schreckliches Unwetter auf. Darum holten die Matrosen die Segel ein. Das große Schiff tanzte mit rasender Geschwindigkeit auf dem wilden Meer. Die Wasser erhoben sich wie große schwarze Berge, die auf die Masten niederstürzen wollten, aber das Schiff tauchte wie ein Schwan zwischen den hohen Wellen unter und ließ sich abermals auf die sich türmenden Wasser heben. Die kleine Meerjungfrau fand, dies sei einmal eine lustige Fahrt, aber das fanden die Seeleute nicht, das Schiff ächzte und knarrte, die dicken Planken bogen sich unter den heftigen Stößen, die die Seen dem Schiff versetzten, der Mast brach mitten durch, so als wäre er ein Schilfrohr, und das Schiff schlingerte, während das Wasser in den Rumpf eindrang. Nun sah die kleine Meerjungfrau, daß sie in Gefahr waren, sie mußte sich selber vor Planken und Holzstücken vom Schiff in acht nehmen, die auf dem Meer trieben. Einen Augenblick lang war es so kohlrabenschwarz, daß sie nicht das geringste erkennen konnte, aber wenn es dann blitzte, wurde es wieder so hell, daß sie alle auf dem Schiff erkannte. Jeder wankte dahin, so gut er konnte; vor allem suchte sie nach dem jungen Prinzen, und sie sah ihn, als das Schiff auseinanderbrach, ins tiefe Meer sinken. Zuerst freute sie sich sehr, denn nun kam er zu ihr herunter, aber dann fiel ihr ein, daß die Menschen nicht im Wasser leben konnten und daß er nicht, es sei denn als Toter, in ihres Vaters Schloß kommen konnte. Nein, sterben, das durfte er nicht; deshalb schwamm sie zwischen Planken und Balken, die in der See trieben, hindurch und vergaß ganz und gar, daß diese sie zerschmettern konnten, sie tauchte tief unter Wasser und stieg wieder zwischen den Wogen hoch empor und kam schließlich zu dem jungen Prinzen, der in der stürmischen See kaum noch schwimmen konnte, seine Arme und Beine fingen an zu ermüden, die schönen Augen schlossen sich, er hätte sterben müssen, wäre nicht die kleine Meerjungfrau dazugekommen. Sie hielt seinen Kopf über Wasser und ließ sich dann mit ihm von den Wogen treiben, wohin die wollten.

In der Frühe war das Unwetter vorüber, von dem Schiff war kein Splitter mehr zu sehen, die Sonne erhob sich rot und leuchtend aus dem Wasser, es war gerade, als käme dadurch Leben in die Wangen des Prinzen, aber die Augen blieben geschlossen; die Meerjungfrau küßte seine hohe, wunderschöne Stirn und strich sein nasses Haar zurück, sie fand, er sehe dem Marmorstandbild unten in ihrem kleinen Garten ähnlich, sie küßte ihn abermals und wünschte nur, er würde lebendig.

Nun sah sie vor sich das Festland, hohe, blaue Berge, auf deren Gipfeln der weiße Schnee glänzte, als lägen dort Schwäne; unten an der Küste waren schöne grüne Wälder, und ganz vorn lag eine Kirche oder ein Kloster, das wußte sie nicht recht, aber ein Gebäude war es. Zitronen- und Apfelsinenbäume wuchsen dort im Garten, und vor dem Tor standen hohe Palmen. Das Meer bildete hier eine kleine Bucht, die spiegelglatt, aber sehr tief war, bis ganz zum Felsen hin, wo der feine, weiße Sand angespült war. Hierhin schwamm sie mit dem schönen Prinzen, legte ihn auf den Sand, sorgte vor allem dafür, daß der Kopf hoch im warmen Sonnenschein lag.

Jetzt läuteten die Glocken in dem großen, weißen Gebäude, und durch den Garten kamen viele junge Mädchen. Da schwamm die kleine

Meerjungfrau weiter hinaus hinter einige große Steine, die aus dem Wasser aufragten, legte sich Meeresschaum auf ihr Haar und ihre Brust, so daß niemand ihr Gesicht sehen konnte. Und nun paßte sie auf, wer zu dem armen Prinzen hinging.

Es dauerte nicht lange, da kam ein junges Mädchen dorthin, sie schien sehr zu erschrecken, aber nur einen Augenblick, dann holte sie mehr Menschen, und die Meerjungfrau sah, daß das Leben in den Prinzen zurückkehrte und daß er alle um sich her anlächelte, aber ihr da draußen lächelte er nicht zu, er wußte ja auch nicht, daß sie ihn gerettet hatte, ihr war nun so traurig zumute, daß sie, als er in das große Gebäude geführt wurde, voller Leid ins Wasser niedertauchte und heimwärts zog zu ihres Vaters Schloß.

Immer war sie still und nachdenklich gewesen, aber nun wurde sie es sehr viel mehr. Die Schwestern fragten sie, was sie das erstemal dort oben erblickt habe, aber sie erzählte nichts.

Manchen Abend und manchen Morgen stieg sie dort empor, wo sie den Prinzen verlassen hatte. Sie sah, wie die Früchte des Gartens reiften und gepflückt wurden, sie sah, wie der Schnee auf den hohen Bergen schmolz, aber den Prinzen sah sie nicht, und darum kehrte sie stets nur noch betrübter heim. Es war ihr einziger Trost, dort in dem kleinen Garten zu sitzen und ihre Arme um das schöne Marmorstandbild zu schlingen, das dem Prinzen ähnlich war, aber ihre Blumen pflegte sie nicht, sie wuchsen wie in einer Wildnis über die Wege und verflochten ihre langen Stengel und Blätter mit den Ästen der Bäume, so daß es hier dunkel war.

Zuletzt konnte sie es nicht länger aushalten und erzählte es einer ihrer Schwestern, und dann erfuhren es sogleich alle übrigen, aber auch niemand weiter als sie und noch zwei andere Meerjungfrauen, die es nicht weitersagten, außer ihren besten Freundinnen. Eine von ihnen wußte, wer der Prinz war, sie hatte auch die Pracht auf dem Schiff gesehen, wußte, wo er her war und wo sein Königreich lag.

»Komm, Schwesterchen!« sagten die anderen Prinzessinnen, und indem sie einander die Arme um die Schultern legten, stiegen sie in einer langen Reihe aus dem Meere auf, und zwar dort, wo sie wußten, daß des Prinzen Schloß lag.

Dies war aus einer hellgelben, glitzernden Gesteinsart errichtet, mit großen Marmortreppen, eine führte bis ins Meer hinab. Prächtige vergoldete Kuppeln erhoben sich über dem Dach, und zwischen den

Säulen, die das ganze Bauwerk umgaben, standen marmorne Figuren, die ganz lebendig wirkten. Durch das klare Glas der hohen Fenster sah man in die prächtigsten Säle, wo kostbare seidene Vorhänge und Dekken aufgehängt und alle Wände mit großen Gemälden geziert waren, die anzuschauen eine wahre Freude war. Mitten in dem größten Saal plätscherte ein großer Springbrunnen, die Strahlen schossen bis hoch unter die Glaskuppel an der Decke, durch die die Sonne auf das Wasser schien, und auf die schönen Pflanzen, die hier in dem großen Becken wuchsen.

Jetzt wußte sie, wo er wohnte, und manchen Abend oder manche Nacht kam sie über das Wasser hierher; sie schwamm viel näher ans Land heran, als eine von den anderen es je gewagt hatte, ja, sie schwamm ganz in den schmalen Kanal hinein unter dem prachtvollen Marmorbalkon, der einen langen Schatten über das Wasser warf. Hier saß sie und betrachtete den jungen Prinzen, welcher meinte, er wäre ganz allein in dem hellen Mondschein.

Sie sah ihn manchen Abend bei Musik in seinem prächtigen Boot fahren, an dem die Flaggen wehten; sie guckte zwischen dem grünen Schilf hindurch, und wehte der Wind ihren langen, silberweißen Schleier hoch und jemand sah es, dann dachten sie, es sei ein Schwan, der die Schwingen hob.

Sie hörte manche Nacht, wenn die Fischer mit ihren Laternen draußen auf dem Wasser waren, daß sie viel Gutes von dem jungen Prinzen erzählten, und sie freute sich, daß sie ihm das Leben gerettet hatte, als er halbtot auf den Wogen dahintrieb, und sie dachte daran, wie fest sein Kopf an ihrer Brust geruht hatte und wie innig sie ihn dann geküßt hatte; er wußte gar nichts davon, konnte nicht einmal von ihr träumen.

Immer lieber gewann sie die Menschen, immer mehr hatte sie den Wunsch, zu ihnen emporsteigen zu können; die Menschenwelt kam ihr viel größer vor als ihre eigene. Sie konnten ja auf Schiffen über das Meer hinfliegen, auf die hohen Berge droben über den Wolken steigen, und die Länder, die sie besaßen, dehnten sich mit Wäldern und Feldern weiter, als sie blicken konnte. Da gab es so viel, was sie gern gewußt hätte, aber die Schwestern konnten nicht auf all das Antwort geben, darum fragte sie die alte Großmutter, und die kannte gut die höhere Welt, die sie sehr richtig die Lande über dem Meer nannte.

»Wenn die Menschen nicht ertrinken«, fragte die kleine Meerjungfrau, »bleiben sie dann immer am Leben, sterben sie nicht wie wir hier unten im Meer?«

»Doch«, sagte die Alte, »sie müssen auch sterben, und ihre Lebenszeit ist sogar kürzer als die unsere. Wir können dreihundert Jahre alt werden, aber wenn wir dann aufhören, hier zu leben, dann werden wir nur zu Schaum auf dem Wasser, haben nicht einmal ein Grab hier unten unter unseren Lieben. Wir besitzen keine unsterbliche Seele, wir erhalten das Leben nie wieder zurück, wir sind genauso wie das grüne Schilf; ist es erst geschnitten, dann kann es nicht wieder grünen! Die Menschen dagegen haben eine Seele, die immer lebt, die lebt, wenn der Körper zu Erde geworden ist; sie steigt hinauf in die helle Luft, hinauf zu den funkelnden Sternen! So wie wir aus dem Meer auftauchen und die Länder der Menschen schauen, so tauchen sie zu unbekannten, herrlichen Gegenden empor, die wir niemals zu sehen bekommen.«

»Weshalb bekamen wir keine unsterbliche Seele?« sagte die kleine Meerjungfrau traurig. »Ich würde alle meine hundert Jahre hergeben, die ich noch vor mir habe, um nur einen einzigen Tag ein Mensch zu sein und dann teilzuhaben an der himmlischen Welt!«

»Daran darfst du nicht immer denken!« sagte die Alte, »wir sind viel glücklicher und besser daran als die Menschen dort oben!«

»Ich muß also sterben und als Schaum auf dem Meer schwimmen, kann nicht die Musik der Wellen hören, nicht die herrlichen Blumen schauen und die rote Sonne! Kann ich denn gar nichts tun, um eine ewige Seele zu erlangen?«

»Nein!« sagte die Alte, »nur wenn ein Mensch dich so liebgewänne, daß du ihm mehr bedeutetest als Vater und Mutter, wenn er mit all seinem Denken und seiner Liebe an dir hinge und den Priester seine rechte Hand in deine legen ließe mit dem Gelübde, treu zu sein hier und bis in alle Ewigkeit, dann glitte seine Seele in deinen Leib hinüber, und du hättest auch teil am Glück der Menschen. Er gäbe dir eine Seele und behielte dennoch seine eigene. Aber das kann nimmer geschehen! Was hier im Meer gerade schön ist, dein Fischschwanz, das finden sie droben auf der Erde häßlich, sie verstehen es nun mal nicht besser, dort muß man zwei ungeschlachte Säulen haben, die sie Beine nennen, um schön zu sein!«

Da seufzte die kleine Meerjungfrau und blickte traurig auf ihren Fischschwanz.

»Laß uns fröhlich sein«, sagte die Alte, »hüpfen und springen wollen wir die dreihundert Jahre, die wir zu leben haben, das ist immerhin eine ganz erkleckliche Zeit, nachher kann man sich um so zufriedener in seinem Grab ausruhen. Heute abend haben wir Hofball!«

Das war auch eine Pracht, wie man sie auf Erden niemals sieht. Wände und Decke in dem großen Tanzsaal waren aus dickem, aber durchsichtigem Glas. Mehrere hundert riesige Muschelschalen, rosenrot und grasgrün, standen auf allen Seiten in Reihen nebeneinander, mit einem blau brennenden Feuer, das den ganzen Saal erhellte und durch die Wände leuchtete, so daß die See draußen ganz hell war: man konnte all die unzähligen Fische sehen, große und kleine, die gegen die Glaswand schwammen, an manchen glänzten die Schuppen purpurrot, an anderen sahen sie aus wie Silber und Gold. – Mitten durch den Saal floß ein breiter Strom, und auf diesem tanzten Wassermänner und Meerfrauen zu ihrem eigenen, schönen Gesang. So herrliche Stimmen haben die Menschen auf der Erde nicht. Die kleine Meerjungfrau sang am schönsten von allen, und man klatschte ihr Beifall; und einen Augenblick lang war sie von Herzen froh, denn sie wußte, sie hatte die schönste Stimme von allen auf der Erde und im Meer.

Aber bald mußte sie doch wieder an die Welt droben denken. Sie konnte den schönen Prinzen und ihren Kummer, daß sie nicht, wie er, eine unsterbliche Seele besitze, nicht vergessen. Darum schlich sie sich aus ihres Vaters Schloß, und während drinnen Gesang und Fröhlichkeit herrschten, saß sie traurig in ihrem kleinen Garten. Da hörte sie ein Waldhorn durch das Wasser erklingen, und sie dachte: »Nun fährt er sicherlich dort oben, er, den ich lieber habe als Vater und Mutter, er, dem ich mit all meinen Gedanken anhange und in dessen Hand ich das Glück meines Lebens legen möchte. Alles werde ich wagen, um ihn und eine unsterbliche Seele zu erringen! Während meine Schwestern dort drinnen in meines Vaters Schloß tanzen, will ich zur Meerhexe gehen, vor ihr habe ich immer solche Furcht gehabt, aber sie kann vielleicht raten und helfen!«

Nun ging die kleine Meerjungfrau aus ihrem Garten fort auf die brausenden Strudel zu, hinter welchen die Hexe wohnte. Diesen Weg war sie noch nie gegangen, hier wuchsen keine Blumen, kein Seegras, nur der kahle graue Sandboden erstreckte sich bis zu den Strudeln, wo das Wasser wie sausende Mühlräder rundherum wirbelte und alles, was es zu fassen bekam, mit sich in die Tiefe riß. Mitten durch diese zermalmenden Wirbel mußte sie gehen, um in den Bereich der Meerhexe zu gelangen, und hier gab es ein langes Stück keinen anderen Weg als über heiß brodelnden Schlamm, den nannte die Hexe ihr Torfmoor. Dahinter lag ihr Haus inmitten eines seltsamen Waldes. Alle Bäume und Sträucher waren Polypen, halb Tier und halb Pflanze, sie sahen aus wie hundertköpfige Schlangen, die aus dem Erdboden wuchsen, alle Äste waren lange, schleimige Arme mit Fingern wie sich schlängelnde Würmer, und Glied für Glied bewegten sie sich von der Wurzel bis zur äußersten Spitze. Alles, was sie im Meer erwischen konnten, umschlangen sie und ließen es nie wieder los. Die kleine Meerjungfrau blieb ganz erschrocken draußen stehen. Ihr Herz klopfte vor Angst, fast wäre sie umgekehrt, aber dann dachte sie an den Prinzen und die Seele des Menschen, und da bekam sie Mut. Sie band ihr langes, wehendes Haar fest um ihren Kopf, damit die Polypen es nicht packen konnten, die Hände legte sie beide über ihrer Brust zusammen und flog so, wie der Fisch durchs Wasser fliegen kann, mitten zwischen den häßlichen Polypen dahin, die ihre

biegsamen Arme und Finger nach ihr ausreckten. Sie sah, daß jeder von ihnen etwas hielt, das er ergriffen hatte, hundert kleine Arme umklammerten es fest wie mit starken eisernen Banden. Menschen, die auf See umgekommen und in die Tiefe gesunken waren, schauten als weiße Knochengerippe zwischen den Armen der Polypen hervor. Schiffsruder und Kästen hielten sie fest. Gerippe von Landtieren und eine kleine Meerjungfrau, die sie gefangen und erwürgt hatten, das war ihr beinahe das schrecklichste.

Nun kam sie an einen großen, glitschigen Platz im Walde, wo sich große, fette Wassernattern tummelten und ihren garstigen, weißgelben Bauch zeigten. Mitten auf dem Platz war ein Haus errichtet, aus den weißen Knochen Gestrandeter, dort saß die Meerhexe und ließ eine Kröte von ihrem Munde fressen, ebenso wie die Menschen einen kleinen Kanarienvogel Zucker essen lassen. Die häßlichen, fetten Wassernattern nannte sie ihre kleinen Küken und ließ sie auf ihrer großen, schwammigen Brust sich schlängeln.

»Ich weiß schon, was du willst!« sagte die Meerhexe. »Du bist schön dumm! Trotzdem sollst du deinen Willen haben, denn der wird dich ins Unglück bringen, meine wunderfeine Prinzessin. Du möchtest gern deinen Fischschwanz lossein und statt dessen zwei Stümpfe haben zum Gehen, genauso wie die Menschen, damit der junge Prinz sich in dich verliebt und du ihn kriegst und mit ihm eine unsterbliche Seele!« Gleichzeitig lachte die Hexe so laut und garstig, daß die Kröte und die Nattern auf den Boden fielen und sich dort umherwälzten. »Du kommst gerade zur rechten Zeit«, sagte die Hexe, »wenn die Sonne morgen aufgeht, könnte ich dir nicht mehr helfen, bevor nicht ein Jahr um ist. Ich werde dir einen Trunk bereiten, mit diesem mußt du, ehe die Sonne aufgeht, an Land schwimmen, dich dort ans Ufer setzen und ihn trinken, dann teilt sich dein Schwanz und schrumpft ein, zu etwas, was die Menschen hübsche Beine nennen, aber es tut weh, es ist, als ginge das scharfe Schwert durch dich hindurch. Alle, die dich sehen, werden sagen, du seiest das reizendste Menschenkind, das sie gesehen haben! Du behältst deinen schwebenden Gang, keine Tänzerin kann schweben wie du, aber bei jedem Schritt, den du machst, ist es, als trätest du auf ein scharfes Messer, so daß dein Blut fließen muß. Willst du dies alles erdulden, dann werde ich dir helfen!«

»Ja«, sagte die kleine Meerjungfrau mit bebender Stimme und dachte an den Prinzen und daran, daß sie eine unsterbliche Seele erringen wollte. »Aber vergiß nicht«, sagte die Hexe, »hast du erst menschliche Gestalt angenommen, dann kannst du niemals wieder eine Meerjungfrau werden! Du kannst nie mehr durch das Wasser zu deinen Schwestern und deines Vaters Schloß herniedersteigen, und gewinnst du nicht die Liebe des Prinzen, so daß er um deinetwillen Vater und Mutter vergißt und den Priester eure Hände ineinanderlegen läßt, so daß ihr Mann und Frau werdet, dann erhältst du keine unsterbliche Seele! An dem ersten Morgen, nachdem er mit einer anderen Hochzeit gehalten hat, da muß dein Herz brechen, und du wirst zu Schaum auf dem Wasser.«

»Ich will es«, sagte die kleine Meerjungfrau und war blaß wie eine Tote.

»Aber mich mußt du auch bezahlen!« sagte die Hexe, »und es ist nicht wenig, was ich fordere. Du hast die herrlichste Stimme von allen hier unten auf dem Grunde des Meeres, mit der glaubst du wohl ihn verzaubern zu können, aber diese Stimme mußt du mir geben. Das Beste, was du besitzt, möchte ich für meinen kostbaren Trank haben! Mein eigenes Blut muß ich dir ja da hineintun, damit der Trank scharf werden kann wie ein zweischneidiges Schwert!«

»Aber wenn du meine Stimme nimmst«, sagte die kleine Meerjungfrau, »was behalte ich dann noch übrig?«

»Deine liebreizende Gestalt«, sagte die Hexe, »deinen schwebenden Gang und deine sprechenden Augen, mit diesen wirst du schon noch ein Menschenherz betören können. Nun, hast du den Mut verloren? Strecke deine kleine Zunge heraus, dann schneide ich sie ab, als Bezahlung, und du erhältst den kräftigen Trank!«

»So sei es denn!« sagte die kleine Meerjungfrau, und die Hexe setzte ihren Kessel auf, um den Zaubertrank zu kochen. »Reinlichkeit ist eine gute Sache!« sagte sie und scheuerte den Kessel mit den Nattern, die sie zu einem Knäuel zusammenband; dann ritzte sie sich selber die Brust und ließ ihr schwarzes Blut hineinträufeln, der Dampf nahm die seltsamsten Gestalten an, so daß einem angst und bange werden mußte. Alle Augenblicke tat die Hexe neue Sachen in den Kessel, und als es ordentlich kochte, klang es, wie wenn das Krokodil weint. Schließlich war der Trank fertig, er sah aus wie das klarste Wasser.

»Hier hast du ihn!« sagte die Hexe und schnitt der kleinen Meerjungfrau die Zunge ab, und nun war sie stumm, konnte weder singen noch sprechen.

»Falls die Polypen nach dir greifen, wenn du durch meinen Wald zurückgehst«, sagte die Hexe, »so spritze nur einen einzigen Tropfen von diesem Trank auf sie, dann zerspringen ihre Arme und Finger in tausend Stücke!«

Aber das brauchte die kleine Meerjungfrau nicht, die Polypen zogen sich erschrocken vor ihr zurück, als sie den schimmernden Trank sahen, der in ihrer Hand glänzte wie ein funkelnder Stern. So kam sie schnell durch den Wald, das Moor und die brausenden Strudel.

Sie konnte ihres Vaters Schloß sehen; die Fackeln in dem großen Tanzsaal waren gelöscht, dort drinnen schlief sicherlich alles, aber sie wagte es nicht, sie aufzusuchen, nun da sie stumm war und für immer von ihnen fortgehen wollte. Es war, als sollte ihr das Herz vor Leid brechen. Sie schlich sich in den Garten, nahm von jedem Blumenbeet ihrer Schwestern eine Blume, warf tausend Kußhände zum Schlosse hin und stieg durch die dunkelblaue See nach oben.

Die Sonne war noch nicht hervorgekommen, als sie das Schloß des Prinzen sah und die prächtige Marmortreppe hinanstieg. Der Mond glänzte wunderbar hell. Die kleine Meerjungfrau trank den brennend scharfen Trank, und es war, als ginge ihr ein zweischneidiges Schwert durch den feinen Leib, sie wurde ohnmächtig davon und lag wie tot da. Als die Sonne über das Meer schien, erwachte sie, und sie fühlte einen brennenden Schmerz, aber ihr gegenüber stand der reizende junge Prinz, er heftete seine kohlschwarzen Augen auf sie, so daß sie die ihren niederschlug und sah, daß ihr Fischschwanz fort war und daß sie die hübschesten weißen kleinen Beine hatte, die ein Mädchen nur haben konnte, aber sie war ganz nackt, darum hüllte sie sich in ihr dichtes, langes Haar. Der Prinz fragte, wer sie sei und wie sie hergekommen sei, und sie sah ihn sanft und doch so traurig mit ihren dunkelblauen Augen an, sprechen konnte sie ja nicht. Da nahm er sie bei der Hand und führte sie ins Schloß hinein. Jeder Schritt, den sie machte, war, wie die Hexe ihr vorausgesagt hatte, als träte sie auf spitze Pfrieme und scharfe Messer, aber das erduldete sie gern. An der Hand des Prinzen stieg sie so leicht wie eine Luftblase empor, und er und alle wunderten sich über ihren anmutigen, schwebenden Gang.

Kostbare Kleider aus Seide und Musselin bekam sie an, im Schloß war sie die Schönste von allen, aber sie war stumm, konnte weder singen noch sprechen. Wunderschöne Sklavinnen, in Seide und Gold gekleidet, kamen und sangen dem Prinzen und seinen königlichen Eltern vor; eine sang schöner als alle anderen, und der Prinz klatschte in die Hände und lächelte ihr zu, da wurde die kleine Meerjungfrau traurig, sie wußte, sie selbst hatte viel schöner gesungen! Sie dachte: Oh, er sollte nur wissen, daß ich, um bei ihm sein zu können, für alle Ewigkeit meine Stimme fortgegeben habe!

Nun tanzten die Sklavinnen anmutige, schwebende Tänze zu der herrlichsten Musik, da hob die kleine Meerfrau ihre schönen, weißen Arme, richtete sich auf den Zehenspitzen auf und schwebte durch den Raum, tanzte, wie noch keiner getanzt hatte; bei jeder Bewegung wurde ihre Schönheit noch sichtbarer, und ihre Augen rührten tiefer ans Herz als der Gesang der Sklavinnen.

Alle waren davon begeistert, vor allem der Prinz, der sie sein kleines Findelkind nannte, und sie tanzte immer mehr, obwohl es ihr jedesmal, wenn ihr Fuß die Erde berührte, so war, als träte sie auf scharfe Messer. Der Prinz sagte, sie solle für alle Zeiten bei ihm bleiben, und sie durfte vor seiner Tür auf einem samtenen Kissen schlafen.

Er ließ ihr eine Männertracht nähen, damit sie ihn zu Pferde begleiten konnte. Sie ritten durch die duftenden Wälder, wo die grünen Zweige ihr gegen die Schultern schlugen und die Vögelchen hinter den frischen Blättern sangen. Sie kletterte mit dem Prinzen auf die hohen Berge hinauf, und obwohl ihre feinen Füße bluteten, so daß die anderen es sehen konnten, lachte sie dennoch darüber und folgte ihm, bis sie die Wolken unter sich segeln sahen, als wären sie ein Schwarm Vögel, der in fremde Länder zog.

Daheim auf des Prinzen Schloß, wenn nachts die anderen schliefen, ging sie auf die breite Marmortreppe hinaus; und es kühlte ihre brennenden Füße, wenn sie in dem kalten Meerwasser stand, und dann dachte sie an die dort unten in der Tiefe.

Eines Nachts kamen ihre Schwestern Arm in Arm, sie sangen so kummervoll, als sie auf dem Wasser schwammen, und sie winkte ihnen zu, und sie erkannten sie und erzählten, wie traurig sie sie alle gemacht habe. Allnächtlich besuchten sie sie seitdem, und eines Nachts sah sie weit draußen die alte Großmutter, die viele Jahre lang nicht über Wasser gewesen war, und den Meerkönig mit seiner Krone auf dem Haupt, sie streckten die Hände nach ihr aus, wagten sich aber nicht so nahe ans Land wie die Schwestern.

Von Tag zu Tag wurde sie dem Prinzen lieber, er hatte sie lieb, wie man ein gutes, liebes Kind liebhat, aber sie zu seiner Königin zu machen, kam ihm gar nicht in den Sinn, und seine Frau mußte sie werden, sonst erhielt sie keine unsterbliche Seele, sondern würde an seinem Hochzeitsmorgen zu Schaum auf dem Meere werden.

»Hast du mich nicht von allen am liebsten?« schienen die Augen der kleinen Meerjungfrau zu sagen, wenn er sie in seine Arme nahm und sie auf ihre schöne Stirn küßte.

»Doch, du bist mir am liebsten«, sagte der Prinz, »denn du hast das beste Herz von allen, du bist mir am meisten zugetan, und du gleichst einem jungen Mädchen, das ich einstmals sah, aber sicher nie mehr wiederfinde. Ich war auf einem Schiff, das unterging, die Wogen trieben mich an Land, nahe bei einem heiligen Tempel, wo mehrere junge Mädchen Dienst taten, die jüngste dort fand mich am Strand und rettete mir das Leben, ich sah sie nur zweimal; sie wäre die einzige, die ich in dieser Welt lieben könnte, aber du gleichst ihr, du verdrängst fast ihr Bild aus meiner Seele. Sie gehört zu dem heiligen Tempel, und darum hat mein gutes Glück dich mir gesandt, nie wollen wir uns trennen!« – »Ach, er weiß nicht, daß ich ihm das Leben gerettet habe!« dachte die kleine Meerjungfrau. »Ich trug ihn über die See zum Walde hin, wo der Tempel steht, ich saß hinter dem Gischt und sah nach, ob nicht Menschen kämen. Ich sah das schöne Mädchen, das er lieber hat als mich!« Und die Meerjungfrau seufzte tief, weinen konnte sie nicht. »Das Mädchen gehört dem heiligen Tempel an, hat er gesagt, sie kommt nie in die Welt hinaus, sie begegnen sich nicht mehr, ich bin bei ihm, sehe ihn jeden Tag, ich werde ihn pflegen, ihn lieben, ihm mein Leben weihen!«

»Aber jetzt wird der Prinz heiraten und die schöne Tochter des Nachbarkönigs bekommen!« erzählte man, »das ist der Grund, weshalb er ein so prächtiges Schiff ausrüstet. Der Prinz fährt fort, um sich die Länder des Nachbarkönigs anzusehen, ein großes Gefolge nimmt er mit.« Aber die kleine Meerjungfrau schüttelte den Kopf und lachte, sie kannte die Gedanken des Prinzen viel besser als all die anderen. »Ich muß fahren!« hatte er zu ihr gesagt, »ich soll mir die schöne Prinzessin ansehen, meine Eltern verlangen es, aber mich zwingen, sie als meine Braut heimzuführen, das wollen sie nicht! Ich kann sie nicht lieben! Sie gleicht nicht dem schönen Mädchen im Tempel, dem du gleichst, sollte ich einmal eine Braut erwählen, dann wärest eher du es, mein stummes Findelkind mit den sprechenden Augen!« Und er küßte ihren roten Mund, spielte mit ihrem langen Haar und legte seinen Kopf an ihr Herz, so daß es von Menschenglück und einer unsterblichen Seele träumte.

»Du fürchtest dich doch nicht vor dem Meer, mein stummes Kind?« sagte er, als sie auf dem prächtigen Schiffe standen, das sie in die Länder des Nachbarkönigs führen sollte; und er erzählte ihr von Sturm und Meeresstille, von seltsamen Fischen in der Tiefe und was der Taucher dort gesehen hatte, und sie lächelte bei seiner Erzählung, sie wußte ja besser als irgendein anderer über den Meeresgrund Bescheid.

In der mondhellen Nacht, wenn bis auf den Steuermann, der am Ruder stand, alle schliefen, saß sie an der Reling des Schiffes und starrte durch das klare Wasser hinunter, und sie meinte ihres Vaters Schloß zu erblicken. Hoch oben stand die alte Großmutter mit der silbernen Krone auf dem Haupt und starrte durch die reißende Strömung zum Schiffskiel hinauf. Da kamen ihre Schwestern über das Wasser, sie starrten sie kummervoll an und rangen ihre weißen Hände, sie winkte ihnen zu, lächelte und wollte erzählen, daß es ihr in allem gut gehe und daß sie glücklich sei, aber der Schiffsjunge näherte sich ihr, und die Schwestern tauchten unter, so daß er in dem Glauben blieb, das Weiße, welches er gesehen hatte, sei Gischt auf den Wogen gewesen.

Am nächsten Morgen segelte das Schiff in den Hafen vor des Nachbarkönigs Stadt hinein. Alle Kirchenglocken läuteten, und von den hohen Türmen wurde mit Posaunen geblasen, während die Soldaten mit wehenden Fahnen und blinkenden Bajonetten dastanden. Jeder Tag brachte ein Fest. Bälle und Gesellschaften folgten aufeinander, aber die Prinzessin war noch nicht da, sie wurde weit fort in einem heiligen Tempel erzogen, erzählte man, dort lernte sie alle königlichen Tugenden. Endlich traf sie ein.

Die kleine Meerjungfrau stand da, begierig darauf, ihre Schönheit zu sehen; und sie mußte es zugeben, eine anmutigere Gestalt hatte sie nie geschaut. Die Haut war ganz fein und rosig, und hinter den langen, dunklen Augenwimpern lächelten ein Paar schwarzblaue, treue Augen.

»Du bist es«, sagte der Prinz, »du, die du mich errettet hast, als ich wie eine Leiche am Strande lag!« Und er nahm seine errötende Braut fest in die Arme. »Oh, ich bin ja so glücklich!« sagte er zu der kleinen Meerjungfrau. »Das Schönste, worauf ich nie hätte hoffen dürfen, ist mir erfüllt worden. Du wirst dich über mein Glück freuen, denn du hast mich von allen am liebsten!« Und die kleine Meerjungfrau küßte seine Hand, und sie meinte schon zu spüren, wie ihr Herz brach. Sein Hochzeitsmorgen würde ihr ja den Tod bringen und sie in Schaum auf dem Meer verwandeln.

Alle Kirchenglocken läuteten, die Herolde ritten in den Straßen umher und verkündeten das Eheverlöbnis. Auf allen Altären brannten duftende Öle in kostbaren silbernen Lampen. Die Priester schwenkten Räuchergefäße, und Braut und Bräutigam reichten einander die Hände und erhielten den Segen des Bischofs. Die kleine Meerjungfrau stand in Seide und Gold dabei und trug die Brautschleppe, aber ihre Ohren vernahmen nicht die festliche Musik, ihre Augen sahen nicht die fromme Zeremonie, sie dachte an ihre Todesnacht, an all das, was sie in dieser Welt verloren hatte.

Noch am selben Abend gingen Braut und Bräutigam an Bord des Schiffes, die Kanonen ertönten, alle Fahnen flatterten, und mitten auf dem Schiff war ein königliches Zelt errichtet, aus Gold und Purpur und mit den herrlichsten Pfühlen, hier sollte das Brautpaar in der stillen, kühlen Nacht schlafen. Die Segel bauschten sich im Wind, und das Schiff glitt leicht und ohne viel Bewegung über die klare See.

Als es dunkelte, wurden bunte Lampen angezündet, und die Seeleute tanzten lustige Tänze an Deck. Die kleine Meerjungfrau mußte daran denken, wie sie das erstemal aus dem Meer aufgetaucht war und die gleiche Pracht und Freude gesehen hatte. Und sie drehte sich im Tanz, schwebte, wie die Schwalbe schwebt, wenn sie verfolgt wird, und alle jubelten ihr Bewunderung zu, niemals hatte sie so herrlich getanzt. Es schnitt ihr wie mit scharfen Messern in die feinen Füße, aber sie fühlte es nicht; es schnitt ihr schmerzlicher ins Herz. Sie wußte, es war der letzte Abend, daß sie ihn sah, um dessentwillen sie ihre Familie und ihre Heimat verlassen hatte, ihre wunderbare Stimme hergegeben und täglich unendliche Qualen erduldet hatte, ohne daß er auch nur mit einem Gedanken daran gedacht hätte. Es war die letzte Nacht, daß sie atmete, die gleiche Luft atmete wie er, das tiefe Meer und den sternenblauen Himmel erblickte; eine ewige Nacht ohne Gedanken und Traum harrte ihrer, die keine Seele besaß, keine erringen konnte. Und auf dem Schiff war eitel Freude und Fröhlichkeit bis weit über Mitternacht, sie lachte und tanzte mit dem Todesgedanken in ihrem Herzen. Der Prinz küßte seine liebreizende Braut, und sie spielte mit seinem schwarzen Haar, und Arm in Arm gingen sie in dem prächtigen Zelt zur Ruhe.

Es wurde ruhig und still auf dem Schiff, nur der Steuermann stand am Ruder, die kleine Meerjungfrau legte ihre weißen Arme auf die Reling und blickte gen Osten der Morgenröte entgegen, der erste Sonnenstrahl, das wußte sie, würde sie töten. Da sah sie ihre Schwestern aus dem Meer emporsteigen, sie waren bleich wie sie; ihr langes, wunderbares Haar wehte nicht mehr im Winde, es war abgeschnitten.

»Wir haben es der Hexe geschenkt, auf daß sie dir Hilfe bringe, damit du in dieser Nacht nicht stirbst! Sie hat uns ein Messer gegeben, hier ist es! Siehst du, wie scharf? Ehe die Sonne aufgeht, mußt du es dem Prinzen ins Herz stoßen, und wenn dann sein warmes Blut auf deine Füße spritzt, dann wachsen sie zu einem Fischschwanz zusammen, und du wirst wieder Meerjungfrau, kannst zu uns ins Wasser herabsteigen und deine dreihundert Jahre leben, ehe du zu totem, salzigem Meerschaum wirst. Eil dich! einer muß sterben, er oder du, bevor die Sonne aufgeht! Unsere alte Großmutter trauert, so daß ihr das weiße Haar ausgegangen ist, wie das unsere durch die Schere der Hexe fiel. Töte den Prinzen und kehre zurück! Eil dich, siehst du den roten Streifen am Himmel? In wenigen Minuten steigt die Sonne empor, und dann mußt du sterben!« und sie stießen einen seltsam tiefen Seufzer aus und versanken in den Wogen.

Die kleine Meerjungfrau zog den Pupurvorhang vom Zelt fort, und sie sah die liebliche Braut mit ihrem Kopf an des Prinzen Brust schlummern, und sie beugte sich hinab, küßte ihn auf seine schöne Stirn, blickte zum Himmel auf, wo die Morgenröte immer heller leuchtete, blickte auf das scharfe Messer und heftete wieder die Augen auf den Prinzen, der im Traum den Namen seiner Braut nannte, er hatte nur für sie allein Sinn, und das Messer zitterte in der Hand der Meerjungfrau – aber da warf sie es weit in die Wogen hinaus, sie glänzten rot auf, wo es hinfiel, es sah aus, als sickerten Blutstropfen aus dem Wasser. Noch einmal sah sie mit halb gebrochenem Blick den Prinzen an, stürzte sich dann vom Schiff hinab ins Meer, und sie fühlte, wie ihr Körper sich in Schaum auflöste.

Da stieg die Sonne aus dem Meer auf, die Strahlen fielen mild und warm auf den todeskalten Meerschaum, und die kleine Meerjungfrau fühlte nichts vom Tode, sie sah die helle Sonne, und oben über ihr selber schwebten Hunderte von durchsichtigen, lieblichen Wesen; sie konnte durch sie hindurch die weißen Segel des Schiffes und die roten Wolken des Himmels sehen, ihre Stimmen waren Musik, aber so ganz Geist, daß kein menschliches Ohr sie vernehmen konnte, ebenso wie kein irdisches Auge sie erblicken konnte. Sie schwebten ohne Flügel kraft ihrer eigenen Leichtigkeit durch die Lüfte.

Die kleine Meerjungfrau sah, daß sie einen Körper besaß wie jene,

er erhob sich mehr und mehr aus dem Schaum.

»Zu wem komme ich?« fragte sie, und ihre Stimme klang wie die der anderen Wesen, wie ein Hauch, so daß keine irdische Musik sie wiedergeben könnte.

»Zu den Töchtern der Luft!« erwiderten die anderen. »Die Meerjungfrau hat keine unsterbliche Seele, kann sie niemals erlangen, es sei denn, sie erringt eines Menschen Liebe! Von einer fremden Macht hängt ihr ewiges Leben ab. Die Töchter der Luft haben auch keine ewige Seele, aber sie können sich selbst durch gute Taten eine schaffen. Wir fliegen in die heißen Länder, wo die laue Pestluft die Menschen tötet. Dort fächeln wir Kühlung. Wir tragen den Duft der Blumen durch die Lüfte und senden Erquickung und Heilkraft. Wenn wir uns dreihundert Jahre bestrebt haben, soviel Gutes zu tun, wie wir zu tun vermögen, erhalten wir eine unsterbliche Seele und haben teil am ewigen Glück der Menschen. Du arme kleine Meerjungfrau hast mit deinem ganzen Herzen nach dem gleichen gestrebt wie wir, du hast gelitten und geduldet, dich zu der Welt der Luftgeister emporgeschwungen, nun kannst du dir selbst durch gute Taten in dreihundert Jahren eine unsterbliche Seele erringen.«

Und die kleine Meerjungfrau hob ihre hellen Arme zu Gottes Sonne empor, und zum ersten Male spürte sie Tränen. – Auf dem Schiff war wieder Lärm und Leben, sie sah den Prinzen mit seiner schönen Braut nach ihr suchen, wehmütig starrten sie auf den wogenden Schaum, als wüßten sie, daß sie sich in die Wogen gestürzt hatte. Unsichtbar küßte sie die Stirn der Braut, lächelte ihm zu und stieg mit den anderen Kindern der Luft hinauf auf die rosarote Wolke, die in den Lüften segelte.

»In dreihundert Jahren schweben wir so in Gottes Reich hinein!«

»Auch früher können wir dorthin kommen!« flüsterte eine. »Unsichtbar schweben wir in die Häuser der Menschen, wo Kinder sind, und mit jedem Tag, an dem wir ein gutes Kind finden, das seinen Eltern Freude macht und ihre Liebe verdient, verkürzt Gott unsere Probezeit. Das Kind weiß nicht, wann wir durch die Stube fliegen, und wenn wir dann aus Freude darüber lächeln, da wird uns eins von den dreihundert Jahren erlassen, sehen wir aber ein unartiges und böses Kind, dann müssen wir Tränen der Trauer weinen; und jede Träne fügt zu unserer Probezeit einen Tag hinzu.«

DES KAISERS NEUE KLEIDER

Vor vielen Jahren lebte ein Kaiser, der hübsche neue Kleider so über die Maßen liebte, daß er all sein Geld dafür ausgab, recht sehr geputzt zu werden. Er machte sich nichts aus seinen Soldaten, machte sich nur etwas aus Theater oder Spazierfahrten im Walde, weil er dann seine neuen Kleider zeigen konnte.

Er hatte für jede Stunde des Tages einen Frack, und wie man von einem König sagt: Er ist im Rat, so sagte man hier immer: Der Kaiser ist im Kleiderschrank!

In der großen Stadt, in der er wohnte, ging es sehr vergnüglich zu, täglich kamen viele Fremde, eines Tages kamen zwei Betrüger; sie gaben sich als Weber aus und sagten, sie verstünden den schönsten Stoff zu weben, den man sich denken könne. Nicht allein wären die Farben und das Muster außerordentlich schön, sondern die Kleider, die aus diesem Stoff genäht würden, hätten die erstaunliche Eigenschaft, daß sie für jeden

Menschen unsichtbar blieben, der nicht für sein Amt tauge oder auch ungebührlich dumm sei.

»Das müssen ja wunderbare Kleider sein«, dachte der Kaiser, »wenn ich die anhabe, könnte ich ja dahinterkommen, welche Männer in meinem Reich nicht für das Amt taugen, das sie innehaben; ich kann die Klugen von den Dummen unterscheiden; ja, dieser Stoff muß sofort für mich gewebt werden!« Und er gab den beiden Betrügern viel Geld an die Hand, damit sie mit ihrer Arbeit beginnen sollten.

Sie stellten auch zwei Webstühle auf, taten, als ob sie arbeiteten, aber sie hatten nicht das geringste auf dem Webstuhl. Frischweg verlangten sie die feinste Seide und das prächtigste Gold; das steckten sie in ihren eigenen Beutel und arbeiteten an den leeren Webstühlen, und zwar bis tief in die Nacht hinein.

»Nun möchte ich doch wirklich wissen, wie weit die mit ihrem Zeug sind!« dachte der Kaiser, aber ihm war ordentlich ein bißchen wunderlich ums Herz, wenn er daran dachte, daß derjenige, der dumm war oder gar nicht für sein Amt paßte, das Zeug nicht sehen konnte, nun meinte er allerdings, er brauche um sich selbst keine Sorge zu haben, aber er wollte doch zuerst jemanden hinschicken, der nachsehen sollte, wie es stünde. Alle Menschen in der ganzen Stadt wußten, welch seltsame Kraft der Stoff hatte, und jeder war darauf erpicht zu sehen, wie schlecht oder dumm sein Nachbar sei.

»Ich schicke meinen alten, ehrlichen Minister zu den Webern!« dachte der Kaiser. »Er kann am besten sehen, wie der Stoff sich ausnimmt, denn er hat Verstand, und keiner paßt besser für sein Amt als er!«

So ging denn der alte, brave Minister in den Saal, wo die beiden Betrüger saßen und an den leeren Webstühlen arbeiteten. »Gott im Himmel!« dachte der alte Minister und sperrte die Augen auf, »ich kann ja nichts sehen!« Aber das sagte er nicht.

Beide Betrüger forderten ihn auf, er möge so gut sein und näher treten, und fragten, ob es nicht ein schönes Muster und herrliche Farben seien. Dann zeigten sie auf den leeren Webstuhl, und der arme alte Minister sperrte die Augen immer weiter auf, aber er konnte nichts sehen, denn es war nichts da. »Herrgott!« dachte er, »sollte ich dumm sein? Das habe ich nie gedacht, und das darf kein Mensch erfahren! Sollte ich für mein Amt nicht taugen? Nein, es geht nicht, daß ich erzähle, ich könnte den Stoff nicht sehen!«

»Nun, Sie sagen nichts darüber!« sagte der eine, der webte.

»Oh, es ist wunderhübsch! Ganz allerliebst!« sagte der alte Minister und blickte durch seine Brille. »Dies Muster und diese Farben! – Ja, ich werde dem Kaiser sagen, daß es mir ganz besonders gefällt!«

»Nun, das freut uns!« sagten die beiden Weber, und nun nannten sie die Farben beim Namen und das seltsame Muster. Der alte Minister hörte gut zu, damit er dasselbe sagen konnte, wenn er zum Kaiser nach Hause käme, und das tat er. Nun forderten die Betrüger mehr Geld, mehr Seide und Gold, welches sie zum Weben brauchten. Sie steckten alles in ihre eigenen Taschen, auf den Webstuhl kam kein Fädchen, aber sie fuhren fort wie vorher, an dem leeren Webstuhl zu weben.

Der Kaiser schickte bald wieder einen braven Beamten hin, der sich ansehen sollte, wie es mit dem Weben ginge und ob der Stoff bald fertig wäre. Es erging ihm genauso wie dem Minister, er guckte und guckte, da aber nichts da war außer den leeren Webstühlen, konnte er nichts sehen.

»Ja, ist es nicht ein hübsches Stück Stoff?« sagten die beiden Betrüger und zeigten und erklärten das wunderbare Muster, das gar nicht da war.

»Dumm bin ich nicht!« dachte der Mann, »aber dann ist es also mein gutes Amt, zu dem ich nicht tauge. Das wäre wirklich komisch, aber da darf man sich nichts anmerken lassen!« Und dann lobte er den Stoff, den er nicht sah, und versicherte sie seiner Freude über die schönen Farben und das wundervolle Muster. »Ja, es ist ganz allerliebst!« sagte er zum Kaiser.

Alle Menschen in der Stadt redeten von dem prachtvollen Stoff.

Nun wollte der Kaiser selber ihn sehen, während er noch auf dem Webstuhl war. Mit einer ganzen Schar auserwählter Männer, unter welchen die beiden alten braven Beamten waren, die vorher dagewesen waren, ging er zu den listigen Betrügern, die nun aus aller Kraft webt, aber ohne Garn und Faden.

»Ja, ist es nicht magnifique!« sagten die beiden braven Beamten. »Belieben Euer Majestät sich anzusehen, welches Muster, welche Farben . . .!« Und dann zeigten sie auf den leeren Webstuhl; denn sie glaubten, die anderen könnten wahrscheinlich den Stoff sehen.

»Was ist das?« dachte der Kaiser, »ich sehe nichts! Das ist ja furchtbar, bin ich dumm? Tauge ich nicht dazu, Kaiser zu sein? Das wäre das Schrecklichste, was mir zustoßen könnte!« – »Oh, es ist sehr

hübsch«, sagte der Kaiser, »es findet meinen allerhöchsten Beifall!« Und er nickte befriedigt und betrachtete den leeren Webstuhl: Er wollte nicht sagen, daß er nichts sehen könne. Das ganze Gefolge, welches er bei sich hatte, guckte und guckte, es kam aber nicht mehr dabei heraus als bei allen anderen, sie sagten jedoch ebenso wie der Kaiser: »Oh, es ist wunderschön!« Und sie rieten ihm, die Kleider aus diesem neuen prächtigen Stoff zum erstenmal bei der großen Prozession anzuziehen, die bevorstand.

»Es ist magnifique! bezaubernd, excellent!« ging es von Mund zu Mund, und man war allenthalben herzlich erfreut darüber. Der Kaiser überreichte jedem von den Betrügern einen Orden, den sie ins Knopfloch hängen sollten, und den Titel eines Webjunkers.

Die ganze Nacht vor dem Vormittag, da die Prozession stattfinden sollte, blieben die Betrüger auf und hatten über sechzehn Kerzen brennen. Die Leute konnten sehen, daß sie große Eile hatten, des Kaisers neue Kleider fertigzubekommen. Sie taten so, als nähmen sie den Stoff vom Webrahmen, sie schnitten in der Luft mit großen Scheren zu, sie nähten mit Nähnadeln ohne Faden und sagten schließlich: »Seht, nun sind die Kleider fertig!«

Der Kaiser mit seinen vornehmsten Kavalieren kam selbst dorthin, und beide Betrüger hoben den einen Arm hoch, so als hielten sie etwas, und sagten: »Seht, hier sind die Beinkleider! Hier ist der Frack! Hier ist der Mantel!« und so immer fort. »Es ist so leicht wie Spinnweben! Man sollte meinen, man habe nichts am Leibe, aber das ist gerade das Gute daran!«

»Ja!« sagten alle Kavaliere, aber sie konnten nichts sehen, denn da war nichts.

»Möchten nun Euer Kaiserliche Majestät allergnädigst belieben, Ihre Kleider auszuziehen!« sagten die Betrüger. »Dann ziehen wir Ihnen die neuen an, hier drüben vor dem großen Spiegel!«

Der Kaiser zog alle seine Kleider aus, und die Betrüger taten nun so, als zögen sie ihm jedes Stück von den neuen an, die genäht sein sollten, und sie griffen ihm um den Leib und taten so, als bänden sie etwas fest, das war die Schleppe. Und der Kaiser wandte und drehte sich vor dem Spiegel.

»Gott, wie gut es kleidet! Wie wunderbar es sitzt!« sagten alle. »Welch ein Muster! welche Farben! Es ist ein kostbares Gewand!«

»Draußen stehen sie mit dem Thronhimmel, der bei der Prozession über Euer Majestät getragen werden soll!« sagte der Oberzeremonienmeister.

»Ja, ich bin soweit!« sagte der Kaiser. »Sitzt es nicht gut?« Und dann drehte er sich noch einmal vor dem Spiegel! Denn es sollte so aussehen, als betrachtete er sich so richtig in seinem Staat.

Die Kammerherren, die die Schleppe tragen sollten, tasteten mit den Händen über den Fußboden hin, so als nähmen sie die Schleppe hoch; sie gingen und taten so, als hielten sie etwas in die Höhe, sie durften andere nicht merken lassen, daß sie nichts sehen konnten.

Und dann ging der Kaiser unter dem schönen Thronhimmel in der Prozession, und alle Menschen auf der Straße und in den Fenstern sagten: »Gott, wie unvergleichlich sind des Kaisers neue Kleider! Was für eine wunderbare Schleppe hat er am Frack! Wie göttlich sie sitzt!« Keiner wollte es sich anmerken lassen, daß er nichts sehen konnte, dann hätte er ja für sein Amt nicht getaugt oder wäre sehr dumm gewesen. Keines von des Kaisers Kleidern hatte jemals soviel Anklang gefunden.

»Aber er hat ja gar nichts an!« sagte ein kleines Kind. »Herr Gott, hört die Stimme des Unschuldigen!« sagte der Vater; und einer flüsterte es dem anderen zu, was das Kind gesagt hatte.

»Er hat nichts an«, sagte da ein kleines Kind, »er hat nichts an!«

»Er hat ja nichts an!« rief zuletzt das ganze Volk. Und den Kaiser schauderte es, denn er fand, sie hätten recht, aber er dachte nun: »Jetzt muß ich die Prozession durchhalten.« Und dann hielt er sich noch stolzer, und die Kammerherren gingen hinterdrein und trugen die Schleppe, die gar nicht da war.

DER STANDHAFTE ZINNSOLDAT

Es waren einmal fünfundzwanzig Zinnsoldaten, sie waren alle Brüder, denn sie waren von einem alten Zinnlöffel geboren worden. Das Gewehr hielten sie im Arm und das Gesicht geradeaus; rot und blau, ganz wunderbar war die Uniform. Das allererste, was sie in dieser Welt hörten, als der Deckel von der Schachtel genommen wurde, in der sie lagen, war das Wort: »Zinnsoldaten!« Das rief ein kleiner Junge und klatschte in die Hände; er hatte sie bekommen, denn es war sein Geburtstag, und er stellte sie nun auf dem Tisch auf. Ein Soldat glich dem anderen wie aus dem Gesicht geschnitten, nur ein einziger war ein wenig anders; der hatte nur ein Bein, denn er war zuletzt gegossen worden, und da war nicht mehr genügend Zinn dagewesen! Der stand jedoch genauso fest auf seinem einen wie die anderen auf ihren zweien, und gerade er sollte sich hervortun.

Auf dem Tisch, wo sie aufgestellt waren, stand viel anderes Spielzeug. Was aber am meisten auffiel, das war ein wunderbares Schloß aus Pappe. Durch die kleinen Fenster konnte man bis in die Säle schauen. Draußen standen kleine Bäume um einen kleinen Spiegel herum, der aussehen sollte wie ein See; darauf schwammen Schwäne aus Wachs und spiegelten sich. Es war alles wunderhübsch, aber das Hübscheste war doch eine kleine Jungfrau, die mitten in der offenen Schloßtür stand. Sie war auch aus Papier ausgeschnitten, aber sie hatte einen Rock an aus ganz durchsichtigem Linon und ein schmales blaues Bändchen über den Schultern, ganz wie ein Gewand. Mitten darauf saß eine glitzernde Paillette, genauso groß wie ihr ganzes Gesicht. Die kleine Jungfrau streckte ihre beiden Arme aus, denn sie war eine Tänzerin, und dann hob sie das eine Bein so hoch in die Luft, daß der Zinnsoldat es gar nicht finden konnte und meinte, sie habe nur ein Bein genau wie er.

»Das wäre eine Frau für mich!« dachte er. »Aber sie ist sehr vornehm, sie wohnt in einem Schloß, ich habe nur eine Schachtel, und in die müssen wir uns zu fünfundzwanzig Mann teilen, das ist kein Ort für sie! Ich muß immerhin sehen, daß ich mich mit ihr bekannt mache!« und dann legte er sich, so lang wie er war, hinter eine Schnupftabakdose, die auf dem Tische stand; von dort konnte er sich so richtig die kleine feine Dame anschauen, die fortgesetzt auf einem Bein stand, ohne aus dem Gleichgewicht zu kommen.

Als es Abend wurde, kamen alle anderen Zinnsoldaten in ihre Schachtel, und die Leute im Haus gingen ins Bett. Nun begann das Spielzeug zu spielen, sie spielten Besuch haben, Krieg führen und Ball geben; die Zinnsoldaten rasselten in der Schachtel, denn sie wollten dabeisein, aber sie konnten den Deckel nicht aufkriegen. Der Nußknacker schoß Kobolz, und der Griffel machte Unfug auf der Tafel; es war ein Lärm, daß der Kanarienvogel wach wurde und mitzureden begann, und zwar in Versen. Die beiden einzigen, die sich nicht vom Fleck rührten, waren der Zinnsoldat und die kleine Tänzerin; sie hielt sich ganz kerzengerade auf der Zehenspitze, beide Arme nach den Seiten ausgestreckt; er war ebenso standhaft auf seinem einen Bein, seine Augen ließen überhaupt nicht von ihr.

Jetzt schlug die Uhr zwölf, und schnapp, da sprang der Deckel der Schnupftabakdose auf, aber es war kein Tabak darin, nein, sondern ein kleiner, schwarzer Troll, das war ein ganz kunstvolles Stück.

»Zinnsoldat«, sagte der Troll, »wirst du wohl deine Augen im Zaum halten!«

Aber der Zinnsoldat tat, als hörte er es nicht.

»Ja, wart nur bis morgen!« sagte der Troll.

Als es nun Morgen wurde und die Kinder aufstanden, da wurde der Zinnsoldat ins Fenster gestellt, und ob es nun der Troll war oder ob es zog, das Fenster flog mit einemmal auf, und der Soldat stürzte kopfüber vom dritten Stock hinunter. Das ging mit schrecklicher Geschwindigkeit, er streckte das Bein gerade in die Luft und blieb auf der Mütze stehen, mit dem Bajonett unten zwischen den Pflastersteinen.

Die Dienstmagd und der kleine Junge kamen sogleich herunter, um zu suchen; aber obwohl sie fast auf ihn getreten wären, konnten sie ihn doch nicht sehen. Hätte der Zinnsoldat gerufen: Hier bin ich! dann hätten sie ihn wohl gefunden, aber er fand, daß es sich nicht gehöre, laut zu schreien, da er in Uniform war.

Nun begann es zu regnen, die Tropfen fielen immer dichter, einer auf den anderen, es wurde ein tüchtiger Guß; als es vorüber war, kamen zwei Gassenjungen.

»Guck mal!« sagte der eine; »da liegt ein Zinnsoldat! Der will segeln gehen!«

Und dann machten sie aus einer Zeitung ein Boot, setzten den Zinnsoldaten mitten hinein, und nun segelte er den Rinnstein hinunter. Die Jungen liefen beide nebenher und klatschten in die Hände. Gott behüte, was waren in dem Rinnstein bloß für Wellen und was für eine Strömung! Ja, es hatte ja auch gegossen. Das Papierboot wippte auf und nieder, und zwischendurch drehte es sich so geschwind, daß es dem Zinnsoldaten durch und durch ging. Aber er blieb standhaft, verzog keine Miene, sah geradeaus und hielt das Gewehr im Arm.

Mit einemmal trieb das Boot unter ein langes Rinnsteinbrett; da wurde es so finster, als wäre er in seiner Schachtel.

»Wo ich jetzt wohl hinkomme!« dachte er. »Ja, ja, daran ist der Troll schuld! Ach, säße doch das kleine Fräulein hier im Boot, dann könnte es ruhig noch mal so finster sein!«

In diesem Augenblick kam eine große Wasserratte, die unter dem Rinnsteinbrett wohnte.

»Hast du einen Paß?« fragte die Ratte. »Her mit dem Paß!«

Aber der Zinnsoldat schwieg still und hielt das Gewehr noch fester. Das Boot fuhr dahin und die Ratte hinterdrein. Huh! Wie die mit den Zähnen knirschte und Reisern und Stroh zurief: »Haltet ihn! Haltet ihn! Er hat keinen Zoll bezahlt, er hat keinen Paß vorgezeigt!«

Aber die Strömung wurde immer stärker, der Zinnsoldat konnte vorn schon das Tageslicht erblicken, dort, wo die Bohle aufhörte, aber er hörte auch ein brausendes Geräusch, das einen tapferen Mann wohl erschrecken konnte; denkt nur, der Rinnstein stürzte, dort, wo die Bohle zu Ende war, in einen großen Kanal hinab, für ihn war das genauso gefährlich, als wenn wir einen großen Wasserfall hinunterführen.

Nun war er schon so nahe, daß er nicht mehr anhalten konnte. Das Boot flitzte hinaus, der arme Zinnsoldat hielt sich so steif, wie er konnte, niemand sollte ihm nachsagen, daß er auch nur mit den Augen gezwinkert hätte. Das Boot trudelte drei-, viermal rundherum und war bis an den Rand mit Wasser gefüllt, es mußte sinken; der Zinnsoldat stand bis zum Hals im Wasser, und immer tiefer sank das Boot; das Papier weichte mehr und mehr auf, nun ging das Wasser dem Soldaten über den Kopf – da dachte er an die kleine liebliche Tänzerin, die er nimmermehr sehen würde, und es klang in des Zinnsoldaten Ohr:

»Fahre, fahre, Kriegersmann!
Mußt den Tod erleiden!«

Nun ging das Papier entzwei, und der Zinnsoldat stürzte hindurch – wurde aber im selben Augenblick von einem großen Fisch verschlungen.

Nein, wie dunkel war es hier drinnen! Hier war es noch schlimmer als unter dem Rinnsteinbrett, und dann war es so eng; aber der Zinnsoldat war standhaft und lag, so lang wie er war, mit dem Gewehr im Arm.

Der Fisch raste umher, er machte die allerfurchtbarsten Bewegungen. Schließlich wurde er ganz still, es schoß durch ihn hindurch wie ein Blitzstrahl. Das Licht schien ganz hell, und einer rief laut: »Zinnsoldat!« Der Fisch war gefangen, auf den Markt gebracht und verkauft worden und in die Küche hinaufgekommen, wo die Magd ihn mit einem großen Messer aufschnitt. Sie faßte mit zwei Fingern den Soldaten um den Leib und trug ihn in die Stube, wo alle einen so merkwürdigen Mann sehen wollten, der im Bauch eines Fisches umhergereist war; aber der Zinnsoldat war gar nicht stolz. Man stellte ihn auf den Tisch und dort – nein,

wie kann es doch wunderlich zugehen in der Welt! –, der Zinnsoldat war in ganz derselben Stube, in der er vorher gewesen war, er sah dieselben Kinder wieder, und das Spielzeug stand auf dem Tisch: das wunderbare Schloß mit der lieblichen kleinen Tänzerin; sie hielt sich noch immer auf dem einen Bein und hatte das andere hoch in der Luft, sie war auch standhaft; das rührte den Zinnsoldaten, er war nahe daran, Zinn zu weinen, aber das gehörte sich nicht. Er schaute sie an, und sie schaute ihn an, aber sie sagten nichts.

In diesem Augenblick nahm einer der kleinen Jungen den Soldaten und warf ihn in den Ofen, und er hatte gar keinen Anlaß dazu; es war bestimmt der Troll in der Dose, der schuld daran war.

Der Zinnsoldat stand ganz beleuchtet da und fühlte eine Hitze, die furchtbar war, aber ob sie von dem richtigen Feuer kam oder von der Liebe, das wußte er nicht. Die Farben waren ganz von ihm abgegangen, ob es auf der Reise geschehen war oder vom Kummer kam, konnte keiner sagen. Er sah die kleine Jungfrau an, sie sah ihn an, und er fühlte, er schmolz, aber noch stand er standhaft da mit dem Gewehr im Arm. Da ging eine Tür auf, der Wind ergriff die Tänzerin, und sie flog wie eine Sylphide geradewegs in den Ofen hinein zum Zinnsoldaten, flammte in einer Lohe auf und war weg; da schmolz der Zinnsoldat zu einem Klumpen. Und als die Magd am nächsten Tag die Asche ausleerte, fand sie ihn. Er war ein kleines zinnernes Herz geworden; von der Tänzerin hingegen war nur die Paillette übrig, und die war kohlschwarz verbrannt.

DIE WILDEN SCHWÄNE

Weit fort von hier, dort, wo die Schwalben hinfliegen, wenn bei uns Winter ist, wohnte ein König; der hatte elf Söhne und eine Tochter, Elisa. Die elf Brüder, Prinzen waren sie, gingen mit dem Stern auf der Brust und dem Säbel an der Seite in die Schule; sie schrieben auf goldenen Tafeln mit diamantenen Griffeln und lernten ebensogut auswendig wie inwendig, man konnte sogleich hören, daß sie Prinzen waren. Die Schwester Elisa saß auf einem kleinen Schemel aus Kristall und hatte ein Bilderbuch, das um das halbe Königreich gekauft worden war.

Oh, diesen Kindern ging es so gut, aber so sollte es nicht bleiben!

Ihr Vater, welcher König über das ganze Land war, heiratete eine böse Königin, die den armen Kindern gar nicht wohlwollte; schon am ersten Tag konnten sie es sehr gut merken. Im ganzen Schloß war ein prächtiges Fest, und dann spielten die Kinder: es kommt Besuch; aber statt daß sie wie sonst so viel Kuchen und Bratäpfel bekamen, wie man heranschaffen konnte, gab sie ihnen nur Sand in einer Teetasse und sagte, sie könnten so tun, als wäre das etwas.

Die Woche drauf gab sie die kleine Schwester Elisa aufs Land zu Bauersleuten, und es dauerte nicht lange, da hatte sie dem König so viel über die armen Prinzen eingeredet, daß er sich gar nichts mehr aus ihnen machte.

»Fliegt ihr nur in die Welt hinaus und schlagt euch allein durch!« sagte die böse Königin; »fliegt als große Vögel ohne Stimme!« Aber sie konnte es nun doch nicht so arg treiben, wie sie gern gewollt hätte; sie wurden elf wunderbare Schwäne. Mit einem sonderbaren Schrei flogen sie zu den Schloßfenstern hinaus über den Park und den Wald.

Es war noch ganz früh am Morgen, als sie dort vorüberkamen, wo die Schwester Elisa in der Stube des Bauern lag und schlief; hier schwebten sie über das Dach hinweg, drehten ihre langen Hälse und schlugen mit den Fittichen, aber niemand hörte oder sah es! Sie mußten wieder weiter, hoch zu den Wolken empor, weit in die weite Welt hinaus, dort flogen sie in einen großen, dunklen Wald hinein, der sich bis zum Strand erstreckte.

Die arme kleine Elisa stand in der Stube des Bauern und spielte mit einem grünen Blatt, ein anderes Spielzeug hatte sie nicht; und sie machte ein Loch ins Blatt, schaute hindurch zur Sonne auf, und da war es ihr so, als sähe sie die hellen Augen ihrer Brüder, und jedesmal, wenn die warmen Sonnenstrahlen auf ihre Wange schienen, dachte sie an alle ihre Küsse.

Ein Tag verging ganz wie der andere. Wehte der Wind durch die hohen Rosenhecken vor dem Hause, dann flüsterte er den Rosen zu: »Wer ist wohl schöner als ihr?« Aber die Rosen schüttelten die Köpfe und sagten: »Das ist Elisa!« Und saß die alte Frau sonntags in der Tür und las in ihrem Kirchengesangbuch, dann wandte der Wind die Blätter um und sagte zu dem Buch: »Wer ist wohl frömmer als du?« – »Das ist Elisa!« sagte das Liederbuch, und was die Rosen und das Liederbuch sagten, war die lautere Wahrheit.

Als sie fünfzehn Jahre alt war, sollte sie nach Hause kommen; und als die Königin sah, wie schön sie war, wurde sie ihr gram und haßte sie; am liebsten hätte sie sie in einen wilden Schwan verwandelt, ebenso wie die Brüder, aber das getraute sie sich nicht sogleich, da ja der König seine Tochter sehen wollte.

In früher Morgenstunde ging die Königin ins Bad, es war aus Marmor erbaut und mit weichen Pfühlen und den schönsten Decken ausgeschmückt, und sie nahm drei Kröten, drückte ihnen einen Kuß auf und

sagte zu der einen: »Setz dich auf Elisas Kopf, wenn sie ins Bad kommt, damit sie so stumpf wird wie du! – Setz dich auf ihre Stirn«, sagte sie zu der anderen, »daß sie garstig wird wie du, so daß ihr Vater sie nicht erkennt! – Ruhe an ihrem Herzen«, flüsterte sie der dritten zu, »laß sie ein böses Gemüt bekommen, so daß sie dadurch Qualen leidet!« Dann setzte sie die Kröten in das klare Wasser, das sofort eine grünliche Farbe annahm, rief nach Elisa, entkleidete sie und ließ sie ins Wasser steigen, und als sie tauchte, setzte sich die eine Kröte in ihr Haar, die zweite auf ihre Stirn und die dritte auf die Brust, aber Elisa schien es gar nicht zu merken; als sie sich aufrichtete, schwammen drei rote Mohnblüten auf dem Wasser; wären die Tiere nicht giftig gewesen und von der Hexe geküßt worden, dann wären sie in rote Rosen verwandelt worden, aber Blumen wurden sie immerhin, weil sie auf ihrem Kopf und an ihrem Herzen geruht hatten; sie war zu fromm und unschuldsvoll, als daß der Zauber Macht über sie gewinnen konnte.

Als die böse Königin das sah, rieb sie sie mit Walnußsaft ein, so daß sie ganz schwarzbraun wurde, strich auf das schöne Antlitz eine stinkende Salbe und ließ das herrliche Haar sich verfilzen. Es war unmöglich, die schöne Elisa wiederzuerkennen.

Als daher ihr Vater sie sah, erschrak er sehr und sagte, dies sei nicht seine Tochter; auch wollte niemand sonst sie erkennen, außer dem Kettenhund und den Schwalben, aber das waren arme Tiere, und die hatten nichts zu sagen.

Da weinte die arme Elisa und dachte an ihre elf Brüder, die alle fort waren. Traurig schlich sie sich aus dem Schloß, ging den ganzen Tag über Feld und Moor in den großen Wald hinein. Sie wußte gar nicht, wo sie hin wollte, aber ihr war so trübselig zumute, und sie sehnte sich nach ihren Brüdern, sie waren gewiß auch wie sie in die Welt hinausgejagt worden, sie wollte sie suchen und finden.

Nur kurze Zeit war sie im Walde gewesen, als die Nacht hereinbrach; sie war ganz und gar von Weg und Steg abgekommen; da legte sie sich auf das weiche Moos, sprach ihr Abendgebet und lehnte den Kopf gegen einen Baumstumpf. Es war so still, die Luft war ganz mild, und ringsum im Gras und auf dem Moos funkelten wie ein grünes Feuer Hunderte von Johanniswürmchen. Als sie mit der Hand sacht einen der Zweige berührte, fielen die leuchtenden Insekten gleich Sternschnuppen auf sie nieder.

Die ganze Nacht träumte sie von ihren Brüdern; sie spielten wieder als Kinder, schrieben mit diamantenen Griffeln auf goldene Tafeln und besahen sich das wunderschöne Bilderbuch, das das halbe Reich gekostet hatte; aber auf die Tafel schrieben sie nicht wie früher nur Nullen und Striche, nein, die kühnsten Taten, die sie vollbracht hatten, alles, was sie erlebt und gesehen hatten; und im Bilderbuch war alles lebendig, die Vögel sangen, und die Menschen traten aus dem Buch heraus und redeten mit Elisa und ihren Brüdern, aber wenn sie die Seite umwandte, sprangen sie sofort wieder hinein, damit die Bilder nicht durcheinanderkämen.

Als sie erwachte, stand die Sonne schon ganz hoch; sie konnte sie allerdings nicht sehen, die hohen Bäume breiteten ihre Äste dicht und fest aus, aber die Strahlen schillerten dort draußen wie ein schwankendes goldenes Gespinst; es war da ein Duft von all dem Grün, und die Vögel wollten sich fast auf ihre Schultern setzen. Sie hörte das Wasser plätschern, hier waren viele große Quellen, die alle in einen Teich mündeten, wo der schönste Sandboden war. Allerdings wuchsen dichte Sträucher rundherum, aber an einer Stelle hatten die Hirsche eine große Lücke ausgetreten, und hier ging Elisa bis ans Wasser, das so klar war, daß sie, wenn der Wind nicht Äste und Sträucher berührt hätte, so daß sie sich bewegten, hätte meinen müssen, sie seien unten auf den Grund gemalt, so deutlich spiegelte sich dort jedes Blatt, ob nun die Sonne hindurchschien oder ob es ganz im Schatten lag.

Sobald sie ihr eigenes Gesicht sah, war sie sehr erschrocken, so braun und garstig war es, aber als sie ihre Hand naß machte und sich Augen und Stirn rieb, schimmerte die weiße Haut wieder hindurch; da legte sie alle ihre Kleider ab und ging in das frische Wasser hinaus; ein schöneres Königskind, als sie es war, gab es nicht auf dieser Welt.

Als sie wieder angezogen war und ihr langes Haar geflochten hatte, ging sie zu dem sprudelnden Quell, trank aus der hohlen Hand und wanderte tief in den Wald hinein, ohne selber zu wissen wohin.

Sie dachte an ihre Brüder, dachte an den lieben Gott, der sie gewiß nicht verlassen würde; er ließ die wilden Holzäpfel wachsen, um den Hungrigen zu speisen, er zeigte ihr einen solchen Baum, die Äste strotzten von Früchten, hier hielt sie ihr Mittagsmahl, stellte Stützen unter die Äste und ging nun in den finsteren Teil des Waldes hinein. Hier war es so still, daß sie ihre eigenen Schritte hörte, jedes welke Blättchen hörte, das sich unter ihrem Fuß krümmte; hier war kein Vogel zu erblicken, kein Sonnenstrahl konnte durch das große, dichte Astwerk dringen;

die hohen Stämme standen so nahe beieinander, daß es ihr, wenn sie geradeaus blickte, so vorkam, als ob ein Balkenzaun dicht hinter dem anderen sie rings umschlösse; oh, hier herrschte eine Einsamkeit, die sie nie zuvor gekannt hatte.

Die Nacht war ganz finster, kein einziges kleines Glühwürmchen leuchtete aus dem Moos, traurig legte sie sich nieder, um zu schlafen; da war es ihr, als teilten sich die Äste über ihr und als blickte der Herrgott mit milden Augen auf sie nieder; und Engel schauten über seinem Kopf und unter seinen Armen hervor.

Als sie morgens erwachte, wußte sie nicht, ob sie das geträumt hatte oder ob es wirklich so gewesen war.

Sie ging einige Schritte weiter, da begegnete sie einer alten Frau mit Beeren in ihrem Korb, die Alte schenkte ihr welche. Elisa fragte sie, ob sie nicht elf Prinzen durch den Wald habe reiten sehen.

»Nein«, sagte die Alte, »aber ich habe gestern elf Schwäne mit goldenen Kronen auf dem Kopfe hier in der Nähe den Bach hinunterschwimmen sehen!«

Und sie führte Elisa ein Stück weiter an einen Abhang; unterhalb von diesem wand sich ein Bach dahin; die Bäume an seinen Ufern streckten einander ihre langen, dicht belaubten Äste entgegen, und wo sie wegen ihres natürlichen Wuchses nicht zusammenkommen konnten, da hatten sie die Wurzeln aus dem Erdreich herausgerissen und neigten sich über das Wasser, die Äste ineinander verflochten.

Elisa verabschiedete sich von der Alten und ging am Bach entlang, bis an die Stelle, wo er zu dem großen, offenen Strand hinausfloß.

Das ganze herrliche Meer lag vor dem jungen Mädchen; aber nicht ein Segler erschien dort draußen, nicht ein Schiff war zu erblicken, wie sollte sie nur weiterkommen? Sie betrachtete die unzähligen Steinchen am Ufer, das Wasser hatte sie alle rund geschliffen. Glas, Eisen, Steine, alles, was hier angespült worden war, hatte seine Gestalt vom Wasser erhalten, das jedoch viel weicher war als ihre feine Hand. »Es rollt unermüdlich fort, und dadurch glättet sich das Harte; ich will ebenso unermüdlich sein! Ich danke euch für eure Lehre, ihr klaren, rollenden Wogen; dereinst, das sagt mir mein Herz, werdet ihr mich zu meinen lieben Brüdern bringen!«

Auf dem angespülten Tang lagen elf weiße Schwanenfedern; sie tat sie zu einem Strauß zusammen, Wassertropfen lagen auf ihnen, ob es Tau war oder Tränen, konnte niemand erkennen. Einsam war es am

Strand, aber sie spürte es nicht; denn das Meer bot eine ewige Abwechslung, ja, in nur wenigen Stunden mehr, als die Süßwasserseen im Lande einem in einem ganzen Jahr zeigen konnten. Kam eine große schwarze Wolke, dann war es, als wollte die See sagen: »Ich kann auch finster aussehen.« Und dann wehte der Wind, und die Wogen kehrten das Weiße nach oben; schimmerten aber die Wolken rot und der Wind schlummerte, dann war das Meer wie ein Rosenblatt; jetzt wurde es grün, dann weiß, aber wie still es auch dalag in seiner Ruhe, so war am Strande dennoch immer eine sanfte Bewegung; das Wasser hob sich leise wie die Brust eines schlafenden Kindes.

Als die Sonne im Untergehen war, sah Elisa elf wilde Schwäne mit goldenen Kronen auf dem Kopf dem Lande zufliegen, sie schwebten dahin, einer hinter dem anderen; es sah aus wie ein langes weißes Band. Da stieg Elisa den Abhang hinauf und verbarg sich hinter einem Busch; die Schwäne ließen sich in ihrer Nähe nieder und klatschten mit ihren großen, weißen Fittichen.

Kaum war die Sonne ins Meer gesunken, da fiel plötzlich das Schwanengefieder ab, und dort standen elf schöne Prinzen, Elisas Brüder. Sie stieß einen lauten Schrei aus; denn obwohl sie sich sehr verändert hatten, wußte sie, daß sie es waren, fühlte sie, daß sie es sein mußten; und sie lief in ihre Arme, nannte sie beim Namen, und sie waren ganz glückselig, als sie ihre kleine Schwester sahen und wiedererkannten, die jetzt so groß und wunderschön war. Sie lachten, und sie weinten, und bald waren sie sich darüber einig, wie böse ihre Stiefmutter gegen sie alle gewesen war.

»Wir Brüder«, sagte der Älteste, »fliegen als wilde Schwäne, solange die Sonne am Himmel steht; wenn sie untergegangen ist, erhalten wir unsere menschliche Gestalt zurück; daher müssen wir immer darauf achtgeben, daß wir bei Sonnenuntergang Grund unter den Füßen haben; fliegen wir dann nämlich oben unter den Wolken, müssen wir als Menschen in die Tiefe stürzen. Hier wohnen wir nicht, jenseits des Meeres liegt ein ebenso schönes Land wie dieses, aber der Weg dorthin ist weit, wir müssen über das große Meer, und es gibt keine Insel auf unserem Wege, wo wir übernachten könnten, nur ein einsamer kleiner Fels ragt mitten aus dem Wasser dort draußen empor; der ist nicht größer, als daß wir dicht nebeneinander darauf rasten könnten; ist starker Seegang, dann spritzt das Wasser hoch über uns hinweg; aber dennoch danken wir unserem Herrgott dafür. Dort übernachten wir in unserer menschlichen Gestalt, ohne diesen Fels könnten wir niemals unser liebes Vaterland wiedersehen, denn zwei der längsten Tage des Jahres brauchen wir für unseren Flug. Nur einmal im Jahr ist es uns vergönnt, unsere Heimat zu besuchen, elf Tage dürfen wir hierbleiben, über diesen großen Wald hinfliegen, von wo wir das Schloß erblicken können, in dem wir geboren sind und in dem unser Vater wohnt, von wo wir den hohen Turm der Kirche sehen können, bei der unsere Mutter begraben liegt. – Hier finden wir, daß Bäume und Sträucher mit uns verwandt sind; hier laufen die wilden Pferde über die Ebenen, wie wir es in unserer Kindheit sahen; hier singt der Köhler die alten Lieder, nach denen wir als Kinder getanzt haben; hier ist unser Vaterland, hier zieht es uns her, und hier haben wir dich gefunden, du liebes Schwesterlein! Noch zwei Tage dürfen wir hierbleiben, dann müssen wir fort übers Meer in ein schönes Land, das aber nicht unser Vaterland ist! Wie können wir dich mitnehmen? Wir haben weder Schiff noch Boot!«

»Wie kann ich euch nur erlösen?« sagte die Schwester.

Und sie redeten fast die ganze Nacht miteinander, nur wenige Stunden wurde geschlummert.

Elisa erwachte beim Geräusch der Schwanenflügel, die über sie hinwegrauschten. Die Brüder waren wieder verwandelt, und sie flogen in großen Kreisen und zuletzt weit fort, aber einer von ihnen, der jüngste, blieb da; und der Schwan legte seinen Kopf auf ihren Schoß, und sie streichelte seine weißen Fittiche; den ganzen Tag waren sie zusammen.

Gegen Abend kamen die anderen zurück, und als die Sonne weg war, standen sie in ihrer natürlichen Gestalt da.

»Morgen fliegen wir von hier fort, dürfen erst nach einem ganzen Jahr zurückkehren, aber dich können wir nicht einfach so verlassen! Hast du den Mut mitzukommen? Mein Arm ist stark genug, dich durch den Wald zu tragen, sollten dann nicht unser aller Flügel so stark sein, daß wir mit dir übers Meer fliegen können?«

»Ja, nehmt mich mit!« sagte Elisa.

Die ganze Nacht brachte sie damit zu, ein Netz aus der biegsamen Weidenrinde und dem zähen Schilf zu flechten, und es wurde groß und kräftig; auf dieses Netz legte sich Elisa, und als nun die Sonne aufging und die Brüder in wilde Schwäne verwandelt wurden, ergriffen sie das Netz mit ihren Schnäbeln und flogen mit der lieben Schwester, die noch schlief, hoch zu den Wolken empor. Die Sonnenstrahlen fielen auf ihr

Gesicht; daher flog einer der Schwäne über ihrem Kopf, damit seine breiten Flügel Schatten spenden konnten.

Sie waren weit vom Land entfernt, als Elisa erwachte; sie meinte noch zu träumen, so seltsam kam es ihr vor, hoch in den Lüften über das Meer getragen zu werden. Neben ihr lagen ein Zweig mit köstlichen, reifen Beeren und ein Bund wohlschmeckender Wurzeln; die hatte der jüngste von den Brüdern gesammelt und neben sie gelegt, und sie lächelte ihm dankbar zu, denn sie merkte, er war es, der dicht über ihrem Kopfe flog und mit den Flügeln Schatten spendete.

Sie waren so hoch oben, daß das erste Schiff, welches sie unter sich sahen, wie eine weiße Möwe wirkte, die auf dem Wasser lag. Eine große Wolke stand hinter ihnen, es war ein ganzer Berg, und auf dieser sah Elisa ihren eigenen Schatten und die der elf Schwäne, die so riesengroß dahinflogen. Es war ein Gemälde, prächtiger, als sie jemals eines gesehen hatte. Als aber die Sonne allmählich höher stieg und die Wolke hinter ihnen zurückblieb, verschwand das schwebende Schattenbild.

Den ganzen Tag flogen sie wie ein sausender Pfeil durch die Lüfte, aber trotzdem ging es langsamer als sonst, da sie jetzt die Schwester zu tragen hatten. Ein Unwetter zog herauf, der Abend kam näher; voller Bangen sah Elisa die Sonne sinken, und noch war der einsame Fels im Meer nicht zu erblicken. Es kam ihr so vor, als ob die Schwäne stärker mit den Flügeln schlugen. Ach! Es war ihre Schuld, daß sie nicht schnell genug vorwärts kamen; wenn die Sonne weg war, dann würden sie zu Menschen werden, ins Meer stürzen und ertrinken. Da betete sie aus tiefstem Herzen zum Herrgott, aber noch sah sie keinen Felsen. Die schwarze Wolke kam näher, die starken Windstöße kündeten Sturm an, die Wolken wirkten wie eine einzige, große drohende Woge, die sich, so fest wie Blei, vorwärts schob; Blitz auf Blitz flammte auf.

Jetzt war die Sonne dicht am Rande des Meeres. Elisas Herz bebte; da schossen die Schwäne nach unten, so schnell, daß sie zu fallen meinte; aber nun schwebten sie wieder, die Sonne war halb ins Meer gesunken; da erst erkannte sie den kleinen Fels unter sich, er sah nicht größer aus als ein Seehund, der den Kopf aus dem Wasser steckt. Die Sonne sank sehr schnell, jetzt war sie nur wie ein Stern; da berührte Elisas Fuß festen Boden, die Sonne erlosch gleich dem letzten Funken von brennendem Papier; Arm in Arm sah sie die Brüder um sich herum stehen; aber mehr Platz als nur gerade für sie und die Brüder war auch nicht da. Die See schlug gegen den Fels und ging wie ein Regenschauer über sie hinweg, der Himmel leuchtete wie ein ständig loderndes Feuer, und der Donner grollte Schlag auf Schlag; aber die Schwester und die Brüder hielten einander an den Händen und sangen ein Kirchenlied, aus dem sie Trost und Mut schöpften.

In der Morgendämmerung war die Luft rein und still; sobald die Sonne aufstieg, flogen die Schwäne mit Elisa von der Insel fort. Das Meer war noch immer stark bewegt; und als sie hoch oben in der Luft waren, sah es so aus, als wäre der weiße Gischt auf der schwarzgrünen See Millionen von Schwänen, die auf dem Wasser schwammen.

Als die Sonne höher stieg, sah Elisa vor sich, halb in der Luft schwebend, ein Gebirgsland mit glitzernden Eismassen auf den Bergen, und mitten darauf erstreckte sich ein Schloß, das sicher viele Meilen lang war, mit kühnen Säulengängen, einer über dem anderen; unten schwankten Palmenhaine und Prachtblumen, groß wie Mühlräder. Sie fragte, ob dies das Land sei, zu dem sie hin sollte, aber die Schwäne schüttelten den Kopf, denn was sie sah, war das herrliche, immer wechselnde Wolkenschloß der Fata Morgana. Dort hinein durften sie keinen Menschen bringen. Elisa starrte es an; da stürzten Berge, Wälder und Schloß ein, und nun standen zwanzig stolze Kirchen da, alle einander gleich, mit hohen Türmen und spitzen Fenstern. Sie meinte die Orgel tönen zu hören, aber es war das Meer, welches sie hörte. Jetzt war sie ganz nahe bei den Kirchen, da verwandelten sich diese in eine ganze Flotte, die unter ihr dahinsegelte. Sie blickte nieder, und es war nichts als Meerdunst, der über das Wasser hintrieb. Ja, einen ewigen Wechsel hatte sie vor Augen, und nun sah sie das richtige Land, in das sie wollten. Dort erhoben sich die schönen blauen Berge mit Zedernwäldern, Städten und Schlössern.

Lange bevor die Sonne unterging, saß sie auf dem Berg vor einer großen Höhle, die mit feinen grünen Schlingpflanzen überwachsen war; es sah aus, als wären es gestickte Decken.

»Nun wollen wir sehen, was du heute nacht hier träumst!« sagte der jüngste Bruder und zeigte ihr ihr Schlafgemach.

»Wenn ich doch nur träumen wollte, wie ich euch erlösen kann!« sagte sie, und dieser Gedanke beschäftigte sie sehr lebhaft. Sie bat Gott innig um seine Hilfe, ja, selbst im Schlafe fuhr sie in ihrem Gebet fort; da war es ihr so, als flöge sie hoch in die Lüfte hinauf, zum Wolkenschloß der Fata Morgana, und die Fee kam ihr entgegen, so schön und leuchtend; und dennoch glich sie ganz der alten Frau, die ihr im Walde

Beeren geschenkt und ihr von den Schwänen mit den goldenen Kronen erzählt hatte.

»Deine Brüder können erlöst werden!« sagte sie. »Aber hast du Mut und Ausdauer? Zwar ist das Meer weicher als deine feinen Hände und formt dennoch die harten Steine um, aber es empfindet nicht den Schmerz, wie ihn deine Finger empfinden würden; es hat kein Herz, leidet nicht die Angst und Qual, die du ertragen mußt. Siehst du diese Brennessel, die ich in meiner Hand halte? Davon wachsen viele rund um die Höhle, in der du schläfst; nur diese dort und die, welche auf den Gräbern des Kirchhofs sprießen, sind brauchbar, das merke dir. Du mußt sie pflücken, obwohl sie dir Blasen auf deine Haut brennen; brich die Nesseln mit deinen Füßen, da erhältst du Flachs; aus diesem mußt du elf Panzerhemden zwirnen und stricken, mit langen Ärmeln, wirf diese über die elf wilden Schwäne, dann ist der Zauber gebrochen. Aber denke immer daran, von dem Augenblick, da du diese Arbeit beginnst und bis sie vollbracht ist, und wenn inzwischen Jahre hingehen, darfst du nicht sprechen; das erste Wort, welches du sprichst, fährt als ein tötender Dolch durch das Herz deiner Brüder; an deiner Zunge hängt ihr Leben. Dies alles merke dir!«

Und im selben Augenblick berührte sie ihre Hand mit der Nessel; die war wie loderndes Feuer. Elisa erwachte davon. Es war hellichter Tag, und dicht neben dem Platz, wo sie geschlafen hatte, lag eine Nessel wie jene, die sie im Traum gesehen hatte. Da fiel sie auf ihre Knie nieder, dankte dem Herrgott und ging aus der Höhle, um mit ihrer Arbeit zu beginnen.

Mit den feinen Händen griff sie in die häßlichen Nesseln, sie waren wie Feuer; große Blasen brannten sie ihr auf Hände und Arme, aber gern wollte sie das erdulden, könnte sie ihre lieben Brüder erlösen. Sie brach jede Nessel mit ihren nackten Füßen und zwirnte den grünen Flachs.

Als die Sonne untergegangen war, kamen die Brüder, und sie erschraken, als sie sie so stumm fanden; sie glaubten, es sei ein neuer Zauber von der bösen Stiefmutter; als sie aber ihre Hände sahen, begriffen sie, was sie um ihretwillen tat, und der jüngste Bruder weinte, und wo seine Tränen hinfielen, da empfand sie keine Schmerzen, da gingen die brennenden Blasen weg.

Die Nacht brachte sie mit ihrer Arbeit zu, denn sie hatte keine Ruhe, bis sie nicht die lieben Brüder erlöst hatte; den ganzen folgenden

Tag, während die Schwäne fort waren, saß sie in ihrer Einsamkeit, aber nie war ihr die Zeit so schnell verflogen. Ein Panzerhemd war schon fertig, nun fing sie das nächste an.

Da erklangen Jagdhörner zwischen den Bergen. Ihr wurde ganz bange; der Ton kam näher, sie hörte Hunde bellen; erschrocken zog sie sich in die Höhle zurück, band die Nesseln, die sie gesammelt und gehechelt hatte, zu einem Bündel zusammen und setzte sich darauf.

Plötzlich kam ein großer Hund aus dem Gebüsch gesprungen und gleich noch einer und wieder einer. Sie bellten laut, liefen zurück und kamen wieder zum Vorschein. Es dauerte nur wenige Minuten, da standen alle Jäger draußen vor der Höhle, und der schönste unter ihnen war der König des Landes, er trat auf Elisa zu, nie hatte er ein schöneres Mädchen gesehen.

»Wo bist du hergekommen, du liebliches Kind!« sagte er. Elisa schüttelte den Kopf, sie durfte ja nicht sprechen, es galt ihrer Brüder Rettung und Leben; und sie versteckte ihre Hände unter der Schürze, auf daß der König nicht sähe, was sie leiden mußte.

»Komm mit mir!« sagte er, »hier darfst du nicht bleiben! Bist du so gut, wie du schön bist, so will ich dich in Samt und Seide kleiden, dir die goldene Krone aufs Haupt setzen, und du sollst in meinem reichsten Schloß Wohnung und Heimat finden!« – Und damit hob er sie auf sein Roß; sie weinte, rang die Hände, aber der König sagte: »Ich will nur dein Glück! Dereinst wirst du mir dafür Dank sagen!« und dann sauste er zwischen den Bergen von dannen und hielt sie vorn auf seinem Rosse fest, und die Jäger trabten hinterdrein.

Als die Sonne unterging, lag die prächtige Königsstadt mit Kirchen und Kuppeln vor ihnen, und der König führte sie aufs Schloß, wo in den hohen Marmorsälen große Springbrunnen plätscherten, wo an den Wänden und Decken Gemälde prangten, aber sie hatte kein Auge dafür, sie weinte und trauerte; willenlos ließ sie sich von den Frauen königliche Kleider anziehen, Perlen ins Haar flechten und feine Handschuhe über die verbrannten Finger ziehen.

Wie sie dastand in all ihrer Pracht, war sie so blendend schön, daß der Hof sich noch tiefer vor ihr verneigte und der König sie zu seiner Braut erkor, obwohl der Erzbischof den Kopf schüttelte und flüsterte, das schöne Waldmädchen sei gewiß eine Hexe, sie blende die Augen und betöre das Herz des Königs.

Aber der König hörte nicht darauf, ließ die Musik erschallen, die köstlichsten Speisen auftragen, die anmutigsten Mädchen sie umtanzen, und sie wurde durch duftende Gärten in prächtige Säle geführt; aber kein Lächeln trat auf ihre Lippen oder in ihre Augen, das Leid stand da zu lesen als ewiges Erbteil und Eigen. Jetzt öffnete der König ein kleines Gemach dicht daneben, wo sie schlafen sollte; es war mit kostbaren grünen Teppichen geschmückt und glich ganz und gar der Höhle, in der sie gewesen war; auf dem Fußboden lag das Bündel Flachs, das sie aus den Nesseln gesponnen hatte, und unter der Decke hing das Panzerhemd, das fertiggestrickt war; all dies hatte einer der Jäger als etwas Kurioses an sich genommen.

»Hier kannst du dich in deine ehemalige Wohnung zurückträumen!« sagte der König. »Hier ist die Arbeit, die dich dort in Anspruch genommen hat; nun, inmitten all deiner Pracht, wird es dir Spaß machen, an jene Zeit zurückzudenken.«

Als Elisa das sah, was ihrem Herzen so nahestand, zuckte ein Lächeln um ihren Mund, und das Blut kehrte in ihre Wangen zurück; sie dachte an die Erlösung ihrer Brüder, küßte des Königs Hand, und er drückte sie ans Herz und ließ alle Kirchenglocken das Hochzeitsfest verkünden. Das liebliche stumme Mädchen aus dem Walde war die Königin des Landes.

Da flüsterte der Erzbischof dem König böse Worte ins Ohr, die drangen jedoch nicht bis ins Herz hinein, die Hochzeit sollte stattfinden, der Erzbischof selber mußte ihr die Krone aufs Haupt setzen, und er drückte mit böser Absicht den schmalen Reif fest auf ihre Stirn nieder, so daß es weh tat; um ihr Herz jedoch lag ein schwererer Reif, der Kummer um ihre Brüder; sie fühlte nicht die körperliche Pein. Ihr Mund war stumm, ein einziges Wort würde ja ihre Brüder das Leben kosten, aber in ihren Augen lag eine tiefe Liebe zu dem guten, schönen König, der alles tat, um sie zu erfreuen. Aus tiefstem Herzen war sie ihm gut, von Tag zu Tag mehr; oh, wenn sie sich ihm doch nur anvertrauen dürfte, ihm von ihrem Leid erzählen! aber stumm mußte sie sein, stumm mußte sie ihr Werk vollbringen. Darum schlich sie nachts von seiner Seite fort, ging in das kleine Kämmerlein, das hergerichtet war wie die Höhle, und sie strickte ein Panzerhemd nach dem anderen fertig; als sie aber das siebente anfing, hatte sie keinen Flachs mehr.

Auf dem Kirchhof, das wußte sie, wuchsen die Nesseln, die sie brauchte, aber sie mußte sie selber pflücken; wie sollte sie dort hinauskommen!

»Oh, was ist der Schmerz in meinen Fingern gegen die Qual, die mein Herz erleidet!« dachte sie, »ich muß es wagen! Der Herrgott wird seine Hand nicht von mir abziehen!« Mit einer Herzensangst, als wäre es eine böse Tat, die sie vorhatte, schlich sie in der mondhellen Nacht in den Garten, ging durch die langen Alleen, auf die einsamen Straßen hinaus bis zum Kirchhof. Dort sah sie auf einem der breitesten Grabsteine einen Kreis von Lamien sitzen, garstige Hexen, die zogen ihre Lumpen aus, als wollten sie baden, und dann gruben sie mit den langen, dürren Fingern in den frischen Gräbern, holten die Leichen heraus und fraßen deren Fleisch. Elisa mußte dicht an ihnen vorbei, und sie hefteten ihre bösen Augen auf sie, aber sie betete nur, sammelte die brennenden Nesseln und trug sie heim aufs Schloß.

Nur ein einziger Mensch hatte sie erspäht, der Erzbischof, er war auf, wenn die anderen schliefen; nun hatte er doch recht behalten in dem, was er vermutete: daß mit der Königin nicht alles so war, wie es sein sollte; sie war eine Hexe, deshalb hatte sie den König und das ganze Volk betört.

Im Beichtstuhl erzählte er dem König, was er gesehen hatte und was er befürchtete, und als die harten Worte von seiner Zunge kamen, schüttelten die geschnitzten Heiligenbilder die Köpfe, als wollten sie sagen: »Es ist nicht an dem, Elisa ist unschuldig!« Aber der Erzbischof legte es anders aus, meinte, sie zeugten gegen sie, sie schüttelten die Köpfe wegen ihrer Sünde. Da rollten zwei schwere Tränen über des Königs Wangen, er ging nach Hause mit Zweifeln in seinem Herzen; und nachts tat er so, als schliefe er, aber es kam kein ruhiger Schlaf in seine Augen,

er merkte, wie Elisa aufstand, und allnächtlich wiederholte sie dies, und jedesmal folgte er leise hinterdrein und sah, daß sie in ihrem Kämmerlein verschwand.

Von Tag zu Tag wurde seine Miene finsterer. Elisa sah es, begriff aber nicht, weshalb, aber es flößte ihr Angst ein, und wie litt sie doch in ihrem Herzen um der Brüder willen! Auf den königlichen Samt und Purpur rannen ihre salzigen Tränen, sie lagen darauf wie glitzernde Diamanten, und alle, die die reiche Pracht schauten, wünschten sich, Königin zu sein.

Bald war sie indessen mit ihrer Arbeit am Ende, nur noch ein Panzerhemd fehlte; aber Flachs hatte sie auch nicht mehr und keine einzige Nessel. Einmal, nur dieses letzte Mal, mußte sie daher auf den Kirchhof hinaus und einige Handvoll pflücken. Sie dachte voll Angst an die einsame Wanderung und an die schrecklichen Lamien; aber ihr Wille war fest wie ihr Vertrauen zum Herrgott.

Elisa ging, aber der König und der Erzbischof folgten ihr, sie sahen sie beim Gittertor auf den Kirchhof verschwinden, und als sie sich diesem näherten, saßen auf dem Grabstein die Lamien, wie Elisa sie gesehen hatte, und der König wandte sich ab; denn er meinte, daß die, deren Kopf noch an diesem Abend an seiner Brust geruht hatte, eine von ihnen wäre.

»Das Volk muß sie richten!« sagte er, und das Volk richtete, sie solle in den roten Flammen verbrannt werden.

Von den prächtigen Königssälen wurde sie in ein dunkles, feuchtes Loch geführt, wo der Wind durch das vergitterte Fenster hereinpfiff; an

Stelle von Samt und Seide gaben sie ihr das Bündel Nesseln, das sie gesammelt hatte, darauf mochte sie ihren Kopf legen; die harten, brennenden Panzerhemden, die sie gestrickt hatte, sollten das Bett und die Dekke sein, aber nichts Lieberes konnten sie ihr gewähren, sie nahm ihre Arbeit wieder auf und betete zu ihrem Herrgott.

Draußen sangen die Straßenjungen Spottlieder auf sie; keine Seele spendete ihr mit einem liebevollen Worte Trost.

Da rauschte gegen Abend dicht am Gitter ein Schwanenfittich, es war der jüngste der Brüder, er hatte die Schwester gefunden; und sie schluchzte laut vor Freude, obwohl sie wußte, daß die Nacht, die jetzt kam, möglicherweise die letzte war, die sie zu leben hatte; aber nun war ja die Arbeit auch fast vollbracht, und ihre Brüder waren hier.

Der Erzbischof kam, um die letzte Stunde bei ihr zu verbringen, das hatte er dem König versprochen, aber sie schüttelte den Kopf, bat ihn mit Blicken und Mienen, er möge gehen; in dieser Nacht mußte sie ja ihre Arbeit vollenden, sonst wäre alles nutzlos gewesen, alles, Schmerz, Tränen und die schlaflosen Nächte; der Erzbischof ging fort und gab ihr böse Worte, aber die arme Elisa wußte, sie war unschuldig, und setzte ihre Arbeit fort.

Die Mäuslein liefen auf dem Erdboden herum, sie schleppten die Nesseln bis vor ihre Füße, um immerhin ein wenig zu helfen, und die Drossel setzte sich neben das Gitter des Fensters und sang die ganze Nacht, so lustig sie konnte, damit sie den Mut nicht verlöre.

Es war noch im Morgengrauen, erst in einer Stunde würde die Sonne aufgehen, da standen die elf Brüder am Tor des Schlosses und forderten, vor den König geführt zu werden; das könne nicht geschehen, war die Antwort, es sei ja noch Nacht, der König schlafe und dürfe nicht geweckt werden. Sie baten, sie drohten, die Wache kam, ja, selbst der König trat heraus und fragte, was dies zu bedeuten habe; da kam im selben Augenblick die Sonne heraus, und es waren keine Brüder mehr zu sehen, aber über das Schloß flogen elf weiße Schwäne dahin.

Zum Stadttor hinaus strömte das ganze Volk, es wollte sehen, wie die Hexe verbrannt wurde. Ein elender Gaul zog den Karren, auf dem sie saß; man hatte ihr einen Kittel aus grobem Sackleinen angezogen; ihr wunderbares langes Haar hing aufgelöst um den schönen Kopf, ihre Wangen waren totenblaß, ihre Lippen bewegten sich sacht, während die Finger den grünen Flachs zwirnten; nicht einmal auf dem Wege zu ihrem Tod legte sie die angefangene Arbeit nieder, die zehn Panzerhemden lagen zu ihren Füßen, an dem elften strickte sie; der Pöbel höhnte ihrer.

»Seht die Hexe, wie sie murmelt! Kein Gesangbuch hat sie in Händen, nein, sie sitzt da mit ihrem leidigen Gaukelspiel, reißt es ihr fort und zerfetzt es in tausend Stücke!«

Und sie drängten sich alle um sie und wollten es zerreißen; da kamen elf weiße Schwäne geflogen, sie setzten sich auf dem Karren rund um sie herum und schlugen mit ihren großen Fittichen. Da wich der Haufe voller Grauen zurück.

»Dies ist ein Zeichen des Himmels! Sie ist sicher unschuldig!« flüsterten viele, aber sie wagten es nicht laut zu sagen.

Nun nahm der Henker sie bei der Hand, da warf sie schleunigst die elf Hemden über die Schwäne, und es standen elf wunderherrliche Prinzen da, aber der jüngste hatte einen Schwanenflügel an Stelle seines einen Armes, denn es fehlte ein Ärmel an seinem Panzerhemd, den hatte sie nicht fertigbekommen.

»Nun darf ich sprechen!« sagte sie. »Ich bin unschuldig!«

Und das Volk, welches sah, was da geschehen war, verneigte sich vor ihr wie vor einer Heiligen, aber sie sank den Brüdern leblos in die Arme, so hatten Spannung, Angst und Schmerz auf sie gewirkt.

»Ja, unschuldig ist sie!« sagte der älteste Bruder, und nun berichtete er alles, was geschehen war, und während er sprach, verbreitete sich ein Duft wie von Millionen Rosen, denn jeder Holzscheit auf dem Scheiterhaufen hatte Wurzeln geschlagen und Reiser getrieben, da stand ein duftender Strauch, ganz hoch und breit, mit roten Rosen daran; zuoberst saß eine Blüte, weiß und glänzend, die leuchtete wie ein Stern; die brach der König und heftete sie auf Elisas Brust, da erwachte sie mit Frieden und Glückseligkeit in ihrem Herzen.

Und die Kirchenglocken läuteten alle von selbst, und die Vögel kamen in großen Schwärmen; es war ein Hochzeitszug zum Schloß zurück, wie ihn noch kein König je gesehen hatte.

DER FLIEGENDE KOFFER

Es war einmal ein Kaufmann, der war so reich, daß er die ganze Straße und fast noch eine kleine Gasse dazu mit Silbergeld hätte pflastern können; aber das tat er nicht, er wußte sein Geld auf andere Weise zu verwenden; gab er einen Schilling aus, erhielt er einen Taler zurück; so ein Kaufmann war er – und dann starb er.

Der Sohn bekam nun all das Geld, und er lebte lustig, ging jede Nacht zum Maskenfest, machte Papierdrachen aus den Reichstalerscheinen und warf die Goldmünzen an Stelle flacher Steine über die Wasserfläche, daß sie hopsten, so konnte das Geld schnell alle werden, und das wurde es; zuletzt besaß er nichts weiter als vier Schillinge und hatte keine andere Kleidung als ein Paar Pantoffeln und einen alten Schlafrock. Nun kümmerten sich seine Freunde nicht mehr um ihn, da sie ja nicht mehr mit ihm über die Straße gehen konnten, nur einer von ihnen, der ihm gut war, schickte ihm einen alten Koffer und sagte: »Pack ein!« Ja, das war ganz gut und schön, aber er hatte nichts einzupacken, so setzte er sich selber in den Koffer.

Das war ein absonderlicher Koffer. Sobald man auf das Schloß drückte, konnte der Koffer fliegen; das tat er, wupps, flog er mit ihm durch den Schornstein hinaus, hoch über die Wolken, immer weiter fort; es knackste im Boden, und er bekam große Angst, daß der Koffer entzweigehen könnte, dann hätte er nämlich einen ganz netten Sturz getan! Gott bewahre uns! Und nun kam er ins Türkenland. Den Koffer versteckte er im Wald unter den welken Blättern und ging alsdann in die Stadt; das konnte er ruhig tun, denn bei den Türken gingen ja alle, genau wie er, in Schlafrock und Pantoffeln. Da begegnete er einer Amme mit einem kleinen Kind. »Hör einmal, Türkenamme!« sagte er, »was ist das für ein großes Schloß hier nahe bei der Stadt, die Fenster liegen so hoch!«

»Dort wohnt des Königs Tochter!« sagte sie. »Es ist ihr geweissagt worden, daß sie durch einen Liebsten unglücklich würde, und darum darf niemand zu ihr, außer wenn der König und die Königin dabei sind.«

»Danke!« sagte der Kaufmannssohn, und dann ging er in den Wald hinaus, setzte sich in seinen Koffer, flog auf das Dach und kroch durchs Fenster zur Prinzessin hinein.

Sie lag auf dem Sofa und schlief; sie war so lieblich, daß der Kaufmannssohn ihr einen Kuß geben mußte; sie erwachte und erschrak sehr, aber er sagte, er sei der Türkengott, der durch die Luft zu ihr gekommen sei, und das gefiel ihr gut.

So saßen sie denn beieinander, und er erzählte ihr Geschichten von ihren Augen: sie seien die schönsten dunklen Seen, und die Gedanken schwämmen darin gleich Meerjungfrauen; und er erzählte von ihrer Stirn: die sei ein Schneeberg mit den prächtigsten Sälen und Bildern, und er erzählte vom Storch, der die niedlichen kleinen Kinder bringe.

O ja, es waren schöne Geschichten! Dann hielt er um die Hand der Prinzessin an, und sie sagte sogleich ja.

»Aber Sie müssen am Sonnabend herkommen«, sagte sie, »dann sind der König und die Königin bei mir zum Tee. Sie werden sehr stolz darauf sein, daß ich den Türkengott bekomme, aber sehen Sie zu, daß Sie ein wirklich schönes Märchen können, denn das lieben meine Eltern besonders; meine Mutter möchte es moralisch und vornehm haben und mein Vater lustig, so daß man lachen kann!«

»Ja, ich bringe kein anderes Hochzeitsgeschenk mit als ein Märchen!« sagte er, und dann trennten sie sich, aber die Prinzessin schenkte ihm einen Säbel, der mit goldenen Münzen besetzt war, und vor allem die konnte er gut gebrauchen.

Nun flog er fort, kaufte sich einen neuen Schlafrock und saß draußen im Wald und dichtete ein Märchen; es mußte bis zum Sonnabend fertig sein, und das ist gar nicht so leicht.

Dann war er fertig, und dann war Sonnabend.

Der König, die Königin und der ganze Hof warteten mit Tee bei der Prinzessin. Er wurde ganz reizend empfangen! »Würden Sie nun ein Märchen erzählen?« sagte die Königin, »eines, das tiefsinnig ist und belehrend!«

»Über das man aber doch lachen kann!« sagte der König.

»Ja, schon!« sagte er und erzählte; nun muß man aber gut zuhören!

»Es waren einmal ein Bund Schwefelhölzer, die waren ganz außerordentlich stolz darauf, weil sie von hoher Herkunft waren; ihr Stammbaum, das heißt die große Kiefer, von der jedes ein kleines Hölzchen war, war ein großer, alter Baum im Wald gewesen. Die Schwefelhölzer lagen jetzt auf dem Wandbrett zwischen einem Feuerzeug und einem alten eisernen Kochtopf, und denen erzählten sie aus ihrer Jugend. ›Ja, als wir auf dem grünen Zweig waren‹, sagten sie, ›da waren wir aber wirklich auf einem grünen Zweig! Jeden Morgen und Abend Diamanttee, das war der Tau, den ganzen Tag hatten wir Sonnenschein, wenn die Sonne schien, und all die kleinen Vögel mußten uns Geschichten erzählen. Wir konnten wohl merken, daß wir auch reich waren, denn die Laubbäume, die hatten nur im Sommer etwas an, aber unsere Familie konnte sich Sommer und Winter grüne Kleider leisten. Doch dann kamen die Holzhauer, das gab eine große Revolution, und unsere Familie wurde auseinandergerissen; der Stammherr bekam eine Stellung als Großmast auf einem prachtvollen Schiff, das um die ganze Erde segeln konnte, wenn es wollte, die anderen Äste kamen anderswohin, und wir haben nun den Beruf, der gemeinen Menge das Licht anzuzünden; deshalb sind wir vornehmen Leute hier in die Küche gekommen.‹

›Ja, bei mir ist es nun anders!‹ sagte der eiserne Kochtopf, neben dem die Schwefelhölzer lagen. ›Kaum daß ich ins Leben hinausgekommen war, wurde ich viele Male gescheuert und gekocht! Ich sorge für das Solide und bin genaugenommen der Erste hier im Hause. Meine einzige Freude ist, so nach Tisch rein und fein auf dem Wandbrett zu liegen und eine vernünftige Unterhaltung mit den Gefährten zu führen; wenn ich den Wassereimer ausnehme, der hin und wieder einmal auf den Hof hinunterkommt, so leben wir immer innerhalb unserer vier Wände. Unser einziger Überbringer von Neuigkeiten ist der Marktkorb, aber der redet so beunruhigend von der Regierung und dem Volk; ja, neulich war da eine alte Schüssel, die vor Schreck darüber herunterfiel und in Scherben ging! Sie hat eine freie Wesensart, müssen Sie wissen!‹

›Nun redest du zuviel!‹ sagte das Feuerzeug, und der Stahl schlug gegen den Stein, daß die Funken stoben. ›Wollen wir uns nicht einen lustigen Abend machen?‹

›Ja, wir wollen uns darüber unterhalten, wer der Vornehmste ist!‹ sagten die Schwefelhölzer.

›Nein, ich liebe es nicht, über mich selbst zu reden!‹ sagte der Tontopf. ›Machen wir doch eine Abendunterhaltung! Ich fange an, ich werde so etwas erzählen, was jeder erlebt hat; da kann man sich so gut hineinversetzen, und es macht solchen Spaß: An der Ostsee mit den dänischen Buchen – !‹

›Das ist ein wunderbarer Anfang!‹ sagten alle Teller. ›Das wird bestimmt eine Geschichte, die ich mag!‹

›Ja, dort verbrachte ich meine Jugend bei einer ruhigen Familie; die Möbel wurden gebohnert, der Fußboden geseift, alle vierzehn Tage wurden saubere Gardinen aufgehängt!‹

›Wie interessant Sie erzählen!‹ sagte der Staubbesen. ›Man kann sofort hören, daß es ein Frauenzimmer ist, welches erzählt; es geht so etwas Reinliches durch das Ganze!‹

›Ja, das fühlt man!‹ sagte der Wassereimer, und dann machte er vor Freude einen kleinen Satz, daß es auf dem Fußboden ›Klatsch‹ sagte.

Und der Topf fuhr fort zu erzählen, und das Ende war ebensogut wie der Anfang.

Die Teller rasselten alle vor Freude, und der Staubbesen holte grüne Petersilie aus dem Sandloch und bekränzte den Topf, denn er wußte, das ärgerte die anderen, und er dachte: ›Bekränz ich ihn heut, so bekränzt er mich morgen.‹

›Nun möchte ich tanzen!‹ sagte die Feuerzange und tanzte; ja, du meine Güte, wie die das eine Bein heben konnte. Der alte Stuhlüberzug drüben in der Ecke platzte, als er das sah. ›Werde ich jetzt bekränzt?‹ sagte die Feuerzange, und das wurde sie.

›Es ist doch lauter Pöbel!‹ dachten die Schwefelhölzer.

Nun sollte die Teemaschine singen, aber sie sei zu erkältet, sagte

sie, sie könne es nur, wenn sie ins Sieden komme; aber es war die reinste Vornehmheit; sie wollte nicht singen, außer wenn sie drinnen bei der Herrschaft auf dem Tische stand.

Am Fenster drüben steckte eine alte Schreibfeder, mit der die Magd zu schreiben pflegte; an der war nichts Bemerkenswertes, außer daß sie viel zu tief ins Tintenfaß getunkt worden war, aber damit tat sie sich nun groß. ›Will die Teemaschine nicht singen‹, sagte sie, ›dann soll sie es bleibenlassen! Draußen hängt in einem Käfig eine Nachtigall, die kann singen, die hat allerdings nichts gelernt, aber darüber wollen wir heute abend nichts Schlechtes reden.‹

›Ich finde es höchst unpassend‹, sagte der Teekessel, der Küchensänger war und ein Halbbruder der Teemaschine, ›daß man sich so einen fremden Vogel anhören soll! Ist das patriotisch? Ich möchte das Urteil des Marktkorbes hören!‹

›Ich ärgere mich nur!‹ sagte der Marktkorb. ›Ich ärgere mich dermaßen, wie man es sich gar nicht vorstellen kann! Ist das eine passende Art und Weise, den Abend zu verbringen, wäre es nicht richtiger, das ganze Haus auf den Kopf zu stellen? Jeder würde dann an seinen Platz kommen, und ich würde die ganze Kodille* anführen. Das wäre etwas anderes!‹

›Ja, laßt uns Krach machen!‹ sagten sie allesamt. Im selben Augenblick ging die Tür auf. Es war die Dienstmagd, und nun verhielten sie sich still. Keiner sagte einen Mucks; aber da war nicht ein Napf, der nicht gewußt hätte, was er tun könnte und wie vornehm er war. ›Ja, wenn ich gewollt hätte‹, dachte jeder ›dann wäre das allerdings ein lustiger Abend geworden!‹

Die Magd nahm die Schwefelhölzer und machte Feuer mit ihnen – Himmel, nein, wie die zischten und aufflammten.

›Nun kann doch ein jeder sehen‹, dachten sie, ›daß wir die Ersten sind! Welchen Glanz wir haben, welches Licht!‹ und dann waren sie schon abgebrannt.«

»Das war ein schönes Märchen!« sagte die Königin. »Ich fühlte mich ganz und gar in die Küche zu den Schwefelhölzern versetzt, ja, nun sollst du unsere Tochter haben.«

»Ja gewiß!« sagte der König, »du bekommst unsere Tochter am Montag!« denn jetzt sagten sie du zu ihm, da er mit zur Familie gehören

* Kartenspiel (Anmerkung d. Übers.).

würde. Die Hochzeit war nun festgesetzt, und am Abend vorher wurde die ganze Stadt festlich erleuchtet; Wecken und Brezeln regneten durch die Luft aufs Volk nieder; die Straßenjungen standen auf den Zehenspitzen, riefen hurra und pfiffen durch die Finger; das war besonders großartig.

»Ja, ich muß wohl zusehen, daß ich auch etwas anstelle!« dachte der Kaufmannssohn, und dann kaufte er Raketen, Knallerbsen und all das Feuerwerk, das man sich denken kann, tat es in seinen Koffer und flog damit in die Luft hinauf.

Rrrutsch, wie das ging und wie das zischte.

Alle Türken sprangen dabei hoch, so daß die Pantoffeln ihnen um die Ohren flogen; eine solche Lufterscheinung hatten sie nie zuvor geschaut. Nun konnten sie wirklich sehen, daß es der Türkengott selber war, der die Prinzessin bekam.

Sobald der Kaufmannssohn mit seinem Koffer wieder in den Wald hinunterkam, dachte er: »Ich will doch in die Stadt hineingehen, um zu hören, wie es ausgesehen hat!« und das war ja ganz verständlich, daß er dazu Lust hatte.

Nein, wie die Leute erzählten! Ein jeder, den er danach fragte, hatte es auf seine Art gesehen, aber alle hatten es schön gefunden.

»Ich habe den Türkengott selber gesehen«, sagte der eine, »er hatte Augen wie blinkende Sterne und einen Bart wie schäumende Wasser!«

»Er ist in einem feurigen Mantel geflogen«, sagte ein anderer. »Die süßesten Engelskinder schauten aus den Falten hervor!«

O ja, es waren hübsche Dinge, die er da vernahm, und am nächsten Tage sollte er Hochzeit feiern.

Nun ging er zurück in den Wald, um sich in seinen Koffer zu setzen, aber wo war der? Der Koffer war verbrannt. Ein Funke vom Feuerwerk war übriggeblieben, der hatte das Feuer angezündet, und der Koffer lag in Asche. Der Kaufmannssohn konnte nicht mehr fliegen, nicht mehr zu seiner Braut kommen.

Sie stand den ganzen Tag auf dem Dach und wartete; sie wartet noch immer, er aber wandert um die Welt und erzählt Märchen, doch die sind nicht mehr so lustig wie das, welches er von den Schwefelhölzern erzählte.

DER SCHWEINEKNECHT

Es war einmal ein armer Prinz, der besaß ein Königreich, das war ganz klein, aber es war doch immerhin so groß, daß man damit heiraten konnte, und heiraten wollte er.

Es war allerdings ein wenig kühn von ihm, daß er zu der Tochter des Kaisers zu sagen wagte: »Willst du mich haben?« aber das durfte er schon, denn sein Name war weit und breit berühmt, es gab Hunderte von Prinzessinnen, die »Ja, danke« dazu gesagt hätten, aber wer weiß, ob sie's tat!

Nun werden wir hören.

Auf dem Grabe von des Prinzen Vater wuchs ein Rosenstrauch, oh, so ein schöner Rosenstrauch. Er blühte nur alle fünf Jahre und hatte dann nur eine einzige Blüte, aber das war eine Rose, die duftete so süß, daß man, wenn man an ihr roch, alle seine Sorgen und Kümmernisse vergaß, und dann hatte er eine Nachtigall, die konnte singen, als ob alle herrlichen Melodien in ihrer kleinen Kehle steckten. Diese Rose und diese Nachtigall sollte die Prinzessin bekommen; und darum kamen sie beide in große, silberne Behälter und wurden ihr dann zugeschickt.

Der Kaiser ließ sie vor sich her in den großen Saal tragen, wo die Prinzessin mit ihren Hofdamen war und »Besuch bekommen« spielte; sie taten nichts anderes; und als die Prinzessin die großen Behälter sah mit den Geschenken darin, klatschte sie vor Freude in die Hände.

»Wenn es bloß eine kleine Miezekatze wäre!« sagte sie – aber da kam die schöne Rose zum Vorschein.

»Nein, wie ist die reizend gemacht!« sagten alle Hofdamen.

»Die ist mehr als reizend!« sagte der Kaiser. »Die ist vornehm!«

Aber die Prinzessin befühlte sie, und dann war sie den Tränen nahe.

»Pfui, Papa!« sagte sie, »die ist nicht künstlich, das ist eine richtige!«

»Pfui!« sagten alle Hofleute, »das ist eine richtige!«

»Laßt uns erst einmal sehen, was in dem anderen Behälter ist, ehe wir böse werden!« meinte der Kaiser, und dann kam die Nachtigall zum Vorschein; sie sang nun so wunderbar, daß man zunächst einmal nichts Böses über sie sagen konnte.

»Superbe! charmant!« sagten die Hofdamen, denn sie sprachen alle Französisch, eine ärger als die andere.

»Wie mich dieser Vogel an die Spieldose der hochseligen Kaiserin erinnert!« sagte ein alter Kavalier; »ach ja, es ist ganz der gleiche Ton, der gleiche Vortrag!«

»Ja!« sagte der Kaiser, und dann weinte er wie ein kleines Kind.

»Ich will doch nicht hoffen, daß es eine richtige ist!« sagte die Prinzessin.

»Doch, es ist ein richtiger Vogel!« sagten die, welche ihn gebracht hatten.

»Ja, dann laßt den Vogel fliegen«, sagte die Prinzessin, und sie wollte unter keinen Umständen gestatten, daß der Prinz käme.

Aber der ließ sich's nicht verdrießen; er schmierte sich das Gesicht braun und schwarz ein, drückte die Mütze tief in die Stirn und klopfte an.

»Guten Tag, Kaiser!« sagte er, »könnte ich nicht hier im Schloß in Dienst treten?«

»Ja, hier gibt es viele, die das möchten!« sagte der Kaiser. »Aber laß mal sehen! – Ich brauche einen, der die Schweine versorgen kann! Davon haben wir nämlich viele!«

Und so wurde der Prinz als kaiserlicher Schweineknecht eingestellt. Er bekam eine schlechte kleine Kammer unten neben dem Schweinekoben, und hier mußte er bleiben! Aber den ganzen Tag saß er und arbeitete, und als es Abend war, hatte er einen niedlichen kleinen Topf gemacht, an dem ringsherum Glöckchen saßen, und sobald der Topf kochte, klangen sie ganz wunderhübsch und spielten die alte Melodie:

»Ach, du lieber Augustin,
Alles ist weg, weg, weg!«

Das allerkunstvollste war jedoch, daß man, wenn man den Finger in den Dampf hielt, der aus dem Topf kam, sofort riechen konnte, was für Essen in einem jeden Herd, den es in der Stadt gab, gekocht wurde; seht, das war allerdings etwas anderes als eine Rose.

Nun kam die Prinzessin mit all ihren Hofdamen anspaziert, und als sie die Melodie hörte, blieb sie stehen und sah sehr erfreut aus; denn sie konnte auch »Ach, du lieber Augustin« spielen; das war das einzige, was sie konnte, aber das spielte sie mit einem Finger.

»Das kann ich ja auch!« sagte sie. »Dann muß es ein gebildeter Schweineknecht sein! Hört! geht hinein und fragt ihn, was dieses Instrument kostet.«

Und nun mußte eine von den Hofdamen hineinlaufen, aber sie zog sich Holzschuhe an.

»Was willst du für den Topf haben?« sagte die Hofdame.

»Ich möchte zehn Küsse von der Prinzessin haben!« sagte der Schweineknecht.

»Der Herr bewahre uns!« sagte die Hofdame.

»Ja, um weniger tu ich's nicht!« sagte der Schweineknecht.

»Nun, was hat er gesagt?« fragte die Prinzessin.

»Das kann ich wirklich nicht erzählen!« sagte die Hofdame. »Es ist so grausig!«

»Dann kannst du flüstern!« und dann flüsterte sie.

»Er ist ja unanständig!« sagte die Prinzessin und ging sofort – aber als sie ein Stück gegangen war, da erklangen die Glöckchen gar lieblich:

»Ach, du lieber Augustin,
Alles ist weg, weg, weg!«

»Hört«, sagte die Prinzessin, »fragt ihn, ob er zehn Küsse von meinen Hofdamen haben möchte!«

»Nein danke!« sagte der Schweineknecht, »zehn Küsse von der Prinzessin, oder ich behalte den Topf.«

»Wie ist das doch ärgerlich!« sagte die Prinzessin. »Aber dann müßt ihr euch davorstellen, damit es keiner sieht!«

Und die Hofdamen stellten sich alle davor, und dann breiteten sie ihre Kleider aus, und dann bekam der Schweineknecht die zehn Küsse, und sie bekam den Topf.

Nun, das war eine Freude! Den ganzen Abend und den ganzen Tag mußte der Topf kochen; es gab nicht einen Herd in der ganzen Stadt, von dem sie nicht wußten, was da gekocht wurde, ob es beim Kammerherrn war oder beim Schuster. Die Hofdamen tanzten herum und klatschten in die Hände.

»Wir wissen, wer Fruchtsuppe und Pfannkuchen ißt! Wir wissen, wer Grütze und Karbonade ißt! Wie ist das interessant!«

»Höchst interessant!« sagte die Oberhofmeisterin.

»Ja, aber haltet reinen Mund, denn ich bin des Kaisers Tochter!«

»Gott behüte!« sagten sie alle miteinander.

Der Schweineknecht, das heißt der Prinz – aber die wußten es ja nicht besser, als daß er ein richtiger Schweineknecht war –, ließ den Tag nicht hingehen, ohne etwas zu tun, und nun verfertigte er eine Schnarre, wenn man die herumschwenkte, ertönten alle Walzer, Hopser und Polkas, die man seit der Entstehung der Welt kannte.

»Das ist aber superbe!« sagte die Prinzessin, als sie vorüberging. »Ich habe nie eine hübschere Komposition vernommen! Hört! geht hinein und fragt ihn, wieviel das Instrument kostet; aber küssen tu ich ihn nicht!«

»Er will hundert Küsse von der Prinzessin haben!« sagte die Hofdame, die drinnen gewesen war, um zu fragen.

»Ich glaube, er ist toll!« sagte die Prinzessin, und dann ging sie; als sie aber ein Stückchen gegangen war, blieb sie stehen. »Man muß die Kunst fördern!« sagte sie. »Ich bin des Kaisers Tochter! Sagt ihm, er bekäme zehn Küsse, genau wie gestern, den Rest kann er sich bei meinen Hofdamen holen!«

»Ja, aber wir möchten so ungern!« sagten die Hofdamen.

»Das ist Unsinn!« sagte die Prinzessin. »Wenn ich ihn küssen kann, dann könnt ihr es auch! Bedenkt, ich gebe euch Kost und Lohn!« Und dann mußte die Hofdame wieder zu ihm hinein.

»Hundert Küsse von der Prinzessin«, sagte er, »oder jeder behält das Seine!«

»Stellt euch davor!« sagte sie, und nun stellten alle Hofdamen sich davor, und dann küßte er.

»Was mag das da unten am Schweinekoben für ein Auflauf sein!« sagte der Kaiser, der auf den Balkon hinausgegangen war; er rieb sich die Augen und setzte die Brille auf. »Das sind ja die Hofdamen, die da ihr Wesen treiben. Ich muß wohl mal zu ihnen hinunter!« und dann zog er seine Pantoffeln hinten hoch, denn es waren Schuhe, die er heruntergetreten hatte.

Du liebe Zeit, wie er sich beeilte!

Sobald er auf den Hof hinunterkam, ging er ganz leise, und die Hofdamen hatten soviel damit zu tun, die Küsse zu zählen, damit es auch ehrlich zuginge und er nicht zu viele bekäme, aber auch nicht zu wenig; die merkten den Kaiser gar nicht. Der stellte sich auf die Zehenspitzen.

»Was ist das!« sagte er, als er sah, daß sie sich küßten, und dann haute er ihnen mit seinem Pantoffel eins auf den Kopf, gerade als der Schweineknecht den sechsundachtzigsten Kuß bekam. »Hinaus!« sagte der Kaiser, denn er war zornig, und sowohl die Prinzessin wie auch der Schweineknecht wurden aus seinem Kaiserreich ausgewiesen.

Da stand sie nun und weinte, der Schweineknecht schimpfte, und der Regen rauschte hernieder.

»Ach, ich elendes Menschenkind!« sagte die Prinzessin, »hätte ich doch den hübschen Prinzen genommen, ach, wie bin ich unglücklich!«

Und der Schweineknecht ging hinter einen Baum, wischte sich das Schwarze und Braune aus seinem Gesicht, zog die häßlichen Kleider aus und trat in seinem Prinzengewand hervor, so wunderbar, daß die Prinzessin einen Knicks machen mußte.

»Es ist so weit gekommen, daß ich dich verachte, du!« sagte er. »Einen ehrlichen Prinzen wolltest du nicht haben! Von der Rose und der Nachtigall verstandest du nichts, aber den Schweineknecht konntest du einer Spieldose wegen küssen! Nun kannst du sehen, wo du bleibst!«

Und dann ging er in sein Königreich hinein, machte die Tür zu und schob den Riegel davor, nun mochte sie ruhig da draußen stehen und singen:

»Ach du lieber Augustin,
Alles ist weg, weg, weg!«

DIE NACHTIGALL

In China, das weißt du ja wohl, ist der Kaiser ein Chinese, und alle, die er um sich hat, sind Chinesen. Es ist jetzt viele Jahre her, aber eben darum ist es besser, die Geschichte zu hören, ehe sie vergessen wird! – Des Kaisers Schloß war das prächtigste auf der Welt, ganz und gar aus feinem Porzellan, sehr kostbar, aber sehr zerbrechlich; es war so gefährlich, daran zu rühren, daß man sich gehörig in acht nehmen mußte. Im Garten sah man die wunderlichsten Blumen, und an die allerprächtigsten waren silberne Glocken gebunden, die läuteten, damit man nicht vorüberging, ohne die Blume zu bemerken. Ja, alles war so ausgeklügelt im Garten des Kaisers, und er streckte sich so weit hin, daß selbst der Gärtner das Ende nicht kannte; ging man immer weiter, kam man in den schönsten Wald mit hohen Bäumen und tiefen Seen. Der Wald ging bis ans Meer, das blau und tief war, große Schiffe konnten ganz bis unter die Äste heransegeln, und in diesen wohnte eine Nachtigall, die so göttlich sang, daß selbst der arme Fischer, der auf soviel anderes zu achten hatte, still dalag und lauschte, wenn er nachts draußen war, um das Fischnetz einzuholen, und dann die Nachtigall hörte. »Herrgott, wie ist das schön!« sagte er, aber dann mußte er seiner Arbeit nachgehen und vergaß den Vogel; wenn dieser jedoch in der nächsten Nacht wieder sang und der Fischer dort hinauskam, sagte er das gleiche: »Herrgott, wie ist das doch schön!«

Aus allen Ländern der Erde kamen Leute zur Stadt des Kaisers gereist, und sie bewunderten sie, das Schloß und den Garten; aber wenn sie die Nachtigall hören durften, sagte einer wie der andere: »Die ist trotz allem das Beste!«

Und die Reisenden erzählten davon, wenn sie heimkamen, und die Gelehrten schrieben viele Bücher über die Stadt, das Schloß und den Garten, aber die Nachtigall vergaßen sie nicht, sie wurde allem vorangesetzt; und alle, die dichten konnten, schrieben die schönsten Gedichte, alle miteinander über die Nachtigall im Wald an der tiefen See.

Die Bücher gelangten um die ganze Welt, und einige kamen denn auch einmal bis zum Kaiser. Der saß auf seinem goldenen Thron, las und las, alle Augenblicke nickte er mit dem Kopf, denn er freute sich, all die prächtigen Beschreibungen von der Stadt, dem Schloß und dem Garten zu hören. »Aber die Nachtigall ist trotzdem das Allerbeste!« stand da geschrieben.

»Was ist das!« sagte der Kaiser, »die Nachtigall! Die kenne ich ja gar nicht! Gibt es hier in meinem Kaiserreich solch einen Vogel, noch obendrein in meinem Garten! Davon habe ich nie etwas vernommen! So etwas muß man nun erst durch Lesen erfahren!« Und dann rief er seinen Kavalier, der so vornehm war, daß er, wenn jemand, der geringer war als er, ihn anzureden oder nach etwas zu fragen wagte, nichts anderes erwiderte als »P!«, und das bedeutete nichts.

»Hier soll es ja einen höchst bemerkenswerten Vogel geben, der Nachtigall heißt!« sagte der Kaiser. »Man sagt, der sei das Allerbeste in meinem großen Reich! Weshalb hat man mir nie etwas von ihm erzählt?«

»Ich habe nie zuvor davon gehört!« sagte der Kavalier, »der ist nie bei Hofe vorgestellt worden!«

»Ich will, daß er heute abend herkommt und mir vorsingt!« sagte der Kaiser. »Da weiß nun die ganze Welt, was ich habe, und ich weiß es nicht!«

»Ich habe nie zuvor davon gehört!« sagte der Kavalier, »ich werde ihn suchen, ich werde ihn finden!«

Aber wo war er zu finden? Der Kavalier lief die Treppen hinauf und hinunter, durch Säle und Flure, keiner von all denen, die er traf, hatte von der Nachtigall erzählen hören, und der Kavalier rannte wieder zum Kaiser und sagte, daß es wohl eine Fabel sein müßte, von denen erfunden, die Bücher schrieben. »Eure Kaiserliche Majestät dürfen nicht glauben, was geschrieben wird! Das sind Erfindungen und etwas, was man die Schwarze Kunst nennt!«

»Aber das Buch, in dem ich es gelesen habe«, sagte der Kaiser, »ist mir von dem großmächtigen Kaiser von Japan geschickt worden, und dann kann es keine Unwahrheit sein. Ich will die Nachtigall hören! Sie muß heute abend hier sein! Sie besitzt meine höchste Gnade! Und kommt sie nicht, dann kriegt der ganze Hof auf den Bauch geklopft, wenn er sein Abendbrot gegessen hat!«

»Tsing-pe!« sagte der Kavalier und lief abermals alle Treppen hinauf und hinunter, durch alle Säle und Gänge; und der halbe Hof rannte mit, denn sie wollten nicht gern auf den Bauch geklopft werden. Da hob ein Fragen an nach der merkwürdigen Nachtigall, die die ganze Welt kannte, aber keiner bei Hofe.

Endlich begegnete ihnen eine kleine, arme Magd aus der Küche. Sie sagte: »Ach Gott, die Nachtigall, die kenne ich gut! Ja, kann die aber singen! Jeden Abend darf ich meiner armen, kranken Mutter einige Reste von der Tafel mitbringen, sie wohnt unten am Strand, und wenn ich dann zurückgehe, müde bin und mich im Wald ausruhe, dann höre ich die Nachtigall singen! Mir treten dabei Tränen in die Augen, es ist ganz so, als ob meine Mutter mich küßt!«

»Kleine Küchenmagd!« sagte der Kavalier, »ich verschaffe Ihr eine feste Anstellung in der Küche und die Erlaubnis, den Kaiser essen zu sehen, falls Sie uns zur Nachtigall hinführen kann, denn die ist auf heute abend bestellt!«

Und nun zogen sie alle miteinander in den Wald, dorthin, wo die Nachtigall zu singen pflegte; der halbe Hof war mit dabei. Wie sie nun ganz schnell dahingingen, hub eine Kuh zu brüllen an.

»Oh!« sagten die Hofjunker, »da haben wir sie! Es steckt doch eine merkwürdige Kraft in solch einem kleinen Tier! Ich habe sie ganz bestimmt schon gehört!«

»Nein, das sind die Kühe, die brüllen!« sagte die kleine Küchenmagd, »wir sind noch weit von dem Ort entfernt!«

Jetzt quakten die Frösche im Sumpf.

»Köstlich!« sagte der chinesische Schloßpropst, »nun höre ich sie, es klingt genau wie kleine Kirchenglocken.«

»Nein, das sind die Frösche!« sagte die kleine Küchenmagd. »Aber nun glaube ich, werden wir sie bald hören!«

Da begann die Nachtigall zu singen.

»Das ist sie!« sagte die kleine Magd. »Hört! hört! Und da sitzt sie!« Und dann zeigte sie auf einen kleinen, grauen Vogel oben in den Zweigen.

»Ist es möglich!« sagte der Kavalier. »So habe ich sie mir nun nicht vorgestellt! Wie sieht sie gewöhnlich aus! Die hat sicher ihre Farbe verloren, weil sie jetzt so viele vornehme Menschen vor sich sieht!«

»Kleine Nachtigall!« rief die kleine Küchenmagd ganz laut, »unser gnädiger Kaiser möchte so gern, daß du ihm etwas vorsingst!«

»Mit dem größten Vergnügen!« sagte die Nachtigall und sang, daß es eine Wonne war.

»Es hört sich an wie Glasglocken!« sagte der Kavalier. »Und seht die kleine Kehle, wie sie sich anstrengt! Es ist merkwürdig, daß wir sie nie zuvor gehört haben! Die wird einen großen succès bei Hofe haben!«

»Soll ich dem Kaiser noch einmal vorsingen?« sagte die Nachtigall, welche meinte, der Kaiser sei mit dabei.

»Meine vortreffliche kleine Nachtigall«, sagte der Kavalier, »ich habe die große Freude, Sie zu einem Hoffest auf heute abend zu bestellen, wo Sie Seine hohe Kaiserliche Gnaden mit Ihrem charmanten Gesange bezaubern werden!«

»Der klingt am besten im Grünen!« sagte die Nachtigall, aber sie ging trotzdem gern mit, als sie hörte, der Kaiser wünsche es.

Im Schloß hatte man schlechterdings alles geschmückt! Wände und Fußböden, die aus Porzellan waren, schimmerten von Tausenden von goldenen Lampen. Die schönsten Blumen, die richtig läuten konnten, waren in den Fluren aufgestellt; da war ein Rennen und ein Zugwind, aber dann läuteten gerade alle Glöckchen, man konnte seine eigene Stimme nicht hören.

Mitten in dem großen Saal, wo der Kaiser saß, war eine goldene Stange aufgestellt, und auf dieser sollte die Nachtigall sitzen; der ganze Hof war da, und die kleine Küchenmagd hatte die Erlaubnis bekommen, hinter der Tür zu stehen, da sie jetzt den Titel einer richtigen Köchin hatte. Alle waren sie in ihrem feinsten Staat, und alle betrachteten sie den kleinen grauen Vogel, dem der Kaiser zunickte.

Und die Nachtigall sang so wunderbar, daß dem Kaiser Tränen in die Augen traten, die Tränen kullerten ihm über die Wangen hinunter, und da sang die Nachtigall noch schöner, es griff recht ans Herz; und der Kaiser freute sich sehr, und er sagte, die Nachtigall solle seinen goldenen Pantoffel haben und um den Hals tragen. Aber die Nachtigall dankte, sie hätte schon Lohn genug erhalten.

»Ich habe Tränen in den Augen des Kaisers gesehen, das ist mein reichster Schatz! Eines Kaisers Tränen haben eine wundersame Macht! Weiß Gott, ich bin genügend belohnt!« Und dann sang sie von neuem mit ihrer süßen, göttlichen Stimme.

»Das ist die reizendste Koketterie, die ich kenne!« sagten die Damen ringsumher, und dann nahmen sie Wasser in den Mund, um zu gluckern, wenn jemand sie anredete; sie glaubten, sie seien dann auch eine Nachtigall; ja, die Lakaien und Kammermädchen ließen verkünden, daß sie auch zufrieden seien, und das will viel heißen, denn es denen recht zu machen, ist das allerschwierigste. O doch, die Nachtigall fand in der Tat allgemeinen Beifall. Sie sollte nunmehr bei Hofe bleiben, ihren eigenen Käfig haben, dazu die Freiheit, zweimal bei Tag und einmal nachts spazierenzugehen. Sie bekam zwölf Diener mit, sie hatten alle ein seidenes Band um das Bein der Nachtigall geschlungen und hielten gut fest. So ein Spaziergang war gar kein Vergnügen.

Die ganze Stadt redete von dem auffallenden Vogel, und trafen sich zwei, dann sagte der eine nichts weiter als: »Nacht!« und der andere sagte: »Gall*!« und dann seufzten sie und verstanden einander, ja, elf Krämerkinder wurden nach ihr benannt, aber nicht eines davon hatte einen Ton im Leibe.

Eines Tages kam ein großes Paket beim Kaiser an, auf dem stand geschrieben: Nachtigall.

»Da haben wir nun ein neues Buch über unseren berühmten Vogel!« sagte der Kaiser; aber es war kein Buch, es war ein kleines Kunstwerk, das in einer Schachtel lag, eine künstliche Nachtigall, die der lebendigen gleich sein sollte, aber überall mit Diamanten, Rubinen und Saphiren besetzt war; sobald man den künstlichen Vogel aufzog, konnte er eines von den Stücken singen, die die richtige Nachtigall sang, und dann ging der Schwanz auf und nieder und glänzte von Silber und

---

*Im Dänischen ein Wortspiel, im Deutschen nicht wiederzugeben. »gall« gleich »gal«, das im Dänischen »verrückt« bedeutet (Anmerkung d. Übers).

Gold. Um den Hals hing ein kleines Band, und auf dem stand geschrieben: »Die Nachtigall des Kaisers von Japan ist armselig gegen die des Kaisers von China.«

»Das ist wunderbar!« sagte sie alle, und derjenige, der den künstlichen Vogel gebracht hatte, erhielt sogleich den Titel Oberkaiserlicher Nachtigallenbringer.

»Nun müssen sie gemeinsam singen, das gibt aber ein Duett!«

Und nun mußten sie gemeinsam singen, aber es wollte nicht so recht gehen, denn die richtige Nachtigall sang auf ihre Weise, und die künstliche lief auf Walzen. »Die hat keine Schuld«, sagte der Spielmeister, »sie hält den Takt besonders gut und ist ganz aus meiner Schule!« Nun sollte der künstliche Vogel allein singen. – Er gefiel ebenso gut wie der richtige, und dann war er ja auch noch viel hübscher anzuschauen, er glitzerte wie Armbänder und Blusennadeln.

Dreiunddreißigmal sang er ein und dasselbe Stück, und er wurde trotzdem nicht müde, die Leute hätten ihn gern noch einmal von vorn gehört, aber der Kaiser meinte, nun solle auch die lebendige Nachtigall ein wenig singen – aber wo war die? Niemand hatte es bemerkt, daß sie zum offenen Fenster hinausgeflogen war, hinaus in ihre grünen Wälder.

»Aber was soll denn das heißen!« sagte der Kaiser, und alle Hofleute schalten und fanden, die Nachtigall sei ein höchst undankbares Tier. »Den besten Vogel haben wir immerhin!« sagten sie, und dann mußte der künstliche Vogel abermals singen, und nun hörten sie dasselbe Stück zum vierunddreißigsten Male, aber sie konnten es noch nicht ganz, denn es war so schwer, und der Spielmeister lobte den Vogel über alle Maßen, ja, er versicherte, daß er besser sei als die richtige Nachtigall, nicht nur, was das Kleid anbetraf und die vielen wunderbaren Diamanten, sondern auch inwendig.

»Denn sehen Sie, meine Herrschaften, vor allem der Kaiser! Bei der richtigen Nachtigall kann man niemals berechnen, was da kommen mag, aber bei dem künstlichen Vogel liegt alles fest! So wird es und nicht anders! Man kann alles klarlegen, man kann ihn öffnen und die menschliche Erfindergabe zeigen, wie die Walzen liegen, wie sie laufen und wie eins sich aus dem anderen ergibt!«

»Das ist ganz meine Ansicht!« sagten sie alle miteinander, und der Spielmeister erhielt die Erlaubnis, den Vogel am nächsten Sonntag dem Volke vorzuführen; sie sollten ihn auch singen hören, sagte der Kaiser; und sie hörten ihn, und sie freuten sich so sehr, als hätten sie sich mit

Tee angetrunken, denn das ist so ganz chinesisch, und alle sagten dann: »Oh!« und steckten den Finger, den man »Naschpott« nennt, in die Luft, und dann nickten sie; aber die armen Fischer, die die richtige Nachtigall gehört hatten, sagten: »Es klingt sehr hübsch, es ist auch ähnlich, aber irgend etwas fehlt da, ich weiß nicht was!«

Die richtige Nachtigall war des Landes verwiesen worden.

Der künstliche Vogel hatte seinen Platz auf einem seidenen Kissen dicht neben des Kaisers Bett; alle Geschenke, die er bekommen hatte, Gold und Edelsteine, lagen rings um ihn herum, und in der Betitelung war er zum »Hochkaiserlichen Nachttischsänger« aufgestiegen, im Range Nummer Eins zur linken Seite, denn der Kaiser hielt die Seite für die vornehmste, an der das Herz saß, und das Herz sitzt links, auch bei einem Kaiser. Und der Spielmeister schrieb fünfundzwanzig Bände über den künstlichen Vogel; das war so gelehrt und so lang und voll von den allerschwersten chinesischen Wörtern, daß alle Leute sagten, sie hätten es gelesen und verstanden, denn sonst wären sie ja dumm gewesen, und man hätte ihnen auf den Bauch geklopft.

So verging ein ganzes Jahr; der Kaiser, der Hof und alle anderen Chinesen konnten jedes kleinste Gluckern im Gesang des künstlichen Vogels auswendig, aber gerade darum gefiel er ihnen am allerbesten; sie konnten selbst mitsingen, und das taten sie. Die Gassenjungen sangen: »Zizizi! Gluckgluckgluck!« und der Kaiser sang es. O doch, es war bestimmt herrlich!

Aber eines Abends, als der künstliche Vogel im besten Singen war und der Kaiser im Bette lag und ihm zuhörte, sagte es drinnen im Vogel »klick!« da war etwas gerissen! »Surrrr«, alle Räder liefen rundherum, und dann schwieg die Musik.

Der Kaiser sprang sogleich aus dem Bett und ließ seinen Leibarzt rufen, aber was konnte der ausrichten! Dann ließen sie den Uhrmacher holen, und nach vielem Reden und vielem Nachschauen bekam er den Vogel einigermaßen zurecht, aber er sagte, man müsse ihn sehr schonen, denn seine Zapfen seien abgenutzt, und es sei nicht möglich, sie zu ersetzen, so daß die Musik richtig liefe. Da herrschte nun große Betrübnis! Nur einmal jährlich wagte man es, den künstlichen Vogel singen zu lassen, und dann ging es auch nur mit knapper Not. Aber nun hielt der Spielmeister eine kleine Rede voll schwieriger Wörter und sagte, es sei ebenso gut wie vorher, und dann war es ebenso gut.

Es waren fünf Jahre vergangen, und das Land hatte einen wirklich großen Kummer, denn sie liebten im Grunde alle miteinander ihren Kaiser. Jetzt sei er krank und werde nicht mehr lange leben, sagte man; ein neuer Kaiser war schon gewählt, und das Volk stand draußen auf der Straße und fragte den Kavalier, wie es mit ihrem Kaiser stünde.

»P!« sagte er und schüttelte den Kopf.

Kalt und fahl lag der Kaiser in seinem großen, prächtigen Bett. Der ganze Hofstaat glaubte, er sei tot, und jeder einzelne rannte zu dem neuen Kaiser, um ihn zu begrüßen; die Kammerdiener liefen hinaus, um sich darüber zu unterhalten, und die Schloßmägde veranstalteten einen großen Kaffeeklatsch. Alle Säle und Gänge waren ringsum mit Tuch ausgelegt, damit man niemanden gehen hörte, und darum war es ganz still. Aber der Kaiser war noch nicht tot; steif und fahl lag er in dem prächtigen Bett mit den langen Samtvorhängen und den dicken goldenen Quasten; hoch oben stand ein Fenster offen, und der Mond schien zu dem Kaiser und dem künstlichen Vogel hinein.

Der arme Kaiser konnte fast keine Luft bekommen, es war, als säße etwas auf seiner Brust; er schlug die Augen auf, und da sah er, es war der Tod, der auf seiner Brust saß und sich des Kaisers goldene Krone aufgesetzt hatte und in der einen Hand den goldenen Säbel des Kaisers hielt, in der anderen seine prächtige Fahne; und ringsum aus den Falten der großen samtenen Bettvorhänge staken wunderliche Köpfe hervor, manche ganz garstig, andere so göttlich mild: es waren alle bösen und guten Taten des Kaisers, die auf ihn niederblickten, jetzt, da der Tod auf seinem Herzen saß.

»Weißt du das noch?« flüsterte eine nach der anderen. »Weißt du das noch?« Und dann erzählten sie ihm so vieles, daß ihm der Schweiß auf der Stirn ausbrach.

»Das habe ich nicht gewußt!« sagte der Kaiser. »Musik, Musik, die große, chinesische Trommel!« rief er, »damit ich all das, was sie sagen, nicht zu hören brauche!«

Und sie fuhren fort, und der Tod nickte bei allem, was gesagt wurde, genau wie ein Chinese.

»Musik! Musik!« schrie der Kaiser. »Du lieber kleiner goldener Vogel, singe doch, singe! Ich habe dir Gold und Kostbarkeiten geschenkt, ich habe dir selbst meinen goldenen Pantoffel um den Hals gehängt, singe doch, singe!« Aber der Vogel stand still, es war niemand da, ihn aufzuziehen, und dann sang er nicht; aber der Tod fuhr fort, den Kaiser mit seinen großen, leeren Augenhöhlen anzublicken, und es war so still, so schrecklich still.

Da ertönte im selben Augenblick nahe am Fenster der schönste Gesang; es war die kleine lebende Nachtigall, die auf dem Aste draußen saß; sie hatte von der Not ihres Kaisers vernommen und war daher gekommen, um ihm Trost und Hoffnung zu singen; und je länger sie sang, desto bleicher wurden die Gestalten, das Blut in des Kaisers schwachem Leibe kam wieder in Fluß, und selbst der Tod lauschte und sagte: »Fahr fort, kleine Nachtigall! Fahr fort!«

»Ja, schenkst du mir den prächtigen goldenen Säbel? Schenkst du mir die reiche Fahne? Schenkst du mir des Kaisers Krone?«

Und der Tod schenkte für jedes Lied ein Kleinod, und die Nachtigall fuhr immer noch fort zu singen, und sie sang von dem stillen Friedhof, wo die weißen Rosen stehen, wo der Holunderstrauch duftet und wo das frische Gras von den Tränen der Hinterbliebenen begossen wird;

da verlangte es den Tod nach seinem Garten, und er schwebte, wie ein kalter, weißer Nebel, zum Fenster hinaus.

»Danke, danke!« sagte der Kaiser, »du himmlischer kleiner Vogel, ich kenne dich wohl! Dich habe ich aus meinen Landen verwiesen! Und dennoch hast du die bösen Gesichte von meinem Bett hinweggesungen, den Tod von meinem Herzen verwiesen! Wie soll ich es dir lohnen?«

»Du hast mich belohnt!« sagte die Nachtigall. »Ich habe, als ich das erstemal sang, Tränen aus deinen Augen erhalten, das vergesse ich dir niemals! Es sind dies Juwelen, die eines Sängers Herzen wohltun! Aber nun schlafe und werde wieder gesund und stark! Ich werde dir vorsingen!« Und sie sang – und der Kaiser schlummerte süß dabei, mild und wohltuend war der Schlaf.

Die Sonne schien durch die Fenster zu ihm herein, als er gestärkt und gesundet erwachte; keiner seiner Diener war bis jetzt zurückgekehrt, denn sie meinten, er wäre tot, aber die Nachtigall saß noch immer da und sang. »Allezeit mußt du bei mir bleiben!« sagte der Kaiser. »Du sollst nur singen, wann du selber magst, und den künstlichen Vogel schlage ich in tausend Stücke.«

»Tu das nicht!« sagte die Nachtigall, »er hat soviel Gutes getan, wie er konnte! Behalte ihn wie immer! Ich kann nicht aufs Schloß übersiedeln, aber laß mich kommen, wenn ich selber Lust habe; dann werde ich abends auf dem Ast dort am Fenster sitzen und dir vorsingen, damit du fröhlich und nachdenklich zugleich wirst. Ich werde von den Glücklichen singen und von denen, die leiden. Ich werde von Gutem und Bösem singen, was dir ringsum verborgen gehalten wird! Der kleine Singvogel fliegt weit umher zu den armen Fischern, zum Dach des Bauern, zu jedem, der weit von dir und deinem Hof entfernt ist. Ich liebe dein Herz mehr als deine Krone, und dennoch liegt um die Krone ein Duft von etwas Heiligem! – Ich komme, ich singe dir vor! – Aber eins mußt du mir versprechen!«

»Alles!« sagte der Kaiser und stand da in seinem kaiserlichen Gewande, das er sich selber angezogen hatte, und hielt den Säbel, der schwer von Gold war, gegen sein Herz.

»Um eines bitte ich dich! Erzähle niemandem, daß du einen kleinen Vogel besitzt, der dir alles sagt, dann wird es noch besser gehen!«

Und nun flog die Nachtigall davon.

Die Diener kamen herein, um nach ihrem toten Kaiser zu sehen – o ja, da standen sie, und der Kaiser sagte: »Guten Morgen!«

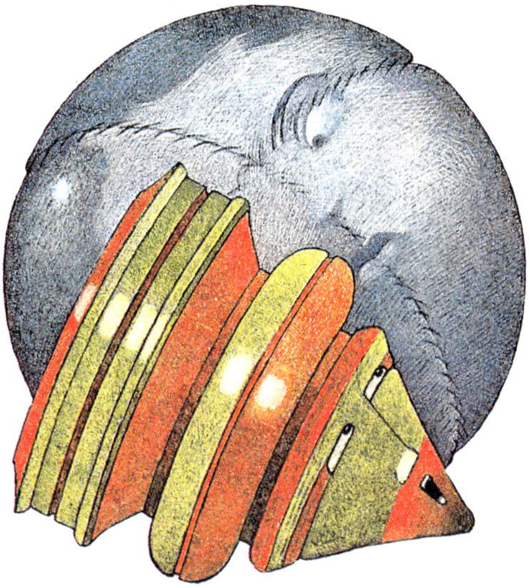

DIE LIEBESLEUTE

Der Kreisel und der Ball lagen zusammen in einer Schublade unter anderem Spielzeug, und da sagte der Kreisel zum Ball: »Wollen wir uns nicht verloben, da wir doch zusammen in der Schublade liegen?« – Aber der Ball, der aus Saffian genäht war und sich ebensoviel einbildete wie ein feines Fräulein, wollte auf so etwas nicht antworten.

Am nächsten Tag kam der kleine Junge, dem das Spielzeug gehörte, er malte den Kreisel rot und gelb an und schlug einen Messingnagel mitten drauf; es sah ganz prächtig aus, wenn der Kreisel sich rundherum drehte.

»Schauen Sie mich an!« sagte er zum Ball. »Was sagen Sie nun? Wollen wir uns nun nicht verloben? Wir passen so gut zusammen, Sie springen, und ich tanze! Glücklicher als wir beide kann niemand werden!«

»So, das meinen Sie!« sagte der Ball. »Sie wissen wohl nicht, daß mein Vater und meine Mutter Saffianpantoffeln waren und daß ich einen Korken im Leibe habe!«

»Ja, aber ich bin aus Mahagoni!« sagte der Kreisel. »Und der Dorfschulze hat mich selber gedrechselt, er hat seine eigene Drehbank, und es hat ihm viel Spaß gemacht!«

»Ja, kann ich mich darauf verlassen?« sagte der Ball.

»Möge ich nie was mit der Peitsche bekommen, falls ich lüge!« antwortete der Kreisel.

»Sie sind sehr redegewandt!« sagte der Ball, »aber ich kann trotzdem nicht, ich bin so halb und halb mit einem Schwälberich verlobt! Jedesmal, wenn ich in die Höhe fliege, steckt er den Kopf aus dem Nest und sagt: ›Will Sie? Will Sie?‹ und nun habe ich innerlich ja gesagt, und das ist so gut wie ein halbes Verlöbnis! Aber ich verspreche Ihnen, ich werde Sie nie vergessen!«

»Ja, das wird grad viel nützen!« sagte der Kreisel, und dann redeten sie nicht mehr miteinander.

Am nächsten Tage wurde der Ball hervorgeholt; der Kreisel sah, wie dieser hoch in die Luft schoß, genau wie ein Vogel, man konnte ihn zuletzt gar nicht mehr erkennen; jedesmal kam er wieder zurück, machte aber immer einen hohen Satz, wenn er die Erde berührte, und das war entweder vor Sehnsucht oder weil er einen Korken im Leibe hatte. Beim neuntenmal verschwand der Ball und kam nicht mehr wieder; und der Junge suchte und suchte, aber der Ball war weg.

»Ich weiß wohl, wo er ist!« seufzte der Kreisel, »der ist im Schwalbennest und mit dem Schwälberich verheiratet!«

Je mehr der Kreisel daran dachte, desto entzückter war er von dem Ball; eben weil er ihn nicht bekommen konnte, nahm die Liebe zu; daß der Ball einen anderen genommen hatte, war ja gerade das Besondere daran; und der Kreisel tanzte rundherum und schnurrte, aber immer dachte er an den Ball, der in seiner Vorstellung immer schöner wurde. So vergingen viele Jahre – und schließlich war es eine alte Liebe.

Und der Kreisel war nicht mehr jung! – Aber dann wurde er eines Tages ganz und gar vergoldet; noch nie hatte er so wunderbar ausgesehen; er war jetzt ein goldener Kreisel und hüpfte, daß es hinterher noch surrte. O ja, das war eine Sache! Aber mit einemmal hüpfte er zu hoch und – weg war er!

Man suchte und suchte, selbst unten im Keller, er war einfach nicht zu finden.

Wo war er?

Er war in den Müllkasten gehüpft, wo alles mögliche lag, Kohlstrünke, Kehricht und Erdklumpen, die von der Dachrinne gefallen waren.

»Nun liege ich aber wahrhaftig gut! Hier kann meine Vergoldung schnell abgehen! Und was sind das für Bettler, unter die ich geraten bin!« und dann schaute er verstohlen zu einem langen Kohlstrunk hinüber, der ganz und gar abgenagt war, und zu einem seltsam rundlichen Ding, das aussah wie ein alter Apfel – aber es war kein Apfel, es war ein alter Ball, der viele Jahre lang oben in der Dachrinne gelegen hatte und vom Wasser ganz aufgeweicht war.

»Gott sei Dank, da kommt doch einer unsersgleichen, mit dem man reden kann!« sagte der Ball und betrachtete den vergoldeten Kreisel. »Ich bin eigentlich aus Saffian, von Jungfernhänden genäht, und habe einen Korken im Leib, aber das kann mir keiner ansehen! Ich war im Begriff, mit einem Schwälberich Hochzeit zu machen, aber da fiel ich in die Dachrinne, und da habe ich fünf Jahre gelegen und Wasser gezogen! Das ist eine lange Zeit, können Sie glauben, für eine Jungfer!«

Aber der Kreisel sagte nichts, er dachte an seine alte Liebe, und je mehr er hörte, desto klarer wurde es ihm, daß sie es sei. Da kam die Dienstmagd und wollte den Müllkasten ausschütten. »Hallo, da ist der goldene Kreisel!» sagte sie.

Und der Kreisel kam in der Stube wieder zu hohen Ehren und Ansehen, aber von dem Ball hörte man nichts, und der Kreisel redete nie mehr von seiner alten Liebe; die geht vorbei, wenn die Liebste fünf Jahre lang in einer Wasserrinne gelegen und Wasser gezogen hat, ja, man erkennt sie überhaupt nicht wieder, wenn man ihr im Müllkasten begegnet.

DAS HÄSSLICHE ENTENKÜKEN

Es war so herrlich draußen auf dem Lande, es war Sommer! Das Korn stand gelb, der Hafer grün, das Heu war unten auf den grünen Wiesen in Schobern aufgesetzt, und dort ging der Storch auf seinen langen, roten Beinen umher und redete ägyptisch, denn diese Sprache hatte er von seiner Mutter gelernt. Rings um Äcker und Wiesen lagen große Wälder, und mitten in den Wäldern tiefe Seen; o ja, es war wirklich herrlich dort draußen auf dem Lande. Dort lag mitten im Sonnenschein ein alter Herrensitz mit tiefen Kanälen drumherum, und von der Mauer bis zum Wasser hinab wuchsen große Huflattichblätter, die so hoch waren, daß kleine Kinder unter den größten aufgerichtet stehen konnten; dort drinnen war es ebenso wild wie im dichtesten Wald, und hier lag eine Ente auf ihrem Nest; sie wollte ihre kleinen Entenjungen ausbrüten, aber nun mochte sie schon bald nicht mehr, weil es so lange dauerte und sie selten Besuch bekam; die anderen Enten schwammen lieber in den Kanälen umher, als daß sie hinaufliefen und unter einem Huflattichblatt saßen, um mit ihr zu schnattern.

Endlich krachte ein Ei nach dem anderen. »Piep! piep!« sagte es, alle Eidotter waren lebendig geworden und steckten den Kopf heraus.

»Raab! raab!« sagte die Ente, und dann sputeten sie sich alle, so sehr sie konnten, und guckten sich unter den grünen Blättern nach allen Seiten um, und die Mutter ließ sie gucken, soviel sie wollten, denn Grün ist gut für die Augen.

»Wie ist die Welt doch groß«, sagten alle Jungen; denn sie hatten jetzt allerdings eine ganze Menge mehr Platz als drinnen im Ei.

»Denkt ihr, das ist die ganze Welt?« sagte Mutter, »die geht noch viel weiter, ganz bis auf die andere Seite des Gartens, bis in den Acker des Pfarrers hinein! Aber da bin ich nie gewesen! – Ihr seid doch wohl alle da?« Und dann erhob sie sich; »nein, ich habe nicht alle! Das größte Ei liegt da noch; wie lange soll das noch dauern! Jetzt habe ich bald genug!« Und dann legte sie sich wieder drauf.

»Na, wie geht es?« sagte eine alte Ente, die kam, um einen Besuch zu machen.

»Es dauert so lange mit dem einen Ei!« sagte die Ente, welche brütete; »es will nicht entzweigehen! Aber nun mußt du dir die anderen ansehen! Es sind die süßesten Jungen, die ich gesehen habe! Sie gleichen alle ihrem Vater, dem Lumpen, er kommt nicht, mich zu besuchen.«

»Zeig mir doch mal das Ei, das nicht platzen will!« sagte die Alte. »Du kannst mir glauben, das ist ein Putenei! So bin ich auch einmal an der Nase herumgeführt worden, und ich hatte meine Sorge und meine Not mit den Jungen, denn die sind ja bange vorm

Wasser, mußt du wissen! Ich konnte sie nicht hineinkriegen! Ich schnatterte und schnappte zu, aber es nützte nichts! – Laß mich das Ei sehen! Doch, es ist ein Putenei! Laß du das nur liegen und bring den anderen Kindern das Schwimmen bei!«

»Ich will doch noch ein bißchen darauf liegen!« sagte die Ente. »Habe ich nun so lange gelegen, dann kommt es auf ein bißchen länger auch nicht an!«

»Bitte sehr!« sagte die alte Ente, und dann ging sie.

Endlich platzte das große Ei. »Piep! piep!« sagte das Junge und quoll heraus; es war sehr groß und garstig. Die Ente sah es sich an. »Das ist ja ein furchtbar großes Entenküken!« sagte sie; »keines von den anderen sieht so aus! Es sollte doch nicht etwa ein Putenküken sein? Nun, das werden wir bald heraus haben! Ins Wasser muß es, und wenn ich es selber hineinschubsen soll!«

Am nächsten Tag war ein herrliches, wunderbares Wetter; die Sonne schien auf all die grünen Huflattichstauden. Die Entenmutter mit ihrer ganzen Familie erschien unten am Kanal: platsch! sprang sie ins Wasser. »Raab! raab!« sagte sie, und ein Junges nach dem anderen plumpste hinterdrein; das Wasser schlug über ihren Köpfen zusammen, aber sie kamen gleich wieder hoch und schwammen ganz wunderschön; die Beine gingen von selber, und alle waren sie draußen, sogar das häßliche graue Junge schwamm mit.

»Nein, das ist kein Puter!« sagte sie. »Sieh mal, wie schön es seine Beine gebraucht, wie gerade es sich hält! Das ist mein eigenes Kind! Im Grunde ist es doch ganz hübsch, wenn man es sich richtig ansieht! Raab! raab! – Kommt jetzt mit, dann führe ich euch in die Welt hinaus und stelle euch auf dem Entenhof vor, aber bleibt immer dicht bei mir, daß keiner auf euch tritt, und nehmt euch vor der Katze in acht!«

Und dann kamen sie zum Entenhof. Dort drinnen war ein fürchterlicher Krach, denn zwei Familien rauften sich um einen Aalkopf, und dann erwischte ihn doch die Katze.

»Seht, so geht es in der Welt zu!« sagte die Entenmutter und leckte sich den Schnabel, denn sie hätte den Aalkopf auch gern gehabt. »Gebraucht nun die Beine!« sagte sie, »seht zu, daß ihr euch sputet, und knickst mit dem Hals vor der alten Ente da drüben! Sie ist die vornehmste von allen hier! Sie ist spanischer Herkunft, darum ist sie dick; und habt ihr gesehen, sie hat einen roten Lappen um das Bein! Das ist etwas ganz besonders Schönes und die größte Auszeichnung, die eine Ente bekommen kann, das bedeutet, daß man sie nicht hergeben möchte und daß sie von Tieren wie von Menschen erkannt werden soll! – Sputet euch – nicht die Füße nach innen setzen! Eine wohlerzogene Ente setzt die Füße weit nach außen, ebenso wie Vater und Mutter! Seht her! knickst nun mit dem Hals und sagt: ›Raab!‹ «

Und das taten sie; aber die anderen Enten rundum betrachteten sie und sagten ganz laut: »Du liebe Zeit! Nun kriegen wir die Gesellschaft auch noch auf den Hals! Als ob wir nicht ohnehin schon genug wären! Und, pfui, wie das eine Junge nur aussieht! Das wollen wir hier aber nicht haben!« und gleich flog eine Ente zu ihm hin und zwackte es ins Genick.

»Laßt es!« sagte die Mutter, »es tut ja niemandem etwas!«

»Ja, aber es ist zu groß und zu absonderlich!« sagte die Ente, die gezwackt hatte, »und da muß es geduckt werden!«

»Sie hat aber hübsche Kinder!« sagte die alte Ente mit dem Lappen um das Bein. »Alles schöne Kinder, bis auf das eine, das ist nicht geraten! Ich wünschte, Sie könnte es noch einmal machen!«

»Das geht nicht, Euer Gnaden!« sagte die Entenmutter, »er ist nicht schön, aber er hat ein wahrhaft gutes Gemüt, und er schwimmt so wunderbar wie jedes von den anderen, ja, ich darf sagen, etwas besser! Ich denke, er wird schön werden, wenn er erst erwachsen ist oder mit der Zeit etwas kleiner wird! Er hat zu lange im Ei gelegen, und darum hat er nicht die richtige Figur bekommen!« Und dann zupfte sie ihn am Genick und strich dem Burschen die Federn glatt. »Es ist außerdem ein Erpel«, sagte sie, »und da tut es ja nicht soviel! Ich glaube, er wird ordentlich kräftig, er wird sich schon durchschlagen!«

»Die übrigen Entchen sind niedlich!« sagte die Alte. »Tut nun, als wärt ihr zu Hause, und findet ihr einen Aalkopf, dann könnt ihr ihn mir bringen!«

Und dann waren sie wie zu Hause.

Aber das arme Entenküken, das zuletzt aus dem Ei gekrochen war und so garstig aussah, wurde gebissen, gestoßen und gehänselt, und zwar von den Enten ebensoviel wie von den Hühnern. »Er ist zu groß!« sagten sie alle, und der Truthahn, der mit Sporen zur Welt gekommen war und deshalb meinte, er sei Kaiser, der blähte sich auf wie ein Schiff mit vollen Segeln, ging spornstreichs auf das Entenküken los, und dann kollerte er und wurde ganz rot am Kopf.

Das arme Entenküken wußte nicht, wo es gehen oder stehen durfte, es war so traurig, weil es so häßlich aussah und dem ganzen Entenhof zum Gespött diente.

So ging es den ersten Tag, und danach wurde es schlimmer und schlimmer. Das arme Entenjunge wurde von allen gehetzt, sogar seine Geschwister waren ganz häßlich zu ihm, und sie sagten immer: »Wenn bloß die Katze dich holte, du altes Greuel!« und die Mutter sagte: »Ich wünschte, du wärest weit weg!« Und die Enten zwackten es, und die

Hühner hackten es, und die Magd, die den Tieren Futter brachte, stieß mit dem Fuß nach ihm.

Da lief es und flog über den Zaun; die kleinen Vögel im Gebüsch flatterten erschrocken auf. »Das ist, weil ich so garstig bin«, dachte das Entenjunge und schloß die Augen, lief aber trotzdem weiter! Da kam es in den großen Sumpf hinaus, wo die Wildenten hausten. Hier lag es die ganze Nacht, es war so müde und kummervoll.

Morgens flogen die Wildenten auf, und sie sahen sich den neuen Gefährten an. »Was bist du für einer?« fragten sie, und das Entenjunge wandte sich nach allen Seiten um und grüßte, so gut es konnte.

»Du bist ungemein garstig!« sagten die Wildenten, »aber das kann uns ja einerlei sein, wenn du nur nicht in unsere Familie einheiratest!« – Das Ärmste! Es dachte wahrhaftig nicht ans Heiraten; wenn es nur im Schilf liegen und ein bißchen Moorwasser trinken durfte.

Dort lag es zwei ganze Tage, dann kamen zwei Wildgänse oder richtiger, Wildganter, denn es waren zwei Männchen; es war noch gar nicht sehr lange her, seit sie aus dem Ei geschlüpft waren, und darum waren sie sehr vorlaut.

»Hör mal, Kamerad!« sagten sie. »Du bist so garstig, daß ich dich gut leiden mag! Willst du mitmachen und Zugvogel werden? Hier in der Nähe in einem anderen Sumpf sind einige nette, liebe Wildgänse, alles Fräuleins, die ›raab‹ sagen können! Du hast die Aussicht, dort dein Glück zu machen, so garstig bist du!«

»Piff! paff!« ertönte es in diesem Augenblick über ihnen, und beide Wildganter fielen tot ins Schilf nieder, und das Wasser wurde blutrot. »Piff! paff!« ertönte es abermals, und ganze Scharen von Wildgänsen flogen aus dem Schilf auf, und dann knallte es wieder. Eine große Jagd fand statt; die Jäger lagen rings um das Moor herum, ja, manche saßen oben in den Bäumen, die weit über das Schilf hinwegragten; der blaue Dampf wallte wie Wolken zwischen den dunklen Bäumen dahin und hing weit über dem Wasser; durch den Schlamm kamen die Jagdhunde, klatsch, klatsch! Schilf und Binsen bogen sich nach allen Seiten auseinander, das war ein Schrecken für das arme Entchen; es drehte den Kopf nach hinten, um ihn unter den Flügel zu stecken, und gerade in dem Augenblick stand ein furchtbar großer Hund vor ihm, die Zunge hing ihm weit aus dem Hals, und die Augen schillerten ganz grausig; er senkte seinen Rachen über das Entchen, zeigte die scharfen Zähne – und platsch! ging er wieder, ohne es mitzunehmen.

»Oh, Gott sei Dank!« seufzte das Entenjunge, »ich bin so garstig, daß es nicht einmal den Hund danach verlangt hat, mich zu beißen!«

Und dann lag es ganz still, während die Schrotkörner im Schilf pfiffen und Schuß auf Schuß knallte.

Erst im Laufe des Tages wurde es still, aber das arme Junge wagte nicht aufzustehen, es wartete noch einige Stunden, bis es sich umsah, und dann eilte es aus dem Moor fort, so schnell es konnte; es rannte über Feld und Wiese, da war es sehr windig, so daß das Entenjunge nur mühsam vorwärts kam.

Gegen Abend gelangte es an ein ärmliches kleines Bauernhaus; das war so kümmerlich, daß es selber nicht wußte, nach welcher Seite es einstürzen sollte, und so blieb es denn stehen. Der Wind umbrauste das Entenjunge so sehr, daß es sich auf den Bürzel setzen mußte, um sich dagegen anzustemmen; und es wurde immer schlimmer. Da merkte es, daß sich die Tür von der einen Angel gelöst hatte und so schief hing, daß es durch den Spalt in die Stube schlüpfen konnte, und das tat es.

Hier wohnte eine alte Frau mit ihrer Katze und ihrem Huhn, und die Katze, die sie Söhneken nannte, konnte einen Buckel machen und spinnen, sie knisterte sogar, aber dann mußte man sie gegen den Strich streicheln; das Huhn hatte ganz kleine, kurze Beine, und daher wurde es Kikeri-Kurzbein genannt; es legte gut Eier, und die Frau liebte es so, als wäre es ihr eigenes Kind.

Am Morgen wurde das fremde Entenjunge sogleich bemerkt, und der Kater begann zu spinnen und die Henne zu gackern.

»Was ist denn das?« sagte die Frau und blickte sich um, aber sie hatte keine sehr guten Augen, und daher meinte sie, das Entenjunge sei eine fette Ente, die sich verirrt hätte. »Das ist ja aber ein angenehmer Fang!« sagte sie. »Nun bekomme ich Enteneier, wenn es bloß kein Erpel ist! Das müssen wir ausprobieren!«

Und nun wurde das Entenjunge für drei Wochen auf Probe angenommen, aber Eier kamen nicht. Und der Kater war Herr im Hause, und das Huhn war die gnädige Frau, und andauernd sagten sie: »Wir und die Welt!« denn sie meinten, sie wären die eine Hälfte, und obendrein der allerbeste Teil davon. Das Entenjunge fand, man könne auch anderer Meinung sein, aber das duldete die Henne nicht.

»Kannst du Eier legen?« fragte sie.

»Nein!«

»Ja, willst du dann deinen Mund halten!«

Und der Kater sagte: »Kannst du einen Buckel machen, spinnen und knistern?«

»Nein!«

»Ja, dann darfst du keine Meinung haben, wenn vernünftige Leute reden!«

Und das Entlein saß in der Ecke und war mißmutig; da mußte es an die frische Luft und an den Sonnenschein denken! Es bekam eine so wunderliche Lust, auf dem Wasser zu schwimmen; zuletzt konnte es nicht an sich halten, es mußte der Henne das erzählen.

»Was fällt dir denn ein?« fragte sie. »Du hast nichts zu tun, darum kriegst du Schrullen! Leg Eier oder schnurre, dann gehen sie vorüber!«

»Aber es ist so herrlich, auf dem Wasser zu schwimmen!« sagte das Entenjunge, »so herrlich, wenn man es über den Kopf bekommt und bis auf den Grund taucht!«

»Ja, das scheint ein großes Vergnügen zu sein«, sagte die Henne, »du bist sicher verrückt geworden! Frag den Kater – der ist das Klügste, was ich kenne –, ob er sich etwas daraus macht, auf dem Wasser zu schwimmen oder zu tauchen! Von mir will ich nicht reden. – Frag selbst unsere Herrschaft, die alte Frau, klüger als sie ist niemand auf der Welt!

Meinst du, die hätte Lust zu schwimmen und Wasser über den Kopf zu bekommen?«

»Ihr versteht mich nicht!« sagte das Entenjunge.

»Ja, verstehen wir dich nicht, wer sollte dich dann verstehen! Du willst doch wohl nicht etwa klüger sein als der Kater und die Frau, von mir ganz zu schweigen! Stell dich nicht an, Kind, und danke du deinem Schöpfer für all das Gute, was man für dich getan hat! Bist du nicht in eine warme Stube gekommen und hast Gesellschaft, von der du etwas lernen kannst? Aber du bist ein Faselhans, und es macht keinen Spaß, mit dir zu verkehren! Mir kannst du glauben! Ich meine es gut mit dir, ich sage dir unangenehme Dinge, und daran kann man seine wahren Freunde erkennen! Sieh du nur zu, daß du Eier legst und schnurren oder knistern lernst!«

»Ich glaube, ich gehe in die weite Welt hinaus!« sagte das Entchen.

»Ja, tu das nur!« sagte das Huhn.

Und dann ging das Entchen; es schwamm auf dem Wasser, es tauchte unter, aber es wurde von allen Tieren seiner Häßlichkeit wegen übersehen.

Jetzt kam der Herbst, die Blätter im Wald wurden gelb und braun, der Wind bemächtigte sich ihrer, so daß sie tanzten, und oben in der Luft sah es kalt aus; die Wolken hingen schwer von Hagel und Schnee, und auf dem Zaun saß der Rabe und schrie vor lauter Kälte: »Au! au!« Ja, es konnte einen richtig frösteln, wenn man daran dachte; das arme Entenjunge hatte es wahrhaftig nicht schön.

Eines Abends – die Sonne ging so herrlich unter – kam ein ganzer Schwarm von wunderschönen großen Vögeln aus den Büschen, das Entenjunge hatte nie so schöne gesehen, sie waren ganz glänzend weiß, mit langen, biegsamen Hälsen; es waren Schwäne, sie stießen einen ganz seltsamen Laut aus, breiteten ihre prächtigen langen Fittiche aus und flogen aus den kalten Gegenden in wärmere Länder, an offene Seen! Sie stiegen so hoch, ganz hoch, und dem häßlichen kleinen Entenjungen wurde es ganz wundersam zumute; es drehte sich im Wasser um wie ein Rad, streckte den Hals nach ihnen aus, hoch in die Luft, und stieß einen Schrei aus, so seltsam, daß ihm selber ganz bange dabei wurde. Oh, es konnte die schönen Vögel nicht vergessen, die glücklichen Vögel, und sobald es sie nicht mehr erblicken konnte, tauchte es bis auf den Grund, und als es wieder hochkam, war es ganz außer Rand und Band. Es wußte nicht, wie die Vögel hießen, wußte nicht, wohin sie flogen, aber dennoch liebte es sie, wie es nie bisher jemanden geliebt hatte; es beneidete sie gar nicht, wie konnte es ihm in den Sinn kommen, sich eine solche Schönheit zu wünschen, es wäre froh gewesen, wenn wenigstens die Enten es unter sich geduldet hätten. – Das arme, häßliche Tier!

Und der Winter wurde kalt, so kalt! Das Entenjunge mußte herumschwimmen, um zu verhindern, daß das Wasser ganz zufror; aber jede Nacht wurde das Loch, in dem es schwamm, enger; es fror, daß es in der Eisrinde krachte; das Entenjunge mußte ständig die Beine regen, damit das Loch sich nicht schloß; zuletzt war es erschöpft, lag ganz still und fror im Eise fest.

Früh am Morgen kam ein Bauersmann, er sah es, ging hinaus und schlug mit seinem Holzschuh das Eis entzwei und trug das Entenjunge zu seiner Frau nach Hause. Dort wurde es ins Leben zurückgerufen.

Die Kinder wollten mit ihm spielen, aber das Entenjunge glaubte, sie wollten ihm ein Leid zufügen, und sauste vor Schrecken mitten in die Milchschüssel, so daß die Milch in die Stube schwappte; die Frau schrie und schlug die Hände über dem Kopf zusammen, und da flog es in die Schüssel, in der die Butter lag, und dann in die Mehltonne und wieder heraus. Na, wie das jetzt aussah! Die Frau schrie und schlug mit der Feuerzange nach ihm, und die Kinder purzelten eines über das andere, um das Entenjunge zu fangen, und sie lachten, und sie schrien! – Es war nur gut, daß die Tür offenstand, es schoß hinaus zwischen die Sträucher in den frischgefallenen Schnee – da lag es, wie tot.

Aber es wäre zu trostlos, wollte man von all der Not und dem Elend erzählen, das es in diesem harten Winter durchmachen mußte. – Es lag im Sumpf zwischen dem Schilf, als die Sonne wieder anfing, warm zu scheinen; die Lerchen sangen – es war ein schöner Frühling.

Da hob es mit einemmal seine Schwingen, sie rauschten stärker als früher und trugen es kräftig weiter; und eh es sich's so recht versah, war es in einem großen Garten, wo die Apfelbäume in Blüte standen, wo der Flieder duftete und an den langen, grünen Zweigen bis ganz zu den gewundenen Kanälen hinabhing! Oh, hier war es so schön, so frühlingsfrisch! Und gerade vor ihm aus dem Dickicht kamen drei wunderbare, weiße Schwäne; sie rauschten mit den Fittichen und schwammen leicht auf dem Wasser dahin. Das Entenjunge erkannte die prächtigen Tiere wieder und wurde von einer seltsamen Traurigkeit befallen.

»Ich möchte zu ihnen hinfliegen, den königlichen Vögeln! Und sie werden mich totstechen, weil ich, der ich so garstig bin, mich ihnen zu nähern wage! Aber das ist mir einerlei! Lieber von ihnen getötet als von den Enten gezwackt werden, von den Hühnern gehackt und von der Magd, die den Hühnerhof versorgt, gestoßen werden und im Winter Qualen leiden!« Und es flog ins Wasser hinaus und schwamm den prächtigen Schwänen entgegen, diese sahen es und rauschten mit brausendem Gefieder auf das Entenjunge zu. »Tötet mich nur!« sagte das arme Tier und neigte den Kopf bis auf die Wasserfläche hinab und wartete auf den Tod – aber was sah es in dem klaren Wasser? Es sah unter sich sein eigenes Bild, aber es war nicht mehr ein unbeholfener, schwarzgrauer Vogel, garstig und scheußlich, es war selber ein Schwan.

Es macht nichts, daß man auf dem Entenhof geboren ist, wenn man nur in einem Schwanenei gelegen hat!

Es war richtig froh über all die Not und die Unbilden, die es durchgemacht hatte; nun konnte es sein Glück erst schätzen, all die Schönheit, die es grüßte. – Und die großen Schwäne schwammen rund um das Junge herum und streichelten es mit dem Schnabel.

In den Garten kamen einige kleine Kinder, die warfen Brot und Körner ins Wasser, und das Kleinste rief: »Da ist ein neuer!« Und die anderen Kinder jubelten auch: »Ja, da ist ein neuer gekommen!« Und sie klatschten in die Hände und tanzten herum, holten die Eltern, und es wurden Brot und Kuchen ins Wasser geworfen, und alle sagten: »Der neue ist der hübscheste! So jung und so schön!« Und die alten Schwäne verneigten sich vor ihm.

Da fühlte er sich ganz beschämt und steckte den Kopf unter die Fittiche, er wußte selber nicht warum! Er war viel zu glücklich, jedoch nicht stolz, denn ein gutes Herz wird niemals stolz! Er dachte daran, wie er verfolgt und verhöhnt worden war, und hörte nun alle sagen, daß er der schönste von allen schönen Vögeln wäre. Und der Flieder neigte seine Zweige bis zu ihm ins Wasser hinab, und die Sonne schien so warm und so gut, da brauste sein Gefieder, der schlanke Hals reckte sich, und aus tiefem Herzen jubelte er: »Soviel Glück habe ich mir nicht träumen lassen, als ich das häßliche Entenküken war!«

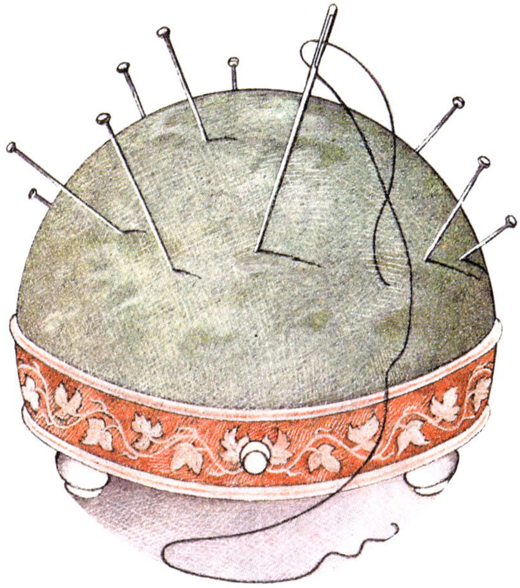

DIE STOPFNADEL

Es war einmal eine Stopfnadel, die hatte es so sehr mit der Feinheit, daß sie sich einbildete, sie sei eine Nähnadel.

»Paßt nun bloß auf, was ihr da haltet!« sagte die Stopfnadel zu den Fingern, die sie herausholten. »Laßt mich nicht hinunterfallen! Falle ich auf den Fußboden, dann bin ich imstande, nie wiedergefunden zu werden, so fein bin ich!«

»Gemach! gemach!« sagten die Finger, und dann faßten sie sie fest um den Leib.

»Seht, ich komme mit Gefolge!« sagte die Stopfnadel, und dann zog sie einen langen Faden hinter sich her, der indes keinen Knoten hatte.

Die Finger steuerten die Nadel geradewegs auf den Pantoffel der Köchin zu, dessen Oberleder geplatzt war, und nun sollte es zusammengenäht werden.

»Es ist eine unwürdige Arbeit!« sagte die Stopfnadel. »Ich komme nie da durch! Ich zerbreche! ich zerbreche!« und dann zerbrach sie.

»Habe ich es nicht gesagt?« sagte die Stopfnadel. »Ich bin zu fein!«

»Nun ist sie nicht mehr zu gebrauchen«, meinten die Finger, aber sie mußten trotzdem festhalten; die Köchin träufelte Siegellack auf die Nadel und steckte sie dann vorn an ihr Brusttuch.

»Seht, nun bin ich eine Busennadel!« sagte die Stopfnadel. »Ich wußte doch, daß ich zu Ehren käme; wenn man etwas ist, wird immer etwas aus einem!« und dann lachte sie innerlich, denn äußerlich kann man es einer Stopfnadel nie ansehen, daß sie lacht. Da saß sie nun ganz stolz, als führe sie in einer Kutsche, und hielt nach allen Seiten Ausschau.

»Darf ich die Ehre haben, Sie zu fragen, ob Sie aus Gold sind?« fragte sie die Stecknadel, die ihre Nachbarin war. »Sie haben ein schönes Äußeres und Ihren eigenen Kopf, aber klein ist er! Sie müssen sehen, daß er noch wächst, denn nicht alle können am Hinterteil gelackt werden!« Und dann richtete sich die Stopfnadel so hoch auf, daß sie aus dem Tuch herausrutschte und in den Ausguß fiel, den die Köchin gerade ausspülte.

»Nun gehen wir auf die Reise!« sagte die Stopfnadel. »Wenn ich mich nur nicht verirre!« Aber das tat sie.

»Ich bin zu fein für diese Welt!« sagte sie, als sie im Rinnstein saß. »Ich war mir meiner selbst wohl bewußt, und das ist immer eine kleine Befriedigung!«, und dann hielt sich die Stopfnadel ganz gerade und büßte ihre gute Laune nicht ein.

Und über sie hinweg schwamm alles mögliche, Hölzer, Halme, Zeitungsfetzen. »Seht, wie die schwimmen!« sagte die Stopfnadel. »Die wissen nicht, was unter ihnen piekt! Ich pieke, ich sitze hier! Seht, da schwimmt nun ein Stück Holz, das denkt an nichts anderes auf dieser Welt als an Holz, und das ist es selber; da schwimmt ein Halm, seht, wie der sich krümmt, seht, wie der sich dreht! Denk nicht soviel an dich selber, du könntest dich an den Pflastersteinen stoßen! – Da segelt eine Zeitung! – Vergessen ist, was in der steht, und dennoch bläht sie sich auf! – Ich sitze geduldig und still! Ich weiß, was ich bin, und das bleibe ich!«

Eines Tages glänzte etwas, ganz nahebei und wunderschön, und nun glaubte die Stopfnadel, es sei ein Diamant, aber es war ein Flaschenscherben, und da er glänzte, so redete die Stopfnadel ihn an und stellte sich als Busennadel vor! »Sie sind sicher ein Diamant?« – »Ja, so was Ähnliches bin ich!« Und nun meinte eines vom anderen, daß es ganz kostbar wäre, und dann unterhielten sie sich darüber, wie hoffärtig die Welt sei.

»Ja, ich habe in einer Schachtel bei einer Jungfer gewohnt«, sagte die Stopfnadel, »und die Jungfer war Köchin; sie hatte an jeder Hand fünf Finger, aber etwas so Eingebildetes wie die fünf Finger habe ich nie erlebt, und dabei waren sie nur dazu da, mich zu halten, mich aus der Schachtel zu nehmen und mich in die Schachtel zu legen!«

»Hatten sie etwas Vornehmes an sich?« fragte der Flaschenscherben.

»Vornehmes!« sagte die Stopfnadel, »nein, Hochmut hatten sie an sich! Es waren fünf Brüder, alles geborene ›Finger‹, sie standen aufrecht einer neben dem anderen, obwohl sie von verschiedener Länge waren; der äußerste von ihnen, der Däumling, war kurz und dick, der lief außer der Reihe, und außerdem hatte er nur einen Knick im Rücken, er konnte sich nur einmal verbeugen, aber er sagte, wenn er von einem Menschen abgehauen würde, dann wäre der ganze Mensch für den Kriegsdienst untauglich. Naschpott, der Zeigefinger, wurde in Süßes wie Saures gesteckt, zeigte auf Sonne und Mond und war derjenige, der aufdrückte, wenn sie schrieben; Langemann, der Mittelfinger, war der längste und guckte den anderen über den Kopf. Goldfeuer, der Ringfinger, lief mit einem goldenen Ring um den Bauch herum, und der kleine Finger, der Peer Spielmann hieß, tat gar nichts, und darauf war er stolz. Es war die reinste Prahlerei, dabei blieb es auch, und da stürzte ich mich in den Ausguß!«

»Und jetzt sitzen wir und glänzen!« sagte der Glasscherben, im selben Augenblick kam mehr Wasser in den Rinnstein, das trat über alle Ufer und riß den Glasscherben mit.

»Siehe da, nun ist er befördert worden!« sagte die Stopfnadel. »Ich bleibe sitzen, ich bin zu fein, aber das ist mein Stolz, und der ist aller Ehren wert!« und dann saß sie kerzengerade und dachte viel nach.

»Ich möchte fast meinen, ich sei von einem Sonnenstrahl geboren worden, so fein bin ich! Will es mir nicht auch so scheinen, als ob die Sonne mich immer unter Wasser suchte? Ach, ich bin so fein, daß meine Mutter mich nicht finden kann, hätte ich mein altes Auge*, das entzweigebrochen ist, dann, glaube ich, könnte ich weinen! – Wenn ich es auch nicht täte – weinen, das ist nicht fein!«

---

* Im Dänischen Nadelöhr = Nadelauge (Anm. d. Übers.).

Eines Tages lagen ein paar Straßenjungen da und panschten im Rinnstein herum, wo sie alte Nägel, Münzen und dergleichen fanden. Es war eine schöne Schweinerei, aber das war nun mal ihr Vergnügen.

»Au!« sagte der eine, er hatte sich an der Stopfnadel gepiekt. »Das ist mir schon ein Bursche!«

»Ich bin kein Bursche, ich bin ein Fräulein!« sagte die Stopfnadel, aber keiner hörte es; der Lack war von ihr abgegangen, und schwarz war sie geworden, aber schwarz macht schlank, und so glaubte sie denn, sie wäre noch feiner als vorher.

»Da kommt eine Eierschale angeschwommen!« sagten die Jungen, und nun steckten sie die Stopfnadel in der Schale fest.

»Weiße Wände und selber schwarz«, sagte die Stopfnadel, »das ist kleidsam! So kann man mich doch sehen! – Wenn ich nur nicht seekrank werde, denn dann muß ich brechen!« Aber sie wurde nicht seekrank, und sie mußte nicht brechen.

»Es ist gut gegen Seekrankheit, wenn man einen stählernen Magen hat und sich dann immer vor Augen führt, daß man etwas mehr ist als ein Mensch! Nun ist es vorüber! Je feiner man ist, desto mehr kann man aushalten.«

»Krach!« sagte die Eierschale, eine Wagenfuhre ging über sie hinweg. »Huh, wie es kneift!« sagte die Stopfnadel. »Nun werde ich doch seekrank! Ich muß brechen! ich muß brechen!« Aber sie brach nicht, obwohl eine Wagenfuhre über sie hinwegging. Sie lag der Länge nach da – und da mag sie liegenbleiben!

SPRINGINSFELD

Der Floh, der Heuschreck und der Hupfauf wollten einmal sehen, wer von ihnen am höchsten springen konnte, und so luden sie die ganze Welt, und wer sonst noch kommen wollte, ein, um sich die Herrlichkeit anzusehen, und sie waren drei tüchtige Springinsfelde, als sie mitsammen in die Stube traten.

»Ja, ich gebe demjenigen, der am höchsten springt, meine Tochter!« sagte der König. »Denn es wäre so armselig, wenn diese Personen um nichts springen sollten!«

Der Floh kam als erster dran, der hatte so angenehme Manieren und grüßte nach allen Seiten, denn er hatte Fräuleinblut in sich und war es gewöhnt, nur mit Menschen zu verkehren, und das macht nun einmal sehr viel aus.

Nun kam der Heuschreck, der war allerdings bedeutend dicker, aber er hatte trotzdem eine ganz gute Figur und trug eine grüne Uniform, und die war angeboren; außerdem sagte der Herr, daß er aus einer sehr alten Familie im Lande Ägypten sei und daß man ihn hierzulande hochschätze, er wäre soeben vom Felde geholt und in ein Kartenhaus gesteckt worden, das drei Stockwerke hätte, alles Herrenkarten, die die bunte Seite nach innen kehrten; da gäbe es Türen wie auch Fenster, und zwar der Herzdame aus dem Leibe geschnitten. »Ich singe so«, sagte er, »daß sechzehn eingeborene Grillen, die von kleinauf gezirpt und trotzdem kein Kartenhaus bekommen hatten, sich so geärgert haben, als sie mich hörten, daß sie noch dünner wurden, als sie schon waren!«

Beide, der Floh wie auch der Heuschreck, wiesen sich demnach gut über ihre Herkunft aus und sagten, sie trauten sich wohl zu, eine Prinzessin zu ehelichen.

Der Hupfauf sagte nichts, aber man sagte von ihm, er denke um so mehr, und als der Hofhund ihn nur mal beschnüffelte, stand er dafür ein, daß der Hupfauf aus guter Familie sei; der alte Ratsherr, der drei Orden bekommen hatte, wenn er stillschwiege, versicherte, er wüßte, daß der Hupfauf mit der Gabe der Weissagung ausgestattet sei, man könnte es seinem Rücken ansehen, ob es einen milden oder einen strengen Winter gebe, und das kann man nicht einmal an dessen Rücken sehen, der den Kalender schrieb.

»Ja, ich äußere mich nicht!« sagte der alte König. »Aber ich gehe nun immer so vor mich hin und denke mir das meine!«

Nun sollte der Sprung gemacht werden.

Der Floh sprang so hoch, daß niemand ihn sehen konnte, und dann behaupteten sie, er wäre überhaupt nicht gesprungen, und das war wirklich gemein!

Der Heuschreck sprang nur halb so hoch, aber der sprang dem König mitten ins Gesicht, und da sagte dieser, das wäre widerlich.

Der Hupfauf stand lange Zeit still und überlegte, man glaubte zuletzt, er könnte gar nicht springen.

»Wenn dem nur nicht schlecht geworden ist!« sagte der Hofhund, und dann schnüffelte er wieder an ihm herum: wupps! sprang er mit einem kleinen, schrägen Satz auf den Schoß der Prinzessin, die auf einem niedrigen goldenen Schemel saß.

Da sagte der König: »Der höchste Sprung ist der, zu meiner Tochter hinaufzuspringen, denn das ist gerade das Feine, aber um auf so etwas zu kommen, muß man Verstand haben, und der Hupfauf hat bewiesen, daß er Verstand hat. Der hat Grütze im Kopf!«

Und dann bekam er die Prinzessin.

»Ich bin aber am höchsten gesprungen«, sagte der Floh. »Aber das ist auch einerlei! mag sie ruhig das Gänsegerippe mit Holz und Pech haben! Ich bin doch am höchsten gesprungen, aber dazu braucht's in dieser Welt Muskeln, damit sie einen sehen können!«

Und dann ging der Floh in fremden Kriegsdienst, wo er, wie man erzählte, gefallen ist.

Der Heuschreck setzte sich draußen in den Graben und dachte darüber nach, wie es eigentlich in der Welt zuginge, und der sagte auch: »Muskeln braucht's, Muskeln braucht's!«, und dann sang er seine eigene trübselige Weise, und daher haben wir die Geschichte, die indessen sehr wohl erlogen sein kann, und wenn sie auch gedruckt wird.

DIE HIRTIN UND DER SCHORNSTEINFEGER

Hast du jemals einen richtigen alten hölzernen Schrank gesehen, ganz schwarz vom Alter und mit geschnitzten Schnörkeln und Blattwerk? Gerade so einer stand in einer Wohnstube, es war ein Erbstück von der Urgroßmutter, über und über mit geschnitzten Rosen und Tulpen bedeckt; es waren die sonderbarsten Schnörkel daran, und zwischen diesen steckten kleine Hirsche die Köpfe hervor mit vielen Geweihspitzen, aber in der Mitte des Schrankes war ein ganzer geschnitzter Mann, er war ungemein lächerlich anzusehen, und grinsen tat er, man konnte es nicht lachen nennen, er hatte Ziegenbockbeine, kleine Hörner an der Stirn und einen langen Bart. Die Kinder in der Stube nannten ihn immer den Ziegenbockbein-Oberunduntergeneralkriegskommandeursergeanten, denn der Name war schwer auszusprechen, und es gibt nicht viele, die diesen Titel bekommen; ihn schnitzen zu lassen, das war auch ein Einfall! Aber nun war er mal da! Immer schaute er auf den Tisch unter dem Spiegel, denn dort stand eine entzückende kleine Hirtin aus Porzellan; die Schuhe waren vergoldet, das Kleid sehr hübsch mit einer roten Rose gerafft, und dann hatte sie einen goldenen Hut und einen Hirtenstab; sie war wunderbar! Dicht neben ihr stand ein kleiner Schornsteinfeger, so schwarz wie eine Kohle, aber übrigens auch aus Porzellan; er war ebenso sauber und fein wie jeder andere; daß er Schornsteinfeger war, das stellte er ja nur vor; der Porzellanmacher hätte ebensogut einen Prinzen aus ihm machen können, denn das war ein und dasselbe!

Da stand er so wunderhübsch mit seiner Leiter, und sein Gesicht war so weiß und rot wie das eines Mädchens, und das war eigentlich ein Fehler, denn ein wenig schwarz hätte es ruhig sein können. Er stand ganz dicht neben der Hirtin; sie waren beide hingestellt worden, wo sie standen, und da sie nun hingestellt waren, so hatten sie sich verlobt; sie paßten ja zusammen, sie waren junge Leute, sie waren aus dem gleichen Porzellan und beide gleicherweise zerbrechlich.

Dicht daneben stand noch eine Puppe, die war dreimal so groß, das war ein alter Chinese, der nicken konnte; der war ebenfalls aus Porzellan und sagte, er wäre der Großvater der kleinen Hirtin, aber das konnte er bestimmt nicht beweisen; er behauptete, er hätte Gewalt über sie, und deswegen hätte er dem Ziegenbockbein-Oberunduntergeneralkriegskommandeursergeanten zugenickt, der um die kleine Hirtin angehalten hatte.

»Da kriegst du einen Mann«, sagte der alte Chinese, »einen Mann, von dem ich fast vermute, er ist aus Mahagoni, er kann dich zur Frau Ziegenbockbein-Oberunduntergeneralkriegskommandeursergeantin machen, der hat den ganzen Schrank voll Silber, abgesehen von dem, was er in den Geheimfächern hat!«

»Ich will nicht in den finsteren Schrank hinein!« sagte die kleine Hirtin. »Ich habe gehört, daß er da drinnen elf Porzellanfrauen hat!«

»Dann kannst du die zwölfte sein!« sagte der Chinese. »Heute nacht, sobald es in dem alten Schrank knackt, feiert ihr Hochzeit, so wahr ich ein Chinese bin!« Und dann nickte er mit dem Kopf und schlummerte ein.

Aber die kleine Hirtin weinte und sah zu ihrem Herzallerliebsten hin, dem Porzellanschornsteinfeger.

»Ich glaube, ich muß dich bitten«, sagte sie, »daß du mit mir in die weite Welt hinausgehst, denn hier können wir nicht bleiben!«

»Ich tue alles, was du willst!« sagte der kleine Schornsteinfeger. »Laß uns gleich gehen, ich denke wohl, daß ich dich mit meinem Handwerk ernähren kann!«

»Wären wir nur erst wohlbehalten vom Tisch herunter!« sagte sie. »Ich werde meines Lebens nicht froh, bis wir nicht in der weiten Welt draußen sind!«

Und er tröstete sie und zeigte, wie sie ihre Füßchen auf die geschnitzten Ecken und auf das vergoldete Blattwerk unten um das Tischbein setzen sollte, seine Leiter nahm er ebenfalls zu Hilfe, und dann waren sie unten auf dem Fußboden, als sie aber zu dem alten Schrank hinschauten, war da soviel Tumult; alle geschnitzten Hirsche steckten die Köpfe weiter hervor, warfen die Geweihe auf und drehten die Hälse; der Ziegenbockbein-Oberunduntergeneralkriegskommandeursergeant sprang hoch in die Luft und rief zu dem alten Chinesen hinüber: »Jetzt laufen sie weg! Jetzt laufen sie weg!«

Da bekamen sie einen kleinen Schreck und sprangen flugs in die Schublade des Fenstertritts.

Hier lagen drei, vier Kartenspiele, die nicht vollständig waren, und ein kleines Puppentheater, das aufgestellt worden war, so gut es gehen wollte; hier wurde Theater gespielt, und alle Damen, sowohl Karo und Herz wie auch Treff und Pik, saßen in der ersten Reihe und fächelten sich mit ihren Tulpen, und hinter ihnen standen alle Buben und zeigten, daß sie Köpfchen hatten, sowohl oben wie unten, so wie es bei Spielkarten ist. Die Komödie handelte von zweien, die sich nicht kriegen konnten, und die Hirtin weinte darüber, denn es war gewissermaßen ihre eigene Geschichte.

»Das kann ich nicht ertragen!« sagte sie. »Ich muß aus der Schublade heraus!« Aber als sie auf dem Fußboden standen und zum Tisch hinaufschauten, da war der alte Chinese aufgewacht und wackelte mit dem ganzen Körper, er war ja unten ein Klumpen!

»Nun kommt der alte Chinese!« schrie die kleine Hirtin, und dann fiel sie auf ihre Porzellanknie nieder, so betrübt war sie.

»Mir kommt ein Gedanke!« sagte der Schornsteinfeger, »sollen wir in den großen Potpourritopf hineinkriechen, der da in der Ecke steht? Dort könnten wir auf Rosen und Lavendel schlafen und ihm Salz in die Augen werfen, wenn er kommt.«

»Das reicht nicht!« sagte sie. »Außerdem weiß ich, daß der alte Chinese und der Potpourritopf verlobt gewesen sind, und da bleibt im-

mer ein bißchen Zuneigung zurück, wenn man in einem solchen Verhältnis zueinander gestanden hat! Nein, es bleibt uns nichts weiter übrig, als in die weite Welt hinauszugehen!«

»Hast du wirklich den Mut, mit mir in die weite Welt zu gehen?« fragte der Schornsteinfeger. »Bedenkst du auch, wie groß die ist, und daß wir nie wieder zurückkommen können?«

»Das tue ich!« sagte sie.

Und der Schornsteinfeger sah sie ganz fest an, und dann sagte er: »Mein Weg führt durch den Schornstein! Hast du wirklich den Mut, mit mir durch den Ofen zu kriechen, durch die Trommel und auch durch das Rohr? Dann kommen wir in den Schornstein hinaus, und dort kenne ich mich aus! Wir steigen so hoch hinauf, daß sie uns nicht erreichen können, und ganz zuoberst führt ein Loch in die weite Welt hinaus!«

Und er führte sie zur Ofentür.

»Da sieht es schwarz aus!« sagte sie, aber sie ging dennoch mit ihm, sowohl durch die Trommel wie durch das Rohr, wo kohlrabenschwarze Nacht war.

»Nun sind wir im Schornstein!« sagte er. »Und siehe, siehe, oben darüber glänzt der schönste Stern!«

Und es stand wirklich ein Stern am Himmel, der bis zu ihnen herunterglänzte, so als wollte er ihnen den Weg weisen. Und sie kletterten, und sie krochen, ein unheimlicher Weg war es, ganz hoch hinauf, ganz hoch; aber er hob sie und stützte sie, er hielt sie fest und zeigte die besten Stellen, wo sie ihre kleinen Porzellanfüße aufsetzen konnte, und dann gelangten sie bis ganz zum Schornsteinrand hinauf, und auf den setzten sie sich, denn sie waren wirklich müde, und das kann man auch verstehen.

Der Himmel mit all seinen Sternen war über ihnen, und alle Dächer der Stadt unter ihnen; sie sahen so weit, so weit in die Welt hinaus; die arme Hirtin hatte sie sich nie so vorgestellt, sie lehnte sich mit ihrem kleinen Kopf an ihren Schornsteinfeger, und dann weinte sie, daß das Gold von ihrem Miederband absprang.

»Es ist viel zuviel!« sagte sie. »Das kann ich nicht ertragen! Die Welt ist viel zu groß! Wäre ich doch wieder auf dem kleinen Tisch unter dem Spiegel! Ich werde nie mehr froh werden, ehe ich nicht wieder dort bin! Nun habe ich dich in die weite Welt hinausbegleitet, nun kannst du mich ruhig wieder nach Hause begleiten, wenn du mich nur ein bißchen liebhast!«

Und der Schornsteinfeger redete ihr vernünftig zu, sprach von dem alten Chinesen und von dem Ziegenbockbein-Oberunduntergeneralkriegskommandeursergeanten, aber sie schluchzte so schrecklich und küßte ihren kleinen Schornsteinfeger, daß ihm nichts weiter übrigblieb, als sich ihr zu fügen, wenn es auch verkehrt war.

Und dann stiegen sie mit großer Mühe wieder den Schornstein hinab, und sie krochen durch das Rohr und durch die Trommel, es war gar nicht angenehm, und dann standen sie in dem finsteren Ofen; da horchten sie hinter der Tür, um zu erfahren, wie es in der Stube stand. Dort war es ganz still; sie schauten hinaus – ach, da lag mitten in der

Stube der alte Chinese, er war vom Tisch heruntergefallen, als er hinter ihnen her wollte, und lag nun da, in drei Stücke zerschellt; der ganze Rücken war in einem Stück abgegangen, und der Kopf war in eine Ecke gekullert; der Ziegenbockbein-Oberunduntergeneralkriegskommandeursergeant stand, wo er immer gestanden hatte, und dachte nach.

»Es ist schrecklich!« sagte die kleine Hirtin, »der alte Großvater ist entzweigegangen, und daran sind wir schuld! Das überlebe ich nie!« Und dann rang sie ihre winzigen Händchen.

»Er kann noch genietet werden!« sagte der Schornsteinfeger. »Er kann sehr gut genietet werden! – Sei nun bloß nicht so heftig! Wenn man ihn am Rücken leimt und ihm eine gute Niete ins Genick setzt, dann ist er wieder so gut wie neu und kann uns mancherlei Unannehmlichkeiten bereiten!«

»Glaubst du?« sagte sie. Und dann kletterten sie wieder auf den Tisch, wo sie vorher gestanden hatten.

»Siehst du, so weit sind wir gekommen!« sagte der Schornsteinfeger. »Da hätten wir uns die ganze Mühe sparen können!«

»Wenn nur der alte Großvater erst genietet wäre!« sagte die Hirtin. »Ob das sehr teuer ist?«

Und genietet wurde er; die Familie ließ ihn am Rücken leimen, er bekam eine gute Niete durch den Hals, er war so gut wie neu, aber nikken konnte er nicht.

»Sie scheinen hochmütig geworden zu sein, seit Sie entzweigegangen sind!« sagte der Ziegenbockbein-Oberunduntergeneralkriegskommandeursergeant. »Ich finde aber nicht, daß man sich darauf so furchtbar viel zugute tun sollte! Krieg ich sie, oder krieg ich sie nicht?«

Und der Schornsteinfeger und die kleine Hirtin schauten den alten Chinesen so rührend an; sie hatten solche Furcht, daß er nicken könnte, aber er konnte nicht, und es war ihm unangenehm, einem Fremden zu erzählen, daß er ständig eine Niete im Halse hätte, und so blieben die Porzellanleute beisammen, und sie segneten Großvaters Niete und liebten einander, bis sie entzweigingen.

DER SCHATTEN

In den heißen Ländern, da kann die Sonne aber brennen! Die Leute werden so braun wie Mahagoni; ja, in den allerheißesten Ländern sind sie so verbrannt, daß sie Neger werden, aber es waren nur die heißen Länder, in die ein gelehrter Mann aus den kalten gekommen war; dort meinte er nun, er könnte herumlaufen wie daheim, o ja, das wurde ihm bald abgewöhnt. Er und alle vernünftigen Leute mußten drinnen bleiben, Fensterläden und Türen blieben den ganzen Tag geschlossen; es sah aus, als ob das ganze Haus schliefe oder als ob keiner zu Hause wäre. Die enge Straße mit den hohen Häusern, wo er wohnte, war nun auch so gebaut, daß der Sonnenschein von morgens bis abends darauf liegen mußte, es war wirklich nicht auszuhalten! – Der gelehrte Mann aus den kalten Ländern war ein junger Mann, ein kluger Mann, ihm war, als säße er in einem glühenden Ofen; das zehrte an ihm, er wurde ganz mager, sogar sein Schatten schrumpfte ein, der war zuletzt viel kleiner als daheim, die Sonne zehrte auch an dem. Sie lebten erst abends auf, wenn die Sonne weg war.

Es war richtig ein Vergnügen, das zu sehen; sobald das Licht in die Stube gebracht wurde, reckte sich der Schatten ganz an der Wand hinauf, ja, sogar an der Decke entlang, so lang machte er sich, er mußte sich strecken, um zu Kräften zu kommen. Der Gelehrte ging auf den Balkon hinaus, um sich dort zu recken, und je mehr die Sterne in der schönen, klaren Luft hervortraten, desto mehr war ihm so, als erwachte er wieder zum Leben. Auf alle Balkone in der Gasse – und in den heißen Ländern hat jedes Fenster einen Balkon – kamen Leute heraus, denn Luft muß man haben, auch wenn man daran gewöhnt ist, Mahagoni zu sein! Es war oben und unten lebendig. Schuhmacher und Schneider, alle Leute zogen auf die Straße hinaus, Tische und Stühle wurden hinausgestellt, und das Licht brannte, ja, über tausend Lichter brannten, und einer redete, und ein anderer sang, und die Leute gingen spazieren, die Wagen fuhren, die Esel liefen vorbei: klingelinglingeling! Sie hatten Glöckchen um; Leichen wurden unter Choralgesang bestattet, die Gassenjungen schossen mit Speiteufeln, und die Kirchenglocken läuteten, o ja, es ging wirklich unten auf der Straße lebhaft zu. Nur in einem Haus, genau dem gegenüber, wo der fremde Gelehrte wohnte, war es ganz still; und doch wohnte dort jemand, denn auf dem Balkon standen Blumen, sie wuchsen ganz herrlich in der Sonnenglut, und das könnten sie nicht, wenn sie nicht begossen würden, und irgend jemand mußte sie ja begießen; da mußten Leute sein. Die Tür da drüben wurde auch gegen Abend aufgemacht, aber es war dunkel drinnen, jedenfalls im vorderen Zimmer, aus dem Inneren des Hauses klang Musik heraus. Der fremde Gelehrte fand sie ganz unvergleichlich schön, aber es konnte ja nun auch sein, daß er es sich nur einbildete, denn er fand alles draußen in den heißen Ländern unvergleichlich schön, wenn nur die Sonne nicht gewesen wäre. Der Wirt des Fremden sagte, er wüßte nicht, wer das Haus gegenüber gemietet hätte, man sähe ja keinen Menschen; und was die Musik betraf, so fand er sie gräßlich langweilig. »Es hört sich so an, als säße einer da und übte ein Stück, mit dem er nicht zu Rande kommt, immer dasselbe Stück. ›Ich werd schon damit fertig!‹ sagt er sicher, aber er wird nicht damit fertig, wie lange er auch spielt!«

Eines Nachts erwachte der Fremde, er schlief bei offener Balkontür, der Vorhang davor hob sich im Wind, und ihm schien es so, als käme ein seltsamer Glanz vom Balkon des Hauses gegenüber, die Blumen leuchteten alle wie Flammen in den herrlichsten Farben, und mitten unter den Blumen stand eine schlanke, entzückende Jungfrau, es war, als ob auch sie leuchtete; seine Augen waren richtig geblendet, er machte sie nun auch so furchtbar weit auf und kam eben aus dem Schlaf; mit einem Satz war er aus dem Bett, ganz leise trat er hinter den Vorhang, aber die Jungfrau war weg, der Glanz war weg; die Blumen leuchteten gar nicht, standen aber sehr schön da, wie immer; die Tür war angelehnt, und tief drinnen erklang die Musik so weich und schön, man konnte sich richtig in liebliche Gedanken verlieren. Es war aber doch wie Zauberei, und wer wohnte dort? Wo war der eigentliche Eingang? Im ganzen Erdgeschoß war ein Laden neben dem andern, und da konnten die Leute doch nicht immer durchgehen.

Eines Abends saß der Fremde draußen auf seinem Balkon, hinter ihm in der Stube brannte Licht, und so war es ja ganz natürlich, daß sein Schatten auf die Wand des gegenüberliegenden Hauses fiel; ja, da saß dieser unter den Blumen auf dem Balkon gegenüber, und wenn der Fremde sich bewegte, dann bewegte sich der Schatten auch, denn das macht er immer.

»Ich glaube, mein Schatten ist das einzig Lebendige, was man da drüben sieht!« sagte der gelehrte Mann. »Siehe da, wie artig er unter den Blumen sitzt, die Tür halb offen, jetzt sollte der Schatten so schlau sein und hineingehen, sich umsehen und dann herkommen und mir erzählen, was er gesehen hat! Ja, du solltest dich nützlich machen!« sagte er im Scherz. »Bitte, tritt ein! Aha! Gehst du?« und dann nickte er dem Schatten zu, und der Schatten nickte wieder. »Ja, dann geh nur, aber geh mir nicht verloren!« Und der Fremde stand auf, und sein Schatten auf dem Balkon gegenüber stand auch auf; und der Fremde drehte sich um, und der Schatten drehte sich auch um; ja, falls jemand so richtig darauf geachtet hätte, dann hätte er deutlich sehen können, wie der Schatten durch die halb geöffnete Balkontür des Nachbarn ging, gerade als der Fremde in seine Stube ging und den langen Vorhang hinter sich zufallen ließ.

Am nächsten Morgen ging der gelehrte Mann aus, um Kaffee zu trinken und Zeitungen zu lesen. »Was ist das?« sagte er, als er in den Sonnenschein hinaustrat, »ich habe ja keinen Schatten! So ist er wirklich gestern abend fortgegangen und nicht wiedergekommen; das ist aber eine unangenehme Geschichte!«

Und es ärgerte ihn, aber nicht so sehr, weil der Schatten fort war, als vielmehr deshalb, weil er wußte, daß es eine Geschichte gab von einem Mann ohne Schatten, die kannten ja alle Leute daheim in den kal-

ten Ländern; und kam nun der gelehrte Mann an und erzählte seine eigene, dann würde man sagen, er mache nur andere nach, und das hatte er nicht nötig. Er wollte daher gar nicht davon sprechen, und das war ein vernünftiger Gedanke.

Abends ging er wieder auf seinen Balkon, das Licht hatte er ganz richtig hinter sich gestellt, denn er wußte, der Schatten möchte immer seinen Herrn als Schutz haben, aber er konnte ihn nicht hervorlocken; er machte sich klein, er machte sich groß, aber da war kein Schatten, da kam keiner; er sagte: »Hm! hm!« aber es nützte nichts.

Ärgerlich war es, aber in den heißen Ländern wächst nun alles so geschwind, und nach Verlauf von acht Tagen merkte er zu seiner großen Freude, daß ihm von den Beinen aus ein neuer Schatten wuchs, wenn er in den Sonnenschein trat; die Wurzel mußte steckengeblieben sein. Nach drei Wochen hatte er einen ganz leidlichen Schatten, der, als er in die nördlichen Länder heimkehrte, auf der Reise immer weiter wuchs und zuletzt so lang und so groß war, daß die Hälfte genügt hätte.

Nun kam der gelehrte Mann nach Hause, und er schrieb Bücher darüber, was in der Welt wahr sei und was gut sei und was schön sei, und es vergingen Tage, und es vergingen Jahre; es vergingen viele Jahre.

Eines Abends sitzt er in seiner Stube, und da pocht es ganz sacht an die Tür. »Herein!« sagt er, aber es kam niemand; da macht er auf, und vor ihm stand ein so ungemein hagerer Mensch, daß ihm ganz wunderlich zumute wurde. Übrigens war der Mensch besonders fein angezogen, es mußte ein vornehmer Mann sein.

»Mit wem habe ich die Ehre?« fragte der Gelehrte.

»Ja, dachte ich's mir nicht!« sagte der feine Mann, »daß Sie mich nicht wiedererkennen! So sehr bin ich Leib geworden, ich habe richtig Fleisch und Kleider bekommen. Sie haben gewiß nie gedacht, mich in so guter Verfassung zu sehen. Erkennen Sie Ihren alten Schatten nicht wieder? Ja, Sie haben sicher nicht geglaubt, daß ich jemals wiederkommen würde. Mir ist es besonders wohlergangen, seit ich zuletzt bei Ihnen war, ich bin in jeglicher Hinsicht sehr vermögend geworden! Muß ich mich vom Dienst freikaufen, so kann ich es!« Und dann klapperte er mit einem ganzen Bündel kostbarer Siegel, die an der Uhr hingen, und er steckte seine Hand hinter die dicke goldene Kette, die er um den Hals trug; nein, wie alle Finger von Diamantringen glitzerten! Und es war alles miteinander echt.

»Nein, ich kann mich noch gar nicht fassen!« sagte der gelehrte Mann, »was ist das bloß alles!«

»Ja, etwas Alltägliches ist es nicht«, sagte der Schatten, »aber Sie selber gehören ja auch nicht zum Alltäglichen, und ich, das wissen Sie ja, bin von Kindesbeinen an in Ihren Fußstapfen gegangen. Sobald Sie meinten, ich sei reif genug, um allein in die Welt hinauszugehen, ging ich meine eigenen Wege; ich lebe in den allerglänzendsten Verhältnissen, aber dann befiel mich so etwas Ähnliches wie Sehnsucht, Sie einmal wiederzusehen, bevor Sie sterben, Sie werden ja sterben! Ich wollte auch gern diese Länder wiedersehen, denn man liebt doch immerhin das Vaterland. – Ich weiß, Sie haben wieder einen neuen Schatten bekommen, habe ich dem oder Ihnen irgend etwas zu zahlen? Sie müssen dann nur so gut sein und es sagen.«

»Nein, bist du es wirklich?« sagte der gelehrte Mann. »Das ist ja höchst merkwürdig! Nie hätte ich geglaubt, daß der eigene Schatten als Mensch wiederkehren könnte!«

»Sagen Sie mir, was ich zu zahlen habe!« sagte der Schatten, »denn ich möchte ungern in jemandes Schuld stehen!«

»Wie kannst du so reden!« sagte der gelehrte Mann, »wie kann hier von Schuld die Rede sein! Fühle dich so frei wie jedermann, ich freue mich außerordentlich über dein Glück, setz dich, alter Freund, und erzähle mir nur ein wenig darüber, wie es so gekommen ist und was du drüben beim Nachbarn gegenüber, in den heißen Ländern, gesehen hast!«

»Ja, das werde ich Ihnen erzählen«, sagte der Schatten und setzte sich, »aber dann müssen Sie mir auch versprechen, niemandem hier in der Stadt, wo Sie mich auch treffen mögen, zu erzählen, daß ich Ihr Schatten gewesen bin! Ich habe die Absicht, mich zu verloben; ich kann mehr als eine Familie ernähren!«

»Sei ganz unbesorgt«, sagte der gelehrte Mann, »ich werde niemandem erzählen, wer du eigentlich bist; hier meine Hand drauf! Ich verspreche es: ein Mann, ein Wort!«

»Ein Wort, ein Schatten!« sagte der Schatten, und so mußte er ja sprechen. Übrigens war es wirklich ganz merkwürdig, wie sehr er Mensch geworden war; ganz schwarz war er gekleidet und im allerfeinsten Tuch, mit Lackstiefeln und Hut, so einem, den man zusammenklappen kann, so daß er nur Kopf und Krempe ist, ganz zu schweigen von dem, was wir schon wissen, hier gab es Uhranhänger, eine goldene Hals-

kette und Diamantringe; o ja, der Schatten war außerordentlich gut angezogen, und gerade das war es, was ihn so ganz zum Menschen machte.

»Nun werde ich erzählen!« sagte der Schatten, und dann stellte er seine Beine mit den Lackstiefeln so fest, wie er konnte, auf den Ärmel von des gelehrten Mannes neuem Schatten, der wie ein Pudel zu dessen Füßen lag, und das machte er nun entweder aus Hoffart oder vielleicht, weil er wollte, daß der andere daran hängenblieb; und der liegende Schatten verhielt sich ganz still und ruhig, um richtig zuhören zu können; der wollte sicher erfahren, wie man so einfach freikommen und sich zu seinem eigenen Herrn hinaufdienen konnte.

»Wissen Sie, wer im Hause gegenüber wohnte?« sagte der Schatten, »es war das Herrlichste von allem, es war die Poesie! Ich war drei Wochen dort, und das hat die gleiche Wirkung, als ob man dreitausend Jahre lebte und alles läse, was gedichtet und geschrieben worden ist, das ist nun meine Ansicht, und die stimmt. Ich habe alles gesehen, und ich weiß alles!«

»Die Poesie!« rief der gelehrte Mann, »ja, ja – sie ist oftmals ein Einsiedler in den großen Städten! Die Poesie! Ja, ich habe sie einen einzigen, kurzen Augenblick gesehen, aber der Schlaf saß mir in den Augen! Sie stand auf dem Balkon und leuchtete, wie das Nordlicht leuchtet! Erzähle, erzähle! Du warst auf dem Balkon, du gingst zur Tür hinein und dann–!«

»Dann war ich im Vorgemach!« sagte der Schatten. »Sie haben immer dagesessen und zum Vorgemach hinübergeschaut. Da war gar kein Licht, da herrschte ein gewisses Zwielicht, aber die eine Tür stand offen, der anderen gerade gegenüber in einer langen Reihe von Stuben und Sälen; und da war alles erleuchtet, ich wäre fast vom Licht getötet worden, wäre ich ganz bis zu der Jungfrau hingelangt; aber ich war besonnen, ich ließ mir Zeit, und das muß man tun!«

»Und was hast du da gesehen?« fragte der gelehrte Mann.

»Ich sah alles, und ich werde es Ihnen erzählen, aber – es ist nicht etwa Stolz – als ein freier Mann und mit den Kenntnissen, die ich besitze, gar nicht zu reden von meiner guten Stellung, meinen vortrefflichen Lebensumständen, da hätte ich den großen Wunsch, daß Sie mich mit Sie anredeten!«

»Verzeihung!« sagte der gelehrte Mann, »es ist eine alte Gewohnheit, die fest eingewurzelt ist! – Sie haben völlig recht! Und ich werde dran denken! Aber nun erzählen Sie mir alles, was Sie sahen!«

»Alles!« sagte der Schatten, »denn ich sah alles, und ich weiß alles.«

»Wie sah es in den innersten Gemächern aus?« fragte der gelehrte Mann. »War es dort wie im frischen Wald? War es dort wie in einer heiligen Kirche? Waren die Säle wie der sternklare Himmel, wenn man auf den hohen Bergen steht?«

»Alles war dort!« sagte der Schatten. »Ich ging ja nicht ganz bis hinein, ich blieb im vordersten Zimmer, im Zwielicht, aber dort stand ich besonders gut, ich sah alles, und ich weiß alles! Ich bin am Hofe der Poesie gewesen, im Vorgemach!«

»Aber was sahen Sie? Gingen nicht durch die großen Säle alle Götter des Altertums? Kämpften dort nicht die alten Helden? Spielten niedliche Kinder dort und erzählten ihre Träume?«

»Ich sage Ihnen, ich war dort, und Sie verstehen, ich sah alles, was es dort zu sehen gab! Wären Sie da herübergekommen, dann wäre aus Ihnen nicht ein Mensch geworden, aber aus mir wurde einer! Und gleichzeitig lernte ich meine innerste Natur kennen, meine angeborene, die Verwandtschaft, die mich mit der Poesie verband. Ja, damals, als ich bei Ihnen war, dachte ich nicht darüber nach, aber immer, Sie wissen das, wenn die Sonne aufging und die Sonne sank, wurde ich so seltsam groß; im Mondschein war ich fast deutlicher zu sehen als Sie selber; ich verstand damals meine Natur nicht, im Vorgemach wurde sie mir erst klar! Ich wurde Mensch! – Gereift kam ich heraus, aber Sie waren nicht mehr in den heißen Ländern; ich schämte mich als Mensch, so herumzulaufen, wie ich es tat, ich brauchte dringend Stiefel, Kleider, die ganze Menschentünche, die einen Menschen kenntlich macht. – Ich schlug den Weg ein, ja, Ihnen sage ich es. Sie bringen es ja nicht in einem Buch, ich schlug den Weg ein zum Rock der Kuchenfrau, unter dem versteckte ich mich; die Frau dachte nicht darüber nach, wieviel sie versteckte; erst abends ging ich aus; ich lief im Mondschein auf der Gasse herum; ich reckte mich weit an der Mauer hoch, das kribbelt einem so schön auf dem Rücken! Ich lief hinauf und ich lief hinunter, schaute zu den höchsten Fenstern hinein, in den Saal und aufs Dach, ich schaute dorthin, wo kein Auge hingelangen kann, und ich sah, was kein anderer sah, was niemand sehen durfte! Im Grunde ist es eine gemeine Welt! Ich würde nicht Mensch sein mögen, wenn es nun mal nicht anerkannt wäre, daß da etwas dran ist! Ich sah das Unvorstellbarste bei den Frauen, bei den Männern, bei Eltern und bei den niedlichen, unvergleichlichen

Kindern – ich sah«, sagte der Schatten, »was kein Mensch erfahren durfte, was sie aber alle miteinander so gern erfahren möchten, das Schlechte beim Nachbarn. – Hätte ich eine Zeitung verfaßt, die wäre gelesen worden! Aber ich schrieb gleich an den Betreffenden selber, und nun entstand ein Entsetzen in allen Städten, in die ich kam. Sie bekamen furchtbare Angst vor mir! Und sie schätzten mich ganz außerordentlich. Die Professoren machten mich zum Professor, die Schneider schenkten mir neue Kleider, ich bin gut ausgestattet; der Münzmeister prägte Münzen für mich, und die Frauen sagten, ich wäre so schön! – Und so wurde ich der Mann, der ich bin! Und nun verabschiede ich mich; hier ist meine Karte, ich wohne auf der Sonnenseite und bin bei Regenwetter immer zu Hause!« Und damit ging der Schatten.

»Das war wirklich sonderbar!« sagte der gelehrte Mann.

Jahr und Tag vergingen, da kam der Schatten wieder.

»Wie geht es?« fragte er.

»Ach!« sagte der gelehrte Mann, »ich schreibe über das Wahre und das Gute und das Schöne, aber keiner macht sich etwas draus, dergleichen zu hören, ich bin ganz verzweifelt, denn ich nehme es mir ziemlich zu Herzen!«

»Das tue ich aber nicht!« sagte der Schatten, »ich werde dick, und darauf kommt es gerade an! Ja, Sie verstehen nichts von der Welt. Sie werden krank davon. Sie müssen wegreisen! Ich mache im Sommer eine Reise; wollen Sie mit? Ich hätte ganz gerne einen Reisegefährten! Wollen Sie mitfahren, als Schatten? Es wird mir ein großes Vergnügen sein, Sie mitzunehmen, ich bezahle die Reise!«

»Das geht zu weit!« sagte der gelehrte Mann.

»Es kommt drauf an, wie man's nimmt!« sagte der Schatten. »Es wird Ihnen außerordentlich guttun zu reisen! Wollen Sie mein Schatten sein, dann haben Sie auf der Reise alles frei!«

»Das ist zuviel!« sagte der gelehrte Mann.

»Aber so ist nun mal die Welt!« sagte der Schatten, »und so wird sie bleiben!«

Und dann ging der Schatten.

Dem gelehrten Mann ging es gar nicht gut, Kummer und Plage begleiteten ihn, und was er von dem Wahren und dem Guten und dem Schönen sagte, das war für die meisten wie Perlen vor die Säue geworfen! – Er war zuletzt ganz krank.

»Sie sehen wirklich aus wie ein Schatten!« sagten die Leute zu ihm, und dem gelehrten Mann schauderte es, denn er dachte sich das Seine dabei.

»Sie sollten in ein Bad fahren!« sagte der Schatten, der ihn besuchen kam. »Es bleibt Ihnen gar nichts anderes übrig! Ich nehme Sie mit um unserer alten Bekanntschaft willen; ich bezahle die Reise, und Sie machen die Beschreibung und muntern mich unterwegs so ein bißchen auf; ich möchte ein Bad, mein Bart wächst nicht, wie er sollte, das ist auch eine Krankheit, und einen Bart braucht man! Seien Sie nun vernünftig und nehmen Sie das Angebot an, wir reisen ja als Gefährten!«

Und dann reisten sie; der Schatten war nun Herr, und der Herr war nun Schatten; sie fuhren zusammen, sie ritten und gingen zusammen, nebeneinander her, vornweg und hinterdrein, ganz wie die Sonne stand; der Schatten verstand sich immer auf dem Platz des Herrn zu halten; und darüber dachte nun der gelehrte Mann nicht weiter nach; er war ein sehr guter Kerl und besonders mild und freundlich, und da sagte er eines Tages zum Schatten: »Da wir nunmehr Reisegefährten geworden sind, wie es der Fall ist, und wir gleichzeitig von Kind an zusammen aufgewachsen sind, sollen wir da nicht Brüderschaft trinken? Das ist doch vertraulicher!«

»Meinen Sie!« sagte der Schatten, der ja nun der eigentliche Herr war. »Es ist sehr unumwunden und wohlmeinend gesagt, ich werde ebenso wohlmeinend und unumwunden sein. Sie, als gelehrter Mann, wissen sicherlich, wie sonderbar die Natur ist. Manche Menschen können es nicht vertragen, graues Papier anzufassen, dann wird ihnen übel; anderen geht es durch Mark und Bein, wenn man mit einem Nagel über eine Glasscheibe fährt; ich habe genauso ein Gefühl, wenn ich Sie du zu mir sagen höre, ich fühle mich gleichsam zu Boden gedrückt, auf Grund meiner ersten Stellung bei Ihnen. Sie sehen, es ist ein Gefühl, es ist kein Stolz; ich kann Sie nicht du zu mir sagen lassen, aber ich will gern du zu Ihnen sagen, dann ist die Hälfte getan!«

Und dann sagte der Schatten du zu seinem ehemaligen Herrn.

»Das ist wirklich allerhand«, dachte der, »daß ich Sie sagen muß, und er sagt du!« Aber nun mußte er aushalten.

Dann kamen sie in ein Bad, wo viele Fremde waren und unter diesen eine schöne Königstochter, die an der Krankheit litt, daß sie viel zu gut sah, und das war nun ziemlich beängstigend.

Gleich von vornherein merkte sie, daß der, welcher da angekommen war, ein ganz anderer Mensch war als all die anderen. »Er ist hier, damit sein Bart wächst, sagt man, aber ich sehe die wahre Ursache, er kann keinen Schatten werfen.«

Neugierig war sie geworden; und dann fing sie gleich auf dem Spaziergang mit dem fremden Herrn eine Unterhaltung an. Als Königstochter brauchte sie nicht allzuviel Umstände zu machen, und darum sagte sie: »Sie leiden an der Krankheit, daß Sie keinen Schatten werfen können.«

»Euer Königliche Hoheit müssen sich auf dem Wege der Besserung befinden!« sagte der Schatten. »Ich weiß, Ihr Übel ist, daß Sie allzu gut sehen, aber das hat sich gegeben, Sie sind geheilt, ich habe gerade einen ganz ungewöhnlichen Schatten! Sehen Sie nicht die Person, die immer mit mir zusammen ist? Andere Menschen haben einen gewöhnlichen Schatten, aber ich liebe das Gewöhnliche nicht. Man gibt seinem Diener vornehmeres Tuch für die Livree, als man selber trägt, und so habe ich meinen Schatten zu einem Menschen herausputzen lassen! Ja, Sie sehen, ich habe ihm sogar einen Schatten geschenkt. Das ist etwas sehr Kostspieliges, aber ich liebe es, etwas zu haben, was andere nicht haben!«

»Was?« dachte die Prinzessin, »sollte ich mich wirklich erholt haben? Dies Bad ist das erste in seiner Art! Das Wasser hat in unserer Zeit ganz wundersame Kräfte. Aber ich fahre nicht weg, denn jetzt wird es hier lustig; der Fremde gefällt mir außerordentlich. Wenn bloß sein Bart nicht wächst, dann reist er nämlich ab!«

Abends in dem großen Ballsaal tanzten die Königstochter und der Schatten zusammen. Sie war leicht, aber er war noch leichter, solch einen Tänzer hatte sie nie gehabt. Sie erzählte ihm, aus welchem Land sie komme, und er kannte das Land, er war dort gewesen, aber da war sie gerade nicht zu Hause gewesen; er hatte zu den Fenstern hineingeschaut, oben wie unten, er hatte das eine wie das andere gesehen, und so konnte er der Königstochter antworten und Andeutungen machen, so daß sie sehr erstaunt war; er mußte der weiseste Mann auf der ganzen Welt sein! Sie bekam solch eine Achtung vor dem, was er wußte, und als sie dann wieder tanzten, da verliebte sie sich in ihn, und das merkte der Schatten wohl, denn sie konnte fast durch ihn hindurchsehen. Dann tanzten sie noch einmal, und da war sie nahe daran, es zu sagen, aber sie besann sich doch, sie dachte an ihr Land und Reich und an die vielen Menschen, die sie regieren sollte.

»Ein weiser Mann ist er«, sagte sie bei sich, »das ist gut! Und wunderbar tanzen tut er, das ist auch gut, ob er aber gründliche Kenntnisse hat, das ist ebenso wichtig! Er muß examiniert werden.« Und dann fing sie ganz allmählich an, ihn über einige der allerschwierigsten Dinge auszufragen, sie hätte selber nicht darauf antworten können; und der Schatten machte ein ganz sonderbares Gesicht. »Darauf können Sie keine Anwort geben!« sagte die Königstochter.

»Das habe ich schon als Kind gewußt«, sagte der Schatten, »ich glaube sogar, mein Schatten da drüben an der Tür kann das beantworten!«

»Ihr Schatten?« sagte die Königstochter, »das wäre höchst merkwürdig!«

»Ja, ich sage nicht bestimmt, daß er es kann!« sagte der Schatten, »aber ich möchte es annehmen, er hat mich nun so viele Jahre begleitet und zugehört – ich möchte es annehmen! Aber Euer Königliche Hoheit gestatten, wenn ich Sie darauf aufmerksam mache, daß er so stolz darauf ist, für einen Menschen gehalten zu werden, und wenn er in der richtigen Stimmung sein soll, und das muß er sein, um gut antworten zu können, dann muß er ganz wie ein Mensch behandelt werden.«

»Das gefällt mir gut!« sagte die Königstochter.

Und dann ging sie zu dem gelehrten Mann an der Tür, und sie sprach mit ihm von Sonne und Mond und von den Menschen, über ihr Äußeres wie über ihr Inneres, und er antwortete sehr klug und gut.

»Was muß das für ein Mann sein, der einen so weisen Schatten hat!« dachte sie. »Das wäre ein wahrer Segen für mein Volk und mein Reich, wenn ich ihn zu meinem Gemahl erwählte – ich tue es!«

Und sie wurden sich schnell einig, die Königstochter und der Schatten, aber keiner sollte etwas davon erfahren, bevor sie nicht in ihr eigenes Reich heimgekommen war.

»Keiner, nicht einmal mein Schatten!« sagte der Schatten, und dabei hatte er nun so seine eigenen Gedanken!

Dann waren sie in dem Land, in dem die Königstochter regierte, wenn sie daheim war.

»Höre, mein guter Freund!« sagte der Schatten zu dem gelehrten Mann, »nun bin ich so glücklich und mächtig geworden, wie man es nur werden kann, nun will ich auch für dich etwas Besonderes tun! Du wirst immer im Schlosse bei mir wohnen, mit mir in meinem königlichen Wagen fahren und hunderttausend Reichstaler jährlich beziehen; aber dann mußt du dich von jedermann Schatten nennen lassen; du darfst nicht erzählen, daß du jemals ein Mensch gewesen bist, und einmal im Jahr, wenn ich im Sonnenschein auf dem Balkon sitze und mich zeige, mußt du zu meinen Füßen liegen, wie es einem Schatten geziemt; ich muß dir erzählen, ich heirate die Königstochter! Heute abend wird die Hochzeit gefeiert.«

»Nein, das ist zu toll!« sagte der gelehrte Mann, »das will ich nicht, das tue ich nicht; das heißt das ganze Land betrügen und die Königstochter dazu! Ich erzähle alles! Daß ich ein Mensch bin und daß du der Schatten bist, du hast nur Kleider anbekommen!«

»Das glaubt dir keiner!« sagte der Schatten, »sei vernünftig, oder ich rufe die Wache!«

»Ich gehe schnurstracks zur Königstochter!« sagte der gelehrte Mann. »Aber ich gehe zuerst!« sagte der Schatten, »und du kommst in Haft!« – Und das mußte er tun, denn die Schildwachen, die gehorchten dem, von dem sie wußten, daß die Königstochter ihn haben wollte.

»Du zitterst!« sagte die Königstochter, als der Schatten zu ihr hereinkam, »ist etwas vorgefallen? Du darfst heute abend nicht krank werden, da wir Hochzeit feiern!«

»Ich habe das Grausigste erlebt, das man erleben kann!« sagte der Schatten. »Denke dir – ja, so ein armes Schattenhirn kann nicht viel aushalten –, denk dir, mein Schatten ist verrückt geworden, er denkt, er wäre der Mensch und ich – denk dir nur –, ich wäre sein Schatten!«

»Das ist furchtbar!« sagte die Prinzessin, »er ist hoffentlich eingesperrt?«

»Das ist er! Ich fürchte, er erholt sich nie.«

»Armer Schatten!« sagte die Prinzessin, »er ist sehr unglücklich; es ist wirklich eine gute Tat, wenn man ihn von dem bißchen Leben befreit, das er hat, und wenn ich so recht darüber nachdenke, so glaube ich, es wird notwendig sein, daß ihm in aller Stille der Garaus gemacht wird!«

»Das ist allerdings hart!« sagte der Schatten, »denn er war ein treuer Diener!« Und dann stieß er sozusagen einen Seufzer aus.

»Sie sind ein edler Charakter!« sagte die Königstochter.

Am Abend war die ganze Stadt festlich beleuchtet, und die Kanonen gingen los: bumm! Und die Soldaten präsentierten das Gewehr. Das war eine Hochzeit! Die Königstochter und der Schatten traten auf den Balkon hinaus, um sich zu zeigen und noch ein Hurra zu bekommen.

Der gelehrte Mann hörte nichts von alledem, denn man hatte ihn umgebracht.

ES IST WAHRHAFTIG WAHR

»Es ist eine furchtbare Geschichte!« sagte ein Huhn, und zwar drüben am anderen Ende des Dorfes, wo die Geschichte nicht passiert war. »Da ist eine furchtbare Geschichte im Hühnerstall passiert! Ich traue mich nicht, heute nacht allein zu schlafen! Es ist gut, daß wir zu vielen auf der Stange beisammensitzen!« – Und dann erzählte es, daß sich den anderen Hühnern die Federn sträubten und dem Hahn der Kamm herunterklappte.

Das ist wahrhaftig wahr!

Aber wir wollen mit dem Anfang anfangen, und der war am anderen Ende des Dorfes in einem Hühnerstall. Die Sonne ging unter, und die Hühner flogen auf; eines von ihnen – es hatte weißes Gefieder und kurze Beine, legte seine vorgeschriebenen Eier und war als Huhn in jeder Weise respektabel – putzte sich, als es auf die Stange kam, mit dem Schnabel, und da fiel eine kleine Feder von ihm ab.

»Die wär weg!« sagte die Henne, »je mehr ich mich putze, desto schöner werde ich wohl werden!« Und das war bloß im Scherz gesprochen, denn sie war der muntere Geist unter den Hühnern, im übrigen, wie gesagt, sehr respektabel; und dann schlief sie ein.

Dunkel war es rundum, ein Huhn saß neben dem anderen, und die Henne, die ihr zunächst saß, schlief nicht; sie hörte und hörte doch nicht, wie man es in dieser Welt ja tun muß, um in Ruhe und Frieden leben zu können; aber ihrer anderen Nachbarin mußte sie es doch sagen: »Hast du gehört, was da erzählt wurde? Ich nenne keine Namen, aber da ist eine Henne, die sich putzt, um gut auszusehen! Wäre ich Hahn, ich würde sie verachten!«

Und den Hühnern gerade gegenüber saß die Eule mit Eulenmann und Eulenkindern; in der Familie hatte man scharfe Ohren, sie hörten jedes Wort, welches die Nachbarhenne sagte, und sie kullerten mit den Augen, und Mutter Eule fächelte mit den Flügeln: »Hört gar nicht hin! Aber ihr habt vermutlich gehört, was da gesprochen wurde? Ich hörte es mit meinen eigenen Ohren, und man muß viel mit anhören, bevor sie abfallen! Da ist eine unter den Hennen, die hat in solchem Maße vergessen, was sich für eine Henne schickt, daß sie dasitzt und sich alle Federn auszupft und den Hahn zugucken läßt!«

»Prenez garde aux enfants!« sagte Vater Eule, »das ist nichts für die Kinder!«

»Ich will es doch der Nachbarin Eule gegenüber erzählen! Sie ist im Umgang eine so achtbare Eule!« Und dann flog Mutter los.

»Huhu! Uhuh!« heulten die beiden, und zwar mitten in den Taubenschlag des Nachbarn gegenüber zu den Tauben hinein. »Habt ihr das gehört? Habt ihr das gehört? Uhuh! Da ist eine Henne, die hat sich wegen des Hahns alle Federn ausgerupft! Die wird erfrieren, wenn sie nicht schon erfroren ist, uhuh!«

»Wo? Wo?« gurrten die Tauben.

»Auf dem Hofe des Nachbarn gegenüber! Ich habe es sozusagen selber gesehen! Es ist eigentlich unschicklich, solch eine Geschichte zu erzählen! Aber es ist wahrhaftig wahr!«

»Glaube, glaube jedes einzige Wort, liebe Taube!« sagten die Tauben untereinander und gurrten in ihren Hühnerhof hinunter: »Da ist eine Henne, ja, manche sagen, da wären zwei, die sich alle Federn ausgerupft haben, weil sie nicht aussehen wollten wie die anderen, und sie wollten dadurch die Aufmerksamkeit des Hahns erregen. Das ist ein gewagtes Spiel, man kann sich erkälten und am Fieber sterben, und sie sind beide gestorben!«

»Wacht auf! wacht auf!« krähte der Hahn und flog auf den Bretterzaun, der Schlaf saß ihm noch in den Augen, aber er krähte trotzdem: »Da sind drei Hennen aus unglücklicher Liebe zu einem Hahn gestorben! Die hatten sich alle Federn ausgerupft! Das ist eine böse Geschichte, ich will sie nicht bei mir behalten, gebt sie weiter!«

»Gebt sie weiter!« pfiffen die Fledermäuse, und die Hühner gackerten, und die Hähne krähten: »Gebt sie weiter! Gebt sie weiter!« Und nun flog die Geschichte von einem Hühnerstall zum anderen und zuletzt zu dem Orte zurück, von dem sie eigentlich ausgegangen war.

»Da sind fünf Hühner«, hieß es, »die sich sämtlich die Federn ausgerupft haben, um zu zeigen, welche von ihnen aus Liebeskummer, des Hahnes wegen, am magersten geworden war, und dann haben sie sich gegenseitig blutig gehackt und sind tot heruntergefallen, zur Schmach und Schande ihrer Familie und zum großen Nachteil für den Besitzer!«

Und die Henne, die die lose sitzende kleine Feder verloren hatte, erkannte ihre eigene Geschichte natürlich nicht wieder, und da sie eine respektable Henne war, so sagte sie: »Ich verachte diese Hühner! Aber von der Sorte gibt es mehr! Dergleichen darf man nicht verschweigen, und ich möchte das Meine dazu tun, daß diese Geschichte in die Zeitung kommt, dann geht sie durchs ganze Land; das haben diese Hühner verdient und ihre Angehörigen ebenfalls!«

Und es kam in die Zeitung, und es wurde gedruckt, und das ist wahrhaftig wahr: Aus einer kleinen Feder können leicht fünf Hühner werden!

TÖLPEL-HANS

Draußen auf dem Lande lag ein alter Hof, und auf diesem saß ein alter Gutsherr, der hatte zwei Söhne, die so viel Witz hatten, daß die Hälfte genügt hätte; sie wollten um des Königs Tochter freien, und das durften sie, denn sie hatte kundtun lassen, daß sie den zum Manne nehmen wolle, der nach ihrer Meinung am gewandtesten im Reden wäre.

Die beiden bereiteten sich nun acht Tage lang vor, mehr Zeit hatten sie nicht dazu, aber das genügte auch, denn sie hatten Vorkenntnisse, und die sind nützlich. Der eine konnte das ganze lateinische Lexikon auswendig sowie drei Jahrgänge der Stadtzeitung, und zwar vorwärts wie rückwärts; der zweite hatte sich alle Zunftartikel einverleibt und was jeder Zunftmeister wissen mußte; dann könnte er über den Staat mitreden, meinte er, außerdem verstand er sich auf die Kunst, Hosenträger zu besticken, denn er war fein und hatte geschickte Finger.

»Ich kriege die Königstochter!« sagten sie beide, und dann schenkte der Vater jedem von ihnen ein schönes Pferd; der, welcher das Lexikon und die Zeitungen auswendig konnte, bekam einen kohlschwarzen

Rappen, der, welcher klug wie ein Zunftmeister war und stickte, bekam einen milchweißen Schimmel, und dann schmierten sie sich die Mundwinkel mit Lebertran ein, damit sie geschmeidiger würden. Alles Gesinde war unten auf dem Hof, um zuzusehen, wie sie sich aufs Pferd schwangen; in diesem Augenblick kam der dritte Bruder, denn sie waren drei, aber den dritten zog man gar nicht in Betracht als Bruder, denn er hatte keine solche Gelehrsamkeit wie die beiden anderen Brüder, und er ward Tölpel-Hans genannt.

»Wo wollt ihr hin, da ihr im Sonntagsstaat seid?« fragte er.

»Zum Hofe, um uns die Königstochter zu erreden! Hast du nicht gehört, was im ganzen Land ausgetrommelt wird?« Und dann erzählten sie es ihm.

»Himmel, nein, da muß ich aber mit!« sagte Tölpel-Hans, und die Brüder lachten ihn aus und ritten davon.

»Vater, gib mir ein Pferd!« rief Tölpel-Hans. »Ich kriege solche Lust zum Heiraten. Nimmt sie mich, dann nimmt sie mich! Und nimmt sie mich nicht, dann nehm ich sie trotzdem!«

»Das ist ja Unsinn!« sagte der Vater, »dir geb ich kein Pferd, du kannst ja nicht reden! Nein, die Brüder, das sind Prachtkerle!«

»Darf ich kein Pferd haben«, sagte Tölpel-Hans, »dann nehm ich den Ziegenbock, das ist meiner, und der kann mich gut tragen!« Und dann setzte er sich rittlings auf den Ziegenbock, stieß ihm die Hacken in die Seiten und jagte auf der Landstraße dahin. Hui, wie das ging. »Hier komme ich!« sagte Tölpel-Hans, und dann sang er, daß es weithin gellte.

Aber die Brüder ritten ganz still vorauf; sie sprachen kein Wort, sie mußten sich all die guten Einfälle überlegen, die sie anbringen wollten, denn es sollte nun mal ganz fein ausgeklügelt sein.

»Hallihallo!« rief Tölpel-Hans, »hier komme ich! Seht, was ich auf der Landstraße gefunden habe!« Und dann zeigte er ihnen eine tote Krähe, die er gefunden hatte.

»Tölpel!« sagten sie, »was willst du mit der!«

»Die will ich der Königstochter verehren!«

»Ja, tu das nur!« sagten sie, lachten und ritten weiter.

»Hallihallo! hier komme ich! Seht, was ich gefunden habe, das findet man nicht alle Tage auf der Landstraße!«

Und die Brüder drehten sich abermals um und wollten sehen, was es wäre. »Tölpel!« sagten sie, »das ist ja ein alter Holzschuh, von dem das Oberteil abgegangen ist! Soll die Königstochter den auch haben?«

»Das soll sie!« sagte Tölpel-Hans; und die Brüder lachten, und sie ritten, und sie kamen weit voran.

»Hallihallo! Hier bin ich!« rief Tölpel-Hans; »nein, nun wird es schlimmer und schlimmer! Hallihallo! Es ist unbeschreiblich!«

»Was hast du jetzt gefunden?« sagten die Brüder.

»Oh!« sagte Tölpel-Hans, »es ist gar nicht zu sagen! Wie wird sie sich freuen, die Königstochter!«

»Uh!« sagten die Brüder, »das ist ja Modder, der gerade aus dem Graben kommt!«

»Ja, das ist es!« sagte Tölpel-Hans, »und er ist von der feinsten Sorte, man kann ihn nicht festhalten!« Und dann füllte er die Taschen damit. Aber die Brüder ritten, was das Zeug hergab, und so kamen sie eine ganze Stunde früher an und hielten am Stadttor, und hier erhielten die Freier Nummern, in der Reihenfolge, wie sie ankamen, und wurden in Reihen aufgestellt, sechs in jeder Abteilung, und so dicht, daß sie die Arme nicht bewegen konnten, und das war allerdings sehr gut, denn sonst hätten sie sich gegenseitig die Rücken aufgeschlitzt, bloß weil der eine vor dem anderen stand.

Alle übrigen Einwohner des Landes standen um das Schloß herum, bis ganz an die Fenster heran, um zuzusehen, wie die Königstochter die Freier empfing, und kaum daß einer von ihnen in die Stube trat, verschlug es ihm die Rede.

»Taugt nichts!« sagte die Königstochter. »Weg!«

Nun kam der Bruder dran, der das Lexikon auswendig konnte, aber das hatte er ganz und gar vergessen, weil er in Reih und Glied stehen mußte, und der Fußboden knarrte, und die Decke war aus Spiegelglas, so daß er sich selber auf dem Kopf stehen sah, und an jedem Fenster standen drei Schreiber und ein Zunftmeister, die jeder für sich alles aufschrieben, was gesagt wurde, damit es gleich in die Zeitung kommen und für zwei Schillinge an der Ecke verkauft werden konnte. Es war schrecklich, und dann hatte man so stark geheizt, daß der Ofen glühend rot war!

»Hier drinnen ist aber eine mächtige Hitze!« sagte der Freier.

»Das ist, weil mein Vater heute junge Hähnchen brät!« sagte die Königstochter.

Bäh! Da stand er nun, diese Rede hatte er nicht erwartet; kein Wort wußte er zu sagen, denn er wollte gern etwas Lustiges sagen. Bäh!

»Taugt nichts!« sagte die Königstochter, »weg!« Und dann mußte er fort. Nun kam der zweite Bruder.

»Hier ist eine fürchterliche Hitze!« sagte er.

»Ja, wir braten heute junge Hähnchen!« sagte die Königstochter.

»Wie be – was?« sagte er, und alle Schreiber schrieben: Wie be – was? »Taugt nichts!« sagte die Königstochter. »Weg!«

Nun kam Tölpel-Hans, er ritt auf dem Ziegenbock mir nichts, dir nichts in die Stube hinein. »Das ist ja eine glühende Hitze!« sagte er.

»Ja, weil ich junge Hähnchen brate!« sagte die Königstochter.

»Das paßt ja gut!« sagte Tölpel-Hans, »dann kann ich mir wohl eine Krähe mitbraten?«

»Das können Sie sehr gut!« sagte die Königstochter, »haben Sie aber was, worin Sie sie braten können, denn ich habe weder Topf noch Pfanne!«

»Aber ich!« sagte Tölpel-Hans. »Hier ist ein Kochgerät mit zinnernem Henkel!« Und dann zog er den alten Holzschuh hervor und legte die Krähe mitten hinein.

»Das reicht für eine ganze Mahlzeit!« sagte die Königstochter, »aber wo kriege ich Tunke her?«

»Die hab ich in der Tasche!« sagte Tölpel-Hans. »Ich habe so viel, daß ich ein bißchen vergeuden kann!« Und dann schüttete er etwas Modder aus der Tasche aus.

»Das gefällt mir!« sagte die Königstochter, »du kannst doch antworten, und du kannst reden, und dich will ich zum Mann haben! Aber weißt du, daß jedes Wort, was wir sagen und gesagt haben, aufgeschrieben wird und morgen in die Zeitung kommt? An jedem Fenster siehst du drei Schreiber und einen alten Zunftmeister stehen, und der Zunftmeister ist der Schlimmste, denn er kann nichts verstehen!« Und das sagte sie nur, um ihm Angst einzujagen. Und die Schreiber wieherten alle und spritzten einen Tintenklecks auf den Fußboden.

»Das scheint die Herrschaft zu sein!« sagte Tölpel-Hans, »dann muß ich dem Zunftmeister das Beste geben!« Und nun stülpte er seine Taschen um und schmiß ihm den Modder ins Gesicht.

»Das hast du fein gemacht!« sagte die Königstochter, »das hätte ich nicht gekonnt! Aber ich werde es schon noch lernen!«

Und so wurde Tölpel-Hans König, bekam eine Frau und eine Krone und saß auf einem Thron, und das haben wir aus der Zeitung des Zunftmeisters – und auf die ist kein Verlaß!

DIE SCHNELLÄUFER

Es war ein Preis ausgesetzt, ja, zweie waren ausgesetzt, der kleine und der große, für die größte Geschwindigkeit, nicht bei einem Lauf, sondern so fürs Laufen das ganze Jahr hindurch.

»Ich bekam den ersten Preis!« sagte der Hase; »Gerechtigkeit muß doch sein, wenn die eigenen Anverwandten und gute Freunde im Rat sitzen; aber daß der Schneck den zweiten Preis bekommen hat, empfand ich beinahe als beleidigend mir gegenüber!«

»Nein«, versicherte der Heckpfahl, der bei der Preisverteilung Zeuge gewesen war, »Fleiß und guter Wille müssen auch berücksichtigt werden, das ist von mehreren achtbaren Personen geltend gemacht worden, und das habe ich auch verstanden. Der Schneck hat allerdings ein halbes Jahr gebraucht, um über die Türschwelle zu kommen, aber er hat sich bei der Eile, mit der er es immerhin bewerkstelligen mußte, den Schenkel gebrochen. Er hat einzig und allein für seinen Lauf gelebt, und er lief mitsamt dem Haus! All dies ist lobenswert! Und darum bekam er den zweiten Preis!«

»Ich hätte doch auch in Betracht gezogen werden können!« sagte die Schwalbe; »schneller im Fliegen und Wenden als ich hat sich, glaube ich, keiner gezeigt, und wo bin ich nicht überall gewesen: weit, weit, weit!«

»Ja, das ist Ihr Unglück!« sagte der Heckpfahl; »Sie treiben sich zuviel herum! Sie müssen immer auf und davon, aus dem Land fort, wenn hier der Frost einsetzt; Sie haben keine Vaterlandsliebe! Sie können nicht in Betracht kommen!«

»Wenn ich nun aber den ganzen Winter drüben im Sumpf läge?« sagte die Schwalbe, »die ganze Zeit verschliefe, käme ich dann in Betracht?«

»Bringen Sie ein Attest von der Moorfrau, daß Sie die Hälfte der Zeit im Vaterland verschlafen haben, dann kommen Sie in Betracht!«

»Ich hätte eigentlich den ersten Preis verdient und nicht den zweiten!« sagte der Schneck. »Eins weiß ich doch, der Hase ist nur aus Feigheit gelaufen, immer wenn er dachte, es wäre Gefahr im Verzuge; ich dagegen habe mir das Laufen zur Lebensaufgabe gemacht und bin im Dienst zum Krüppel geworden! Wenn jemand den ersten Preis verdient haben sollte, wäre ich es wohl! Aber ich mache keinen Wind davon, das verachte ich!«

Und dann spuckte er.

»Ich werde in Wort und Tat dafür einstehen, daß jeder Preis, zum mindesten was meine Stimme dabei betrifft, in gerechter Erwägung verliehen worden ist!« sagte das alte Vermessungszeichen im Wald, welches Mitglied der vereinigten Preisrichter war. »Ich gehe immer mit Ordnung, Überlegung und Berechnung vor. Bereits siebenmal habe ich schon die Ehre gehabt, bei der Preisverleihung dabeizusein; aber erst heute habe ich meinen Willen durchsetzen können. Ich bin bei jeder Verteilung von etwas Bestimmtem ausgegangen. Ich habe immer beim ersten Preis die Buchstaben vorn im Alphabet genommen und beim zweiten Preis die von hinten. Und wollen Sie nun aufmerken, wenn man von vorn anfängt: Der achte Buchstabe von A ist H, da haben wir den Hasen, und so stimmte ich also beim ersten Preis für den Hasen, und der achte Buchstabe von hinten – das Ä zähle ich nicht mit, das hat so einen ungehörigen Laut, das Ungehörige übergehe ich immer – ist dann das S; darum stimmte ich beim zweiten Preis für den Schneck. Das nächste Mal wird es das I für den ersten und das R für den zweiten sein!

Jedes Ding muß seine Ordnung haben! Man muß doch irgend etwas haben, an das man sich halten kann!«

»Ich hätte nun für mich selber gestimmt, wenn ich nicht unter den Richtern gewesen wäre«, sagte der Maulesel, der auch mit zu den Preisrichtern gehörte. »Man muß nicht nur in Betracht ziehen, wie schnell man vorwärts kommt, sondern auch, was sonst noch für Eigenschaften vorhanden sein könnten, so etwa der Umstand, wieviel man zieht; das wollte ich jedoch diesmal nicht hervorheben, auch nicht die Klugheit des Hasen bei seinem Lauf, seine Schläue, daß er mit einemmal einen Sprung zur Seite macht, um die Leute in die Irre zu führen und von der Stelle weg, wo er sich verkrochen hat; nein, es gibt noch etwas, was viele beobachten und was auch nicht unbeachtet gelassen werden darf, und das ist das, was man das Schöne nennt; darauf habe ich hier mein Augenmerk gehabt, ich habe auf die schönen, wohlgeformten Ohren des Hasen gesehen, es ist ein Vergnügen, zu sehen, wie lang die sind! Mir war, als sähe ich mich selber, da ich klein war, und so gab ich ihm meine Stimme!«

»Pscht!« sagte die Fliege, »ja, ich will keine Rede halten, ich will nur etwas sagen! Eins weiß ich, ich habe mehr als einen Hasen überholt. Neulich brach ich einem der jüngsten die Hinterläufe; ich saß auf der Lokomotive vor dem Eisenbahnzug, das tue ich oft, dann merkt man am besten seine eigene Schnelligkeit. Ein junger Hase lief lange vor etwas her, er ahnte nicht, daß ich da war; zuletzt mußte er abbiegen, aber da wurden die Hinterläufe von der Lokomotive überfahren, denn ich saß darauf. Der Hase blieb liegen, ich fuhr weiter. Das heißt doch wohl soviel wie ihn besiegt haben. Aber ich habe den Preis nicht nötig!«

»Ich finde eigentlich« – dachte die wilde Rose, aber sie sagte es nicht laut, es ist nicht ihre Art, sich zu äußern, obwohl es ganz gut gewesen wäre, wenn sie es getan hätte –, »ich finde eigentlich, der Sonnenstrahl hätte den ersten Ehrenpreis haben müssen und den zweiten dazu! Der fliegt im Nu den unermeßlichen Weg von der Sonne zu uns herab und kommt mit einer Kraft, daß die ganze Natur dadurch erwacht; er besitzt eine Schönheit, daß wir Rosen alle davon erröten und duften! Die hohe, preisrichterliche Obrigkeit scheint ihn gar nicht bemerkt zu haben! Wäre ich Sonnenstrahl, ich gäbe jedem einen Sonnenstich – aber das würde sie nur verrückt machen, das können sie auch ohne das werden! Ich sage nichts!« dachte die wilde Rose; »Frieden im Walde! Herrlich ist es, zu blühen, zu duften und sich zu erquicken, in Sage und

Lied zu leben! Der Sonnenstrahl überlebt uns doch alle miteinander!«

»Was ist der erste Preis?« fragte der Regenwurm, der verschlafen hatte und jetzt erst herbeikam.

»Freier Zutritt zu einem Kohlgarten!« sagte der Maulesel; »ich habe den Preis vorgeschlagen! Der Hase mußte und sollte ihn haben, und da nahm ich, als denkendes und tätiges Mitglied, vernünftigerweise Rücksicht auf die Zweckdienlichkeit des Preises für den, der ihn haben sollte; nun ist der Hase versorgt. Der Schneck erhält die Erlaubnis, auf dem Steinwall zu sitzen und Moos und Sonnenschein zu naschen, und ist weiterhin als einer der ersten Preisrichter im Schnellauf aufgenommen. Es ist so gut, wenn man in einem Komitee, wie die Menschen es nennen, einen vom Fach dabei hat! Ich muß sagen, ich erhoffe viel von der Zukunft, wir haben schon so gut angefangen!«

DER WIND ERZÄHLT VON VALDEMAR DAAE UND SEINEN TÖCHTERN

Wenn der Wind über das Gras hinläuft, dann kräuselt es sich wie ein Gewässer, läuft er über das Getreide, dann wogt es wie eine See, das ist der Tanz des Windes; aber hör ihn erzählen: er singt drauflos, und anders klingt es in den Bäumen des Waldes als durch die Schallöcher im Gemäuer, durch Spalten und Ritzen. Siehst du, wie der Wind dort oben die Wolken jagt, als ob sie eine Schafherde wären! Hörst du, wie der Wind hier unten durch das offene Tor heult, als ob er der Wächter wäre und ins Horn bliese? Seltsam saust er in den Schornstein hinab und hinein in den Kamin; das Feuer lodert und knistert dabei, leuchtet weit in die Stube hinein, und hier ist es so traulich und behaglich zu sitzen und zuzuhören. Laßt den Wind nur erzählen! Er weiß Märchen und Geschichten, viel mehr als wir alle miteinander. Hört nun, was er erzählt.

»Hui-ii-naus! Fahre hin!« – Das ist der Kehrreim des Liedes.

»Am Großen Belt liegt ein alter Hof mit dicken, roten Mauern!« erzählt der Wind, »ich kenne jeden Stein, ich habe sie schon früher gesehen, als sie in der Burg des Marsk Stig auf der Landzunge gesessen hatten; die mußte niedergerissen werden! Die Steine kamen wieder hoch und wurden zu einer neuen Mauer, einem neuen Hof, anderswo, es war das Gut Borreby, wie es noch heute steht.

Ich habe die hochadligen Männer und Frauen gesehen und gekannt, die wechselnden Geschlechter, die dort drinnen lebten, jetzt erzähle ich von Valdemar Daae und seinen Töchtern!

Er trug seine Stirn so stolz, er war königlichen Geblüts! Er konnte mehr als einen Hirsch jagen und einen Becher leeren – was, das würde sich schon herausstellen, sagte er selber.

Seine Gemahlin schritt aufrecht in golddurchwirktem Gewand über den blanken, getäfelten Fußboden; die Tapeten waren prächtig, die Möbel kostbar, sie waren kunstvoll geschnitzt. Silber und Gold hatte sie ins Haus mitgebracht; deutsches Bier lag im Keller, als dort noch etwas lag; schwarze, feurige Rosse wieherten im Stall; es war reich dort drinnen auf dem Gutshof von Borreby, als der Reichtum herrschte.

Und Kinder waren da; drei feine Jungfräulein, Ide, Johanne und Anna Dorthea; ich weiß noch immer die Namen.

Es waren reiche Leute, es waren vornehme Leute, geboren in Herrlichkeit und darin aufgewachsen! Hui-ii-naus! Fahre hin!« sang der Wind, und dann erzählte er weiter.

»Hier sah ich nicht, wie auf anderen alten Höfen, die hochgeborene Frau mit ihren Mägden im Saale sitzen und den Spinnrocken drehen, sie spielte auf der klingenden Laute und sang dazu, jedoch nicht immer die alten dänischen Lieder, sondern Weisen in einer fremden Sprache. Hier war ein Leben, hier gab es Gastereien, hierher kamen vornehme Gäste von nah und fern, die Musik erklang, die Becher klangen, ich konnte sie nicht übertönen!« sagte der Wind. »Hier herrschte Hochmut mit Prunk und Gepränge, Herrschaftlichkeit, aber nicht der Herrgott!

Da war es an einem Maienabend«, sagte der Wind, »ich kam vom Westen, hatte Schiffe an Westjütlands Küste zu Wracks zerschellen sehen, war über die Heide und die waldige grüne Küste gejagt, über die Insel Fünen und kam nun über den Großen Belt, ganz außer Atem stürmte ich daher.

An Seelands Küste, in der Nähe von Borreby, wo noch immer herrlicher Eichwald steht, legte ich mich zur Ruhe nieder.

Die jungen Burschen aus der Gegend kamen hier heraus und sammelten Reiser und Zweige, die größten und dürrsten, die sie finden konnten. Sie brachten sie ins Dorf, schichteten sie übereinander, fachten ein Feuer an, und Mädchen und Burschen tanzten mit Gesang drumherum.

Ich lag still«, sagte der Wind, »aber ganz sacht berührte ich einen Zweig, einen, der von dem schönsten Burschen hingelegt worden war; sein Holz flammte auf, flammte am höchsten; er war der Auserwählte, erhielt den Ehrennamen, wurde Maikönig, erwählte sich als erster unter den Mädchen seine kleine Königin; hier herrschten Freude und Frohsinn, in anderem Maß als auf dem reichen Borreby.

Und auf den Hof kam in goldener Kutsche mit sechs Pferden die hohe Frau mit ihren drei Töchtern gefahren, so feine, so junge, so liebliche Blumen: Rose, Lilie und die blasse Hyazinthe. Die Mutter ihrerseits war eine prunkvolle Tulpe, sie grüßte nicht einen aus der ganzen Schar, die ihr Spiel unterbrach und knickste und unterwürfig tat, man sollte meinen, der Stengel der Dame sei aus Glas.

Rose, Lilie und die blasse Hyazinthe, ja, ich sah sie alle drei! Wessen Maikönigin sie wohl dermaleinst werden sollten, dachte ich; ihr Maikönig wird ein stolzer Ritter sein, vielleicht ein Prinz! Hui-ii-naus! Fahre hin! Fahre hin!

Ja, das Gefährt sauste mit ihnen dahin, und die Bauern sausten im Tanze herum. Der Sommer wurde in Borreby eingeritten, in Tjæreby, ja, in allen Dörfern ringsum*.

Nachts aber, als ich mich erhob«, sagte der Wind, »legte sich die hochfürnehme Frau hin, um nie wieder aufzustehen; es fiel sie so an, wie es alle Menschen anfällt, das ist nichts Neues. Valdemar Daae stand ernst und nachdenklich ein Weilchen dabei; der stolzeste Baum kann niedergebogen werden, ohne zu zerknicken, sagte es in ihm; die Töchter weinten, und auf dem Hofe wischten sich alle die Augen, aber Frau Daae war dahingefahren – und ich fuhr dahin! Hui-ii-naus!« sagte der Wind.

---

* Alte dänische Sitte: Die jungen Burschen reiten in den Wald, brechen frisch ausgeschlagene Zweige und bringen sie ins Dorf, zum Zeichen, daß der Sommer angefangen hat (Anmerkung d. Übers.).

»Ich kam wieder, ich kam oftmals wieder, kam über die Insel Fünen und die Wasser des Belts, ließ mich am Strande von Borreby nieder vor dem prächtigen Eichwald; hier horstete der Fischadler, hier nisteten die Holztauben, die blauen Raben und selbst der schwarze Storch. Es war zeitig im Jahr, manche hatten Eier und andere hatten Junge. Nein, wie sie flogen, wie sie schrien! Axtschläge waren zu hören, Schlag auf Schlag; der Wald sollte gefällt werden, Valdemar Daae wollte ein kostbares Schiff bauen, ein Kriegsschiff mit drei Vordecks, das der König sicher kaufen würde, und deshalb fiel der Wald, das Seezeichen der Schiffer, die Behausung der Vögel. Der Würger flog erschrocken auf, sein Nest wurde zerstört; der Fischadler und alle Vögel des Waldes verloren ihre Heimat, sie flogen wie irr umher und schrien vor Angst und Zorn, ich konnte sie aber verstehen. Krähen und Dohlen riefen laut im Spott: ›Aus dem Nest! aus dem Nest! Rasch! rasch!‹

Und mitten im Wald, bei der Schar der Arbeiter, standen Valdemar Daae und seine drei Töchter, und alle miteinander lachten sie über das wilde Geschrei der Vögel, aber seine jüngste Tochter, Anna Dorthea, spürte Mitleid in ihrem Herzen, und als sie einen halb abgestorbenen Baum fällen wollten, auf dessen kahlem Geäst der schwarze Storch nistete und die kleinen Jungen die Köpfe heraussteckten, legte sie Fürbitte für ihn ein, bat mit Tränen in den Augen, und da durfte der Baum stehenbleiben mit dem Nest des schwarzen Storchs. Es war nicht der Rede wert.

Da wurde geschlagen, da wurde gesägt – ein Schiff mit drei Vordecks wurde gebaut. Der Baumeister selbst war aus einfachem Haus, aber wie ein Edler sah er aus; Augen und Stirn verrieten, wie klug er war, und Valdemar Daae hörte ihm gern zu, wenn er erzählte, die kleine Ide ebenfalls, die älteste, fünfzehnjährige Tochter; und während er dem Vater das Schiff baute, erbaute er für sich selber ein Traumschloß, darin er und Klein-Ide als Mann und Frau sitzen sollten, und es wäre auch so gekommen, wäre dies Schloß aus gemauerten Steinen gewesen, mit Wällen und Gräben, Wald und Garten. Aber bei all seiner Klugheit war der Meister doch nur ein armer Schlucker, und was soll ein Sperling beim Kranichstanz? Hui-ii-naus! – ich flog davon, und er flog davon, denn er durfte nicht bleiben, und Klein-Ide kam darüber hinweg, denn sie mußte darüber hinwegkommen.

Im Stalle wieherten die Rappen, sehenswert waren sie, und man sah sie sich an. Der Admiral war vom Könige selber entsandt worden, um sich das neue Kriegsschiff anzusehen und über den Kauf zu verhandeln, er sprach voller Bewunderung von den feurigen Rossen; ich hörte es genau«, sagte der Wind; »ich ging mit den Herren zusammen durch die offene Tür und streute Strohhalme gleich Goldbarren vor ihre Füße. Gold wollte Valdemar Daae haben, der Admiral wollte die Rappen haben, drum pries er sie so, aber das wurde nicht verstanden, und so wurde das Schiff auch nicht gekauft, es lag auf dem Strand und prunkte, mit Planken verkleidet, eine Arche Noah, die nie aufs Wasser kommen sollte. Hui-ii-naus! Fahre hin! Fahre hin! und das war ein Jammer.

Zur Winterszeit, wenn die Felder mit Schnee bedeckt waren, das Treibeis den Belt anfüllte und ich es auf den Strand hinaufschob«, sagte der Wind, »kamen Raben und Krähen, eine schwärzer als die andere, große Scharen; sie setzten sich auf das verlassene, das tote, das einsame Schiff am Strand und schrien heiser vom Wald, der nicht mehr war, von den vielen kostbaren Vogelnestern, die zerstört worden waren, von den obdachlosen Alten, den obdachlosen Kleinen, und all dies nur wegen des großen Gerümpels, des stolzen Fahrzeugs, das nie in See gehen sollte.

Ich wirbelte den Schnee auf; der lag gleich großen Brechern hoch um das Schiff herum und darüber weg! Ich ließ ihm durch meine Stimme verkünden, was ein Sturm zu sagen hatte! Ich weiß, ich habe das Meine dazu getan, daß es Schiffskenntnisse bekam. Hui-ii-naus! Fahre hin!

Und der Winter ging dahin, Winter und Sommer, sie kamen und gingen, wie ich komme und gehe, wie der Schnee stiebt, wie die Apfelblüte stiebt und das Laub fällt; fahre hin, fahre hin, fahre hin, fahre hin, auch ihr Menschen!

Aber noch waren die Töchter jung, Klein-Ide so schön wie eine Rose anzusehen, wie damals, als der Schiffsbauer sie sah. Oft griff ich in ihr langes, braunes Haar, wenn sie nachdenklich am Apfelbaum im Garten stand und nicht merkte, wie ich ihr Blüten aufs Haar rieseln ließ, das sich auflöste, und sie schaute auf die rote Sonne und den goldenen Himmelsgrund zwischen den dunklen Bäumen und Sträuchern des Gartens.

Ihre Schwester war wie eine Lilie, leuchtend und kerzengerade, Johanne; sie war stolz und hochmütig, schien wie die Mutter aus Glas zu sein. Sie liebte es, in den großen Saal zu gehen, wo die Bilder der Sippe hingen; die Frauen waren in Samt und Seide gemalt mit einem perlenbestickten, winzig kleinen Hut auf dem geflochtenen Haar; es waren schöne Frauen! Ihre Männer sah man in Eisen oder in einem kostbaren Mantel mit Eichkätzchenfutter und dem blauen gefältelten Kragen; das Schwert war um die Schenkel geschnallt und nicht um die Lende. Wo würde wohl Johannes Bild einst an der Wand hängen, und wie sah er aus, der adelige Gatte? Ja, daran dachte sie, davon redete sie leise mit sich, ich hörte es, wenn ich durch den langen Flur in den Saal hineinfegte und dort wieder umkehrte.

Anna Dorthea, die blasse Hyazinthe, erst ein vierzehnjähriges Kind, war still und versonnen; die großen wasserblauen Augen blickten nachdenklich drein, aber das Kinderlächeln saß um den Mund, ich konnte es nicht wegpusten, und das wollte ich auch nicht.

Ich traf sie im Garten, auf dem Feldweg und auf den Fronäckern, sie sammelte Kräuter und Blumen, von denen sie wußte, daß ihr Vater sie für die Getränke und Tropfen gebrauchen konnte, die er zu destillieren verstand; Valdemar Daae war hochmütig und trutzig, aber er konnte auch viel und wußte sehr viel; das merkte man wohl, es wurde darüber gemunkelt; das Feuer brannte in seinem Kamin selbst in der Sommerszeit; die Tür zum Gemach war verschlossen; das währte Tage und Nächte, aber er sprach nicht viel darüber; die Kräfte der Natur muß man in der Stille wirken lassen, bald würde er das Beste gefunden haben – das rote Gold.

Darum dampfte es aus dem Kamin, darum knisterte und flammte es; ja, ich war dabei!« erzählte der Wind, »laß fahren dahin! sang ich durch den Schornstein. Rauch wird es geben, Schmauch, Brodem und Asche! Du wirst noch selber verbrennen! Hui-ii-naus! laß fahren! laß fahren! Aber Valdemar Daae ließ es nicht fahren.

Die prächtigen Rosse im Stall – wo blieben sie? Das alte Silber und Gold in Schränken und Läden, die Kühe auf den Weiden, Haus und Hof? Ja, sie mußten schmelzen! Im Goldtiegel schmelzen, und es kam dennoch kein Gold.

Es wurde leer in Tenne und Vorratshaus, im Keller und auf dem Boden. Weniger Menschen, mehr Mäuse. Eine Scheibe brach, eine knackte, ich brauchte nicht durch die Türen hineinzugehen«, sagte der Wind. »Wo der Schornstein raucht, brutzelt das Mahl, der Schornstein rauchte, der schluckte alle Mahlzeiten, um des roten Goldes willen.

Ich blies durch das Burgtor, wie ein Türmer, der das Horn bläst,

aber da war kein Türmer«, sagte der Wind; »ich drehte den Wetterhahn der Turmspitze, er kreischte, als schnarchte der Türmer auf dem Turm, aber da gab es keinen Türmer; da gab es Ratten und Mäuse; Armut deckte den Tisch, Armut saß im Kleiderschrank und im Vorratsschrank, die Tür fiel aus den Angeln, Spalten und Ritzen öffneten sich; ich ging aus, und ich ging ein«, sagte der Wind, »deshalb weiß ich Bescheid.

In Rauch und Asche, in Sorge und schlafloser Nacht wurde das Haar am Bart und um die Stirne grau, die Haut fahl und gelb, die Augen so gierig auf das Gold, das ersehnte Gold.

Ich blies ihm Rauch und Asche ins Gesicht und in den Bart; Schulden kamen an Stelle von Gold. Ich sang in den zerbrochenen Scheiben und offenen Ritzen, blies über die Schlafbank der Töchter, deren Kleider verblichen, blankgewetzt waren, denn sie mußten noch lange halten. Das war diesen Kindern nicht an der Wiege gesungen worden! Herrenleben wurde zu kümmerlichem Leben! Ich war es, der im Schloß am lautesten sang!« sagte der Wind. »Ich ließ sie einschneien, das wärmt, wie man sagt; Brennholz hatten sie nicht, der Wald, wo sie es hätten holen sollen, war gefällt. Es war klirrender Frost; ich schwang mich durch Schallöcher und Flure, über Giebel und Mauern, um geschmeidig zu bleiben; dort drinnen lagen sie im Bett, der Kälte wegen, die adligen Töchter; der Vater kroch unter die Felldecke. Nichts zu beißen, nichts zu brennen, das ist Herrenleben! Hui-ii-naus! Laß fahren! – Aber gerade das konnte Herr Daae nicht.

›Auf Regen folgt Sonnenschein‹, sagte er, ›auf Drangsal folgen gute Zeiten; aber sie lassen auf sich warten! Jetzt ist der Hof ein Schuldschein! Jetzt ist der Jüngste Tag – und nun kommt das Gold! Zu Ostern!‹

Ich hörte ihn in die Netze der Spinnen murmeln. ›Du tüchtige kleine Weberin! Du lehrst mich, auszuhalten! Wird dein Gespinst zerrissen, beginnst du von vorn und vollendest es! Abermals entzwei – und unverdrossen fängst du von neuem an, von vorn! von vorn! Das eben muß man tun! Und das wird belohnt.‹

Es war Ostermorgen, die Glocken klangen, die Sonne spielte am Himmel. In Fieberhitze hatte er gewacht, gekocht und gekühlt, gemischt und abgeschieden. Ich hörte ihn stöhnen wie eine verzweifelte Seele, ich hörte ihn beten, ich spürte, wie er den Atem anhielt. Die Lampe war ausgegangen, er merkte es nicht; ich blies in die Kohlenglut, die leuchtete ihm in sein kreidebleiches Gesicht, es erhielt einen farbigen Schimmer, die Augen in den tiefen Höhlen waren zusammengekniffen – aber nun wurden sie immer größer, als wollten sie herausspringen.

Sieh da, das alchimistische Glas! Es blinkt darin! Es ist glühend, rein und schwer! Er hob es mit zitternden Händen hoch, er rief mit lallender Zunge: ›Gold! Gold!‹ Ihm schwindelte dabei, ich hätte ihn umwehen können«, sagte der Wind, »aber ich blies nur auf die glühenden Kohlen, begleitete ihn durch die Tür bis dorthin, wo die Töchter froren. Sein Gewand war mit Asche bedeckt, die hing in seinem Bart und in seinem verfilzten Haar. Er richtete sich ganz hoch auf, hob seinen reichen Schatz in dem spröden Glas: ›Gefunden! Gewonnen! – Gold!‹ rief er, hielt das Glas in die Höhe, das in den Sonnenstrahlen blinkte; und die Hand zitterte, und das alchimistische Glas fiel zu Boden und zersprang in tausend Stücke; zerplatzt war die letzte Blase seines Glückstraums. Hui-ii-naus! Fahre hin! – Und ich fuhr vom Hofe des Goldmachers.

Spät im Jahr, während der kurzen Tage dort oben, wenn der Nebel mit seinen Wischlappen kommt und nasse Tropfen über die roten Beeren und die blattlosen Zweige auswringt, geriet ich in muntere Stimmung, lüftete aus, fegte den Himmel sauber und zerknickte morsche

Äste, und das ist keine große Arbeit, aber sie muß getan werden. Es wurde auch auf andere Art dort auf dem Hof von Borreby bei Valdemar Daae ausgefegt. Sein Feind Ovel Ramel aus Basnæs war da mit dem erworbenen Schuldschein über Hof und Hausrat. Ich trommelte an die zerbrochenen Scheiben, knallte mit den verfallenen Türen, pfiff durch Ritzen und Spalten: Hui-ii-naus – Herrn Ovel sollte die Lust vergehen, dortzubleiben. Ide und Anna Dorthea weinten bittere Tränen; Johanne stand aufrecht und bleich, biß sich in den Daumen, so daß er blutete, als ob das was nützte! Ovel Ramel gestattete Herrn Daae, auf Lebenszeit auf dem Hofe zu bleiben, dies Angebot wurde ihm aber nicht gedankt; ich horchte genau hin; ich sah den Herrn ohne Besitz sein Haupt noch stolzer heben, es zurückwerfen, und ich brauste tüchtig durch den Hof und in den alten Linden, so daß der dickste Ast brach, und der war nicht morsch; er lag vor dem Tor wie ein Besen, falls einer auskehren wollte, und da wurde gekehrt; ich dachte es mir schon.

Es war ein bitterer Tag, eine lange Zeit, um auszuhalten, aber der Sinn war hart, der Nacken war starr.

Nichts gehörte ihnen zu eigen, außer den Kleidern am Leibe; doch – das alchimistische Glas, das kürzlich gekauft und mit den Abfällen gefüllt worden war, die man vom Erdboden zusammengekratzt hatte; dem Schatz, der viel verhieß, aber nichts hielt. Valdemar Daae verwahrte ihn auf seiner bloßen Brust, nahm seinen Knotenstock in die Hand, und der einstmals so reiche Herr verließ mit seinen drei Töchtern den Hof von Borreby. Ich wehte ihm kalt über seine heißen Wangen, ich streichelte seinen grauen Bart und sein langes weißes Haar, ich sang, wie es mir gegeben ist: Hui-ii-naus! Fahre hin! Fahre hin! – Das war das Ende der reichen Herrlichkeit.

Ide und Anna Dorthea schritten ihm zur Seite dahin; Johanne wandte sich im Tor um, was sollte das nun, das Glück würde sich dennoch nicht wenden. Sie blickte auf die roten Steine der Mauer von Marsk Stigs Burg, dachte sie an seine Töchter?

›Die Älteste nahm die Jüngste bei der Hand,
Und sie zogen weithin durch die Welt!‹

Dachte sie an dies Lied? Hier waren sie drei – der Vater war dabei! Sie gingen die Straße entlang, wo sie mit der Kutsche gefahren waren, sie machten einen Bittgang mit dem Vater, zur Gemarkung von Smidstrup zu der Lehmhütte, die für zehn Mark im Jahre gemietet worden war, dem neuen Herrensitz mit leeren Wänden und leeren Schüsseln.

Krähen und Dohlen flogen über sie hinweg und schrien wie zum Spott: ›Aus dem Nest! Aus dem Nest! Rasch! Rasch!‹ wie die Vögel im Walde von Borreby geschrien hatten, als die Bäume gefällt wurden.

Herr Daae und seine Töchter vernahmen es wohl; ich blies ihnen um die Ohren, es war nicht nötig, daß sie es mit anhörten.

So zogen sie in die Lehmhütte in der Gemarkung Smidstrup ein, und ich fuhr dahin über Sumpf und Feld, durch kahle Hecken und gerupfte Wälder, zu offenen Meeren, anderen Ländern – hui-ii-naus! Fahre hin! Fahre hin! Und das Jahr um Jahr.«

Wie erging es Waldemar Daae, wie erging es seinen Töchtern? Der Wind erzählt: »Die letzte von ihnen, die ich sah, ja, zum letztenmal, das war Anna Dorthea, die blasse Hyazinthe – jetzt war sie alt und gebeugt, es war ein halbes Jahrhundert später. Sie lebte am längsten, sie wußte von allem.

Drüben auf der Heide, bei der Stadt Viborg, lag des Dompropsts neuer, stattlicher Besitz, aus roten Steinen und mit Treppengiebeln; der Rauch quoll fett aus dem Schornstein heraus. Die sanfte Hausfrau und die holden Töchter saßen im Erker und blickten über den hängenden Bocksdorn des Gartens hinweg auf die braune Heide; wonach hielten sie Ausschau? Sie schauten nach dem Storchennest dort draußen auf dem baufälligen Haus. Das Dach war mit Moos und Hauslauch gedeckt, soweit ein Dach da war; was vor allem deckte, war das Storchennest, und das war das einzige, wofür etwas getan wurde, der Storch hielt es instand.

Es war ein Haus zum Anschauen, nicht zum Anfassen; ich mußte behutsam damit umgehen«, sagte der Wind. »Dem Storch zuliebe durfte das Haus stehenbleiben, es war sonst ein Schreckgespenst auf der Heide. Den Storch wollte der Dompropst nicht vertreiben, so mochte die Hütte bleiben und die Arme weiter darinnen wohnen; das hatte sie dem ägyptischen Vogel zu verdanken – oder war es ein Dank, weil sie einstmals für das Nest seines schwarzen wilden Bruders im Walde von Borreby Fürbitte getan hatte? Damals war sie, die Ärmste, ein junges Kind, eine feine, blasse Hyazinthe im adeligen Blumengarten. Sie erinnerte sich an alles: Anna Dorthea.

›Oh! oh!‹ – Ja, die Menschen können seufzen, so wie der Wind es in Schilf und Röhricht kann –, ›oh! Keine Glocken läuteten über deinem Grab, Valdemar Daae! Die armen Schulknaben sangen nicht, als Borrebys einstiger Herr in die Grube gelegt wurde! Oh! Alles hat dennoch ein Ende, auch Elend! Schwester Ide wurde eines Bauern Eheweib; das war für unseren Vater die härteste Heimsuchung! Der Tochtermann, ein jämmerlicher Leibeigener, den der Herr auf der harten Bohle reiten lassen konnte. Nun wird er doch unter der Erde sein? Und du auch, Ide? – O ja, o ja! Es ist dennoch nicht vorbei, ich armes Weib! Ich armes Weib! Erlöse mich doch, du reicher Christ!‹

Das war Anna Dortheas Bitte in dem elenden Haus, das um des Storches willen stehenbleiben durfte.

Der gesündesten unter den Schwestern nahm ich mich an«, sagte der Wind, »sie lag, wie sie sich gebettet hatte! Sie kam als armer Knecht zu einem Schiffer und ließ sich bei ihm anheuern; wortkarg war sie, mit mürrischer Miene, aber willig in ihrer Arbeit; nur klettern konnte sie nicht – da fegte ich sie über Bord, ehe einer merkte, daß sie ein Weibsbild war, und das war doch wohlgetan«, sagte der Wind.

»Es war an einem Ostermorgen, wie damals, als Valdemar Daae meinte, er habe das rote Gold gefunden, da hörte ich unter dem Storchennest zwischen den wackeligen Wänden Choralgesang, Anna Dortheas letztes Lied.

Da waren keine Fensterscheiben, da war nur ein Loch in der Wand; die Sonne kam, gleich einem Goldklumpen, und setzte sich hinein; das war ein Glanz! Ihr Auge brach, ihr Herze brach! Das hätten sie auch getan, wenn die Sonne nicht an jenem Morgen auf sie geschienen hätte.

Der Storch gab ihr ein Dach über dem Kopf bis zu ihrem Tod! Ich sang an ihrem Grabe!« sagte der Wind; »ich habe an ihres Vaters Grabe gesungen, ich weiß, wo es ist und wo ihr Grab ist, das weiß sonst keiner.

Neue Zeiten, andere Zeiten! Alte Landstraßen werden zu umzäunten Feldern, gepflegte Gräber werden vielbefahrene Straßen – und bald kommt der Dampf mit seiner Wagenkette und braust über die Gräber hinweg, vergessen wie die Namen, hui-ii-naus! Fahre hin!

Das ist die Geschichte von Valdemar Daae und seinen Töchtern. Erzählt sie besser, ihr anderen, wenn ihr könnt!« sagte der Wind und drehte sich.

Weg war er.

DER MISTKÄFER

Des Kaisers Roß bekam goldene Hufeisen; goldene Hufeisen an jeden Huf.

Weshalb bekam es goldene Hufeisen?

Es war das schönste Tier, hatte feine Beine, gar kluge Augen und eine Mähne, die ihm wie ein seidener Schleier um den Hals hing. Es hatte seinen Herrn in Pulverdampf und Kugelregen getragen, hatte die Kugeln schwirren und pfeifen hören; es hatte um sich gebissen, um sich geschlagen, mitgekämpft, als die Feinde vordrangen; war mit seinem Kaiser in einem Sprung über das Pferd des gestürzten Feindes hinweggesetzt, hatte seines Kaisers Krone aus rotem Golde gerettet, seines Kaisers Leben gerettet, das mehr wert war als das rote Gold, und darum bekam des Kaisers Roß goldene Hufeisen, goldene Hufeisen an jeden Huf.

Und der Mistkäfer kroch hervor.

»Zuerst die Großen, dann die Kleinen«, sagte der, »es ist aber nicht die Größe, die es macht.« Und dann streckte er seine dünnen Beine vor.

»Was willst du?« fragte der Schmied.

»Goldene Hufeisen!« antwortete der Mistkäfer.

»Du bist nicht ganz richtig im Kopf«, sagte der Schmied, »du willst auch goldene Hufeisen haben?«

»Goldene Hufeisen!« sagte der Mistkäfer. »Bin ich nicht ebenso gut wie das große Vieh, das Bedienung haben muß, gestriegelt, gepflegt wird, Essen und Trinken bekommt? Gehöre ich nicht auch zu des Kaisers Stall?«

»Aber weswegen bekommt das Pferd goldene Hufeisen?« fragte der Schmied, »kannst du das nicht verstehen?«

»Verstehen? Ich verstehe, daß es eine Geringschätzung mir gegenüber ist«, sagte der Mistkäfer, »es ist eine Kränkung – und nun gehe ich deshalb in die weite Welt hinaus.«

»Lauf los!« sagte der Schmied.

»Grober Geselle!« sagte der Mistkäfer, und dann ging er nach draußen, flog ein Stückchen, und da war er in einem reizenden kleinen Blumengarten, wo es nach Rosen und Lavendel duftete.

»Ist es hier nicht schön?« sagte einer der kleinen Marienkäfer, die mit schwarzen Tupfen auf den roten, schilderstarken Flügeln umherflogen. »Wie es hier süß riecht, und wie wunderbar es hier ist!«

»Ich bin Besseres gewöhnt«, sagte der Mistkäfer, »nennt ihr das wunderbar? Hier gibt es ja nicht einmal einen Misthaufen.«

Und dann ging er weiter, in den Schatten einer großen Levkoje; auf dieser kroch eine Kohlraupe herum.

»Wie ist die Welt doch schön!« sagte die Kohlraupe, »die Sonne ist so warm! Alles ist so fröhlich! Und wenn ich einmal einschlafe und sterbe, wie man es nennt, dann wache ich auf und bin ein Schmetterling.«

»Das denkst du dir so!« sagte der Mistkäfer. »Jetzt fliegen wir als Schmetterling umher! Ich komme aus des Kaisers Stall, aber niemand dort, nicht einmal des Kaisers Leibroß, das immerhin mit meinen abgelegten goldenen Hufeisen herumläuft, bildet sich dergleichen ein. Flügel bekommen! Fliegen! Ja, jetzt fliegen wir!« Und dann flog der Mistkäfer. »Ich möchte mich nicht ärgern, aber ich ärgere mich trotzdem.«

Dann plumpste er auf einen großen Rasenplatz hinunter; hier lag er ein Weilchen, dann schlief er ein.

Himmel, was für ein Regenschauer stürzte herab! Der Mistkäfer erwachte von dem Geplatsche und wollte schnell in die Erde hinein, konnte aber nicht: er kippte um, er schwamm auf dem Bauch und auf

dem Rücken, an Fliegen war nicht zu denken, er kam bestimmt niemals lebendig von dieser Stelle weg; er lag, wo er lag, und blieb liegen.

Als der Regen ein wenig nachließ und der Mistkäfer sich das Wasser aus den Augen gezwinkert hatte, sah er undeutlich etwas Weißes, es war Leinen auf der Bleiche; er gelangte dorthin und kroch in eine Falte des nassen Leinens; es war zwar nicht so, wie wenn man in dem warmen Haufen im Stalle lag; aber etwas Besseres gab es hier nun nicht, und so blieb er einen ganzen Tag und eine ganze Nacht da, und auch das Regenwetter blieb. In früher Morgenstunde kam der Mistkäfer zum Vorschein; er war sehr ärgerlich über das Klima.

Auf dem Leinen saßen zwei Frösche; ihre hellen Augen glänzten vor lauter Freude. »Es ist ein gesegnetes Wetter!« sagte der eine. »Wie es erfrischt! Und das Leinen hält das Wasser so schön fest! Es kribbelt mir in den Hinterläufen, so als müßte ich schwimmen.«

»Ich möchte wirklich wissen«, sagte der zweite, »ob die Schwalbe, die weit umherfliegt, ob die auf ihren vielen Reisen ins Ausland ein besseres Klima als das unsere angetroffen hat; so einen Regen und so eine Nässe! Es ist gerade, als läge man in einem nassen Graben! Ist man dessen nicht froh, dann liebt man wahrlich sein Vaterland nicht.«

»Ihr seid wohl niemals in des Kaisers Ställen gewesen?« fragte der Mistkäfer. »Da ist das Nasse zugleich warm und würzig! Das bin ich gewöhnt; das ist mein Klima, aber das kann man nicht mit auf die Reise nehmen. Gibt es hier im Garten kein Mistbeet, wo Standespersonen wie ich einkehren und sich wie zu Hause fühlen können?« Aber die Frösche verstanden ihn nicht oder wollten ihn nicht verstehen.

»Ich frage nie ein zweites Mal«, sagte der Mistkäfer, als er dreimal gefragt hatte, ohne Antwort zu bekommen.

Dann ging er ein Stückchen weiter, da lag ein Topfscherben; der sollte dort nicht liegen, aber wie er da lag, gewährte er Obdach. Hier wohnten mehrere Ohrwurmfamilien; sie beanspruchten nicht viel Platz, sondern nur Geselligkeit; die Weibchen sind besonders zur Mutterliebe befähigt, daher hielt auch eine jede ihr Kind für das schönste und klügste.

»Unser Sohn hat sich verlobt!« sagte eine Mutter, »die süße Unschuld! Sein höchstes Ziel ist, einmal einem Pfarrer ins Ohr zu kriechen. Er ist so kindlich lieb, und die Verlobung bewahrt ihn vor Ausschweifungen; das ist für eine Mutter so erfreulich.«

»Unser Sohn«, sagte eine zweite Mutter, »ist eben aus dem Ei gekrochen und hat sich sofort bemerkbar gemacht; er sprüht inwendig, er läuft sich die Hörner ab. Das ist eine ungeheure Freude für eine Mutter! Nicht wahr, Herr Mistkäfer?« Sie erkannten den Gast an seinen Merkmalen.

»Sie haben beide recht«, sagte der Mistkäfer, und dann wurde er in die Stube heraufgebeten, soweit er unter dem Topfscherben vorwärts kommen konnte.

»Nun müssen Sie auch meinen kleinen Ohrwurm sehen«, sagten eine dritte und eine vierte Mutter, »die Kinder sind zu süß und so drollig! Sie sind niemals unartig, außer wenn sie Leibweh haben, aber das bekommt man so leicht in ihrem Alter.«

Und so sprach jede Mutter von ihren Kindern, und die Kinder redeten mit und benutzten die kleine Gabel, die sie am Schwanz hatten, um den Mistkäfer am Schnauzbart zu ziehen.

»Die kommen aber auch auf die komischsten Dinge, die kleinen Schelme!« sagten die Mütter und dampften vor Mutterliebe, aber das langweilte den Mistkäfer, und dann fragte er, ob es von hier bis zum Mistbeet noch weit sei.

»Es ist weit draußen in der Welt, jenseits vom Graben«, sagte der Ohrwurm, »so weit geht, hoffe ich, niemals eins von meinen Kindern fort, das wäre nämlich mein Tod.«

»Ich möchte versuchen, so weit zu gehen«, sagte der Mistkäfer und ging, ohne sich zu verabschieden; das ist am höflichsten.

Am Graben traf er mehrere von seiner Sippe, alles Mistkäfer.

»Hier wohnen wir!« sagten sie. »Wir haben es ganz schön warm!

Dürfen wir Sie nicht ins Fette hinunterbitten? Die Reise hat Sie sicherlich angestrengt!«

»Das stimmt«, sagte der Mistkäfer. »ich habe beim Regen auf Leinen gelegen, und Reinlichkeit nimmt mich besonders mit; ich habe auch Gicht im Flügelgelenk bekommen, als ich unter einem Topfscherben im Zug stand. Es ist wirklich ein Labsal, wieder einmal zu seinesgleichen zu kommen.«

»Sie kommen wahrscheinlich vom Mistbeet«, fragte der Älteste.

»Höher hinauf«, sagte der Mistkäfer. »Ich komme aus des Kaisers Stall, wo ich mit goldenen Hufeisen zur Welt gekommen bin; ich reise in geheimem Auftrag, über den Sie mich nicht ausforschen dürfen, denn ich sage nichts.«

Und dann stieg der Mistkäfer in den fetten Schlamm hinab; hier saßen drei junge Mistkäferweibchen, die kicherten, denn sie wußten nicht, was sie sagen sollten.

»Sie sind nicht verlobt«, sagte die Mutter, und dann kicherten sie wieder, aber das war vor Verlegenheit.

»Ich habe in des Kaisers Ställen keine schöneren gesehen«, sagte der reisende Mistkäfer.

»Verderben Sie mir nicht meine Mädels! Und sprechen Sie nicht mit ihnen, es sei denn, Sie haben ehrliche Absichten! Aber die haben Sie, und ich gebe Ihnen meinen Segen.«

»Hurra!« sagten die anderen alle, und nun war der Mistkäfer verlobt. Zuerst Verlobung dann Hochzeit, man hatte ja keinen Grund zu warten.

Der nächste Tag verlief sehr gut, der folgende schleppte sich hin, aber am dritten mußte man doch an die Versorgung der Frau und möglicherweise an die der Kleinen denken.

»Ich habe mich überraschen lassen!« sagte er, »dann muß ich sie wohl meinerseits auch überraschen.«

Und das tat er. Weg war er; den ganzen Tag über weg, weg die ganze Nacht – und die Frau saß als Witwe da.

Die anderen Mistkäfer sagten, es sei ein richtiger Landstreicher gewesen, den sie in die Familie aufgenommen hätten; nun hätten sie die Frau auf dem Hals.

»Dann mag sie wieder als Jungfrau gehen«, sagte die Mutter, »und als mein Kind gelten. Pfui, der elende Schuft, der sie verlassen hat.«

Er war unterdes auf Reisen, war auf einem Kohlblatt über den

Graben gesegelt; gegen Morgen kamen zwei Menschen, die sahen den Mistkäfer, hoben ihn auf, wandten und drehten ihn, und sie waren beide sehr gelehrt, vor allem der Knabe. »›Allah sieht den schwarzen Mistkäfer in dem schwarzen Gestein auf dem schwarzen Berg!‹ steht es nicht so im Koran?« fragte er, und er übersetzte den Namen des Mistkäfers ins Lateinische, erklärte dessen Art und Natur. Der ältere Gelehrte war dagegen, daß er mit nach Hause genommen werden sollte, sie hätten dort ebenso gute Exemplare, sagte er, und solche Rede fand der Mistkäfer nicht höflich, daher flog er ihm von der Hand, flog ein ganzes Stück, seine Flügel waren getrocknet, und dann gelangte er zum Treibhaus, wo er mit größter Bequemlichkeit, da die eine Scheibe hochgeschoben war, hineinschlüpfen und sich in den frischen Dung eingraben konnte.

»Hier ist es köstlich«, sagte er.

Bald schlief er ein und träumte, des Kaisers Roß sei gestürzt und Herr Mistkäfer habe das eine goldene Hufeisen bekommen und zwei seien ihm noch versprochen worden. Das war eine Annehmlichkeit, und als der Mistkäfer dann aufwachte, kroch er hervor und schaute sich um. Welch eine Pracht hier im Treibhaus! Große Fächerpalmen breiteten sich in der Höhe aus, die Sonne machte sie durchsichtig, und unter ihnen quoll eine Fülle von Grün hervor, Blumen leuchteten dazwischen auf, rot wie Feuer, gelb wie Bernstein und weiß wie frischgefallener Schnee.

»Es ist eine unvergleichliche Pflanzenpracht! Wie die munden wird, wenn sie in Fäulnis übergeht!« sagte der Mistkäfer. »Es ist eine gute Speisekammer; hier wohnen bestimmt Verwandte; ich werde Nachforschungen anstellen, sehen, ob ich welche finde, mit denen ich verkehren kann. Stolz bin ich, das ist mein Stolz!«

Und dann ging er los und dachte an seinen Traum von dem toten Pferd und den goldenen Hufeisen, die er errungen hatte.

Da griff mit einemmal eine Hand um den Mistkäfer, er wurde gedrückt, gewendet und gedreht.

Des Gärtners kleiner Sohn und ein Kamerad waren im Treibhaus, die hatten den Mistkäfer gesehen und wollten sich einen Spaß mit ihm machen; in ein Weinblatt gelegt, kam er in eine warme Hosentasche, er kribbelte und krabbelte, die Hand des Jungen drückte dann ein bißchen zu, der Junge ging schnell zu dem großen See am Ende des Gartens, hier wurde der Mistkäfer in einen alten, geplatzten Holzschuh gesetzt, von dem der Spann abgegangen war; ein Stock wurde daran als Mast befestigt; und an diesen wurde der Mistkäfer mit einem Wollfaden angebunden; jetzt war er Schiffer und sollte segeln.

Es war ein sehr großer See, dem Mistkäfer kam er wie ein Weltmeer vor, und er war so erstaunt, daß er auf den Rücken fiel und mit den Beinen zappelte.

Der Holzschuh segelte, das Wasser hatte Strömung, wenn aber das Fahrzeug ein wenig zu weit hinausgeriet, dann krempelte der eine Junge sogleich seine Hosen hoch und ging hinein, um es zu holen, als es aber wieder davontrieb, wurden die Jungen gerufen, dringend gerufen, und sie eilten von dannen und ließen den Holzschuh Holzschuh sein; der trieb, und zwar immer mehr vom Land weg, immer weiter hinaus, es war schauerlich für den Mistkäfer; fliegen konnte er nicht, er war an den Mast festgebunden.

Er erhielt Besuch von einer Fliege.

»Wir haben herrliches Wetter«, sagte die Fliege. »Hier kann ich mich ausruhen! Hier kann ich mich sonnen. Sie haben es sehr behaglich!«

»Sie reden, wie Sie's verstehen! Sehen Sie nicht, daß ich festgebunden bin.«

»Ich bin nicht festgebunden«, sagte die Fliege, und dann flog sie weg.

»Jetzt kenne ich die Welt! Es ist eine gemeine Welt! Ich bin der einzig Rechtschaffene darin! Erst schlägt man mir goldene Hufeisen ab, dann muß ich auf nassem Leinen schlafen, im Zugwind stehen, und schließlich hängen sie mir eine Frau an den Hals. Tue ich dann einen munteren Schritt in die Welt hinein und sehe mich um, wie es anderen ergeht und wie es mir gehen müßte, dann kommt ein Menschenbalg und legt mich auf dem wilden Meere fest an die Kette. Und unterdessen läuft des Kaisers Roß mit goldenen Hufeisen herum! Das wurmt mich am meisten; aber Anteilnahme kann man in dieser Welt nicht erwarten! Mein Lebenslauf ist sehr interessant, aber was nützt das schon, wenn keiner ihn kennt! Die Welt verdient es auch nicht, ihn zu kennen, sonst hätte sie mir in des Kaisers Stall goldene Hufeisen gegeben, als das Leibroß beschlagen wurde und die Beine ausstreckte. Hätte ich goldene Hufeisen bekommen, dann hätte ich dem Stall Ehre gemacht, nun hat er mich verloren, und die Welt hat mich verloren, alles ist aus!«

Aber es war noch nicht alles aus, es kam ein Boot an mit ein paar jungen Mädchen.

»Da segelt ein Holzschuh«, sagte die eine.

»Da ist ein Tierchen darin festgebunden«, sagte die andere.

Sie waren jetzt neben dem Holzschuh, sie holten ihn herauf, und eines der Mädchen nahm eine kleine Schere, schnitt den Wollfaden durch, ohne den Mistkäfer zu beschädigen, und als sie an Land kamen, setzte sie ihn ins Gras.

»Krieche, krieche! Fliege, fliege, wenn du kannst!« sagte sie. »Freiheit ist eine schöne Sache.«

Und der Mistkäfer flog ins offene Fenster eines großen Gebäudes hinein, und dort sank er müde auf die feine, weiche, lange Mähne von des Kaisers Leibroß nieder, das im Stall stand, in dem es und der Mistkäfer beheimatet waren; er krallte sich in der Mähne fest und saß ein

Weilchen da und erholte sich. »Hier sitze ich auf des Kaisers Leibroß! Sitze da wie ein Reiter! Was sage ich da! Ja, jetzt wird es mir klar! Es ist eine gute Idee, und sie ist richtig. Weshalb bekam das Pferd goldene Hufeisen? Danach fragte er mich auch, der Schmied. Jetzt sehe ich es ein! Meinetwegen bekam das Pferd goldene Hufeisen.«

Und nun war der Mistkäfer guter Laune.

»Man bekommt auf Reisen einen klaren Kopf«, sagte er.

Die Sonne schien zu ihm herein, schien sehr schön. »Die Welt ist gar nicht einmal so übel!« sagte der Mistkäfer, »man muß sie nur zu nehmen wissen!« Die Welt war schön, denn des Kaisers Leibroß hatte goldene Hufeisen anbekommen, weil der Mistkäfer sein Reiter sein sollte.

»Nun will ich zu den anderen Käfern hinunterklettern und erzählen, wie viel man für mich getan hat; ich werde von all den Annehmlichkeiten erzählen, die ich auf der Auslandsreise genossen habe, und ich will sagen, daß ich jetzt so lange zu Hause bleibe, bis das Pferd seine goldenen Hufeisen abgelaufen hat.«

DIE TEEKANNE

Es war eine stolze Teekanne, sie war stolz auf ihr Porzellan, stolz auf ihre lange Tülle, stolz auf ihren breiten Henkel; sie hatte vorn etwas und hinten etwas, die Tülle vorn, den Henkel hinten, und davon redete sie; aber sie redete nicht von ihrem Deckel, der war zerbrochen, der war gekittet worden, der hatte einen Mangel, und von seinem Mangel redet man nicht gern, das tun schon die anderen. Tassen, Sahnegießer und Zuckerschale, das ganze Teegeschirr würde sicherlich das Gebrechen des Deckels eher im Gedächtnis behalten als den guten Henkel und die ausgezeichnete Tülle; das wußte die Teekanne.

»Ich kenne sie!« sagte sie ganz leise für sich, »ich kenne auch wohl meinen Mangel, und ich bekenne mich zu ihm, darin liegt meine Demut, meine Bescheidenheit; Mängel haben wir alle, aber man ist doch auch begabt. Die Tassen bekamen einen Henkel, die Zuckerdose einen Deckel, ich bekam nun beides und noch eine Sache vorweg, die sie nie bekommen, ich bekam eine Tülle, die macht mich zur Königin auf dem Teetisch. Der Zuckerdose und dem Sahnegießer ist es vergönnt, die Dienerinnen des Wohlgeschmacks zu sein, aber ich bin die Geberin, die Gebieterin, ich bringe den dürstenden Menschen Segen; in meinem Inneren werden die chinesischen Blätter in dem kochenden, geschmacklosen Wasser verarbeitet.«

All dies sagte die Teekanne in ihrer freimütigen, jugendlichen Art. Sie stand auf dem gedeckten Tisch, sie wurde von der feinsten Hand hochgehoben; aber die feinste Hand war ungeschickt, die Teekanne fiel hinunter, die Tülle brach ab, der Henkel brach ab, von dem Deckel zu reden, lohnt sich nicht, von dem ist genug geredet worden. Die Teekanne lag ohnmächtig auf dem Fußboden, das kochende Wasser lief heraus. Es war ein schwerer Schlag für sie, und das schwerste war, daß sie lachten, sie lachten über sie und nicht über die ungeschickte Hand.

»Diese Erinnerung wird wohl niemals von mir weichen!« sagte die Teekanne, wenn sie späterhin ihren Lebenslauf selber erzählte. »Ich wurde Invalide genannt, in eine Ecke gestellt und am Tage drauf an eine Frau verschenkt, die um Kochfett bettelte; ich geriet in Armut, stand ohne Zweck da, sowohl innen wie außen, aber wie ich da stand, begann mein besseres Leben; man ist etwas und wird doch etwas ganz anderes. Erde wurde in mich hineingetan; das ist für eine Teekanne so, als würde man begraben, aber in die Erde wurde eine Blumenzwiebel gelegt; wer sie da hineingelegt, wer sie geschenkt hatte, weiß ich nicht, geschenkt wurde sie, ein Ersatz für die chinesischen Blätter und das kochende Wasser, ein Ersatz für den abgebrochenen Henkel und die abgebrochene Tülle. Und die Zwiebel lag in der Erde, die Zwiebel lag in mir, sie wurde mein Herz, mein lebendiges Herz, ein solches hatte ich nie zuvor besessen. Es war Leben in mir, es war Kraft in mir, viel Kraft; der Puls schlug, die Zwiebel keimte, sie war nahe daran, von Gedanken und Gefühlen gesprengt zu werden; diese schossen in Blüte; ich sah sie, ich trug sie, ich vergaß mich selber über ihrer Schönheit; gesegnet ist es, sich selber über anderen zu vergessen! Sie sagte mir keinen Dank; sie dachte nicht an mich; sie wurde bewundert und gerühmt. Ich freute mich so sehr darüber, wie sehr mußte sie es dann erst tun.

Eines Tages hörte ich, wie man sagte, sie verdiene einen besseren Topf. Man hieb mich in der Mitte durch; das tat fürchterlich weh; aber die Blume kam in einen besseren Topf, und ich wurde auf den Hof hinausgeworfen, liege da als ein alter Scherben – aber ich habe die Erinnerung, die kann mir keiner nehmen.«

ÜBER ANDERSEN

Der unbekannte Andersen

Zum Verständnis seiner Märchen

Andersen, der Dichter der Märchen, ist über die 100 und mehr Jahre hinweg, die er schon nicht mehr lebt, gegenwärtig geblieben. Und dies in einer Form, wie sie nur wenigen Autoren der Weltliteratur zuteil wird. Seine Märchen sind in fast allen Sprachen zu Hause und dort so verinnerlicht, daß jeder sie benutzt wie eigenständigen, ursprünglichen Besitz. Darüber wurde fast vergessen, daß Andersen (und kein anderer) diese Dichtungen, die wir wie Volksmärchen behandeln, in ihre einzigartige Form gebracht hat. Alles trägt unverwechselbar seine Handschrift: die Erzählweise, die Tonlage, die Figuren, das Märchenhaft-Menschliche, die intime Zärtlichkeit der Empfindungen, nicht zuletzt jene zunächst kaum erkennbaren Glanzlichter der Ironie.

Andersen ist – was schon seine Zeitgenossen und Verehrer bis auf den heutigen Tag wenig beachtet haben – ein Satiriker. Einer der ganz großen sogar, wenn auch in kleiner Form. Zuweilen benötigt er nur einen halben Satz, um in dem von ihm geschaffenen Märchenparadies (wo es allerdings, sieht man genau hin, wenig paradiesisch zugeht) menschliche Abgründe zu entlarven. Entlarvt wird subtil, leise, fast beiläufig. Der Leser kann stets darüber hinweglesen, ganz nach Belieben. Davon machen Kinder gern Gebrauch. Wer heute als Kind seine Märchen liest, wird später als Erwachsener (wenn er sie dann noch liest) geradezu Aufregendes entdecken; denn Andersens Dichtungen haben »einen doppelten Boden« (E. Friedell).

Andersen konnte, was in seiner eigenen Phantasie äußerst verwickelt und kompliziert, ja, dämonisch gewesen sein mag, schlicht und einfach ausdrücken, ohne es zu mindern: faßbar, bewegend, ergreifend. Realität, das war für ihn Leben aus der Nähe, und das ereignet sich stets so vor den Augen, als wäre es eben erst geschehen. Was er den Dingen und Gegenständen an Eigenleben ablauschte, macht sie uns ver-

Blick über die Dächer des Viertels in Odense, wo Hans Christian Andersen am 2. April 1805 geboren wurde.

Odense, um 1820. (Lithographie von R. N. Nielsen)

ständlich. Plötzlich haben sie ein Schicksal, sie lieben oder verachten einander, erleiden Not und Gefahren – und werden gerettet. Nicht immer, wie man weiß. Dies alles und manches mehr fügt sich bei Andersen, und es geschieht etwas sehr Bedeutendes – seine Dichtungen werden auch von Kindern verstanden, um nicht zu sagen: geliebt. Trotzdem ist Andersen kein Kinderdichter!

Auf seinen vielen Reisen und vor allem auf Besuchen der Güter Dänemarks hat Andersen seine Märchen natürlich auch Kindern vorgelesen. Er tat übrigens nichts lieber, als aus seinen Werken vorzulesen. Dabei akzeptierte er auch ein Kinderpublikum, von dem man sagt, daß es das kritischste der Welt sei. So war er seinen Gastgebern gefällig – und ihren Kindern. (Daraus machte das 19. Jahrhundert den kinderlieben Andersen.) Fotos, die ihn beim Vorlesen vor Kindern zeigen, gerieten (dies allerdings bei fast allen seinen Bildern der neuen Fotokunst – und das sind nicht wenige) zur reinen Pose. Sie nährten im übrigen das Klischee vom »Kinderdichter«, welches ihm ganz und gar zuwider war. Einer, der nur für Kinder schreibt, wollte er nicht sein. So ließ er auf späteren Ausgaben seiner Märchenhefte das »für Kinder erzählt« lieber weg.

Der merkwürdige Typus »Kinderdichter« ist eher ein Begriff der Neuzeit. Inzwischen gilt er fast als Berufsbezeichnung. Am Beispiel Andersen kann man gut und gerne sehen, was einem Dichter widerfährt, der diesem Typus entspricht: Er wird eingeordnet, und zwar für alle Zeit. Auch für Kinder ist es wichtig, den Dichter als Autor und als Menschen »ganz« zu erfahren. Gerade Andersen ist ja im Laufe der Zeit den Kindern regelrecht »zubereitet« serviert worden. Ein Wunder, daß seine Märchen diese Prozedur überstanden haben. Mit anderen Worten: Andersen ist neu zu entdecken!

Andersen selbst hat lange gebraucht, die Märchen als stärksten Teil seiner Dichtungen zu akzeptieren, schrieb und dichtete er doch vehement ganz anderes: Dramen, Gedichte, Romane und – stets von neuem – sein eigenes Leben als ein Märchen feenhafter Fügungen. Mit seinem autobiographischen Werk von mehreren 100 Seiten hat er gewiß ebenso »Weltliteratur« geschrieben wie mit seinem Märchenwerk.

Ein großer Teil seines Werks besteht aus Reisebüchern. Mit ihnen schuf er eine Literaturform, die für die damalige Zeit recht neu war. Heute würden wir so etwas als Reisejournalismus bezeichnen. Im ganzen sind es reizvolle Zeitdokumente, Kulturbilder des 19. Jahrhunderts. Berühmt wurde die Schilderung seiner Orientreise in »Eines Dichters Bazar« (1842).

Damit nicht genug. Andersen hinterließ unendlich viele Briefe; korrespondierte er doch mit halb Europa. Mögen diese Briefe im großen und ganzen nur gefällig sein, so enthalten sie dennoch detailfreudige Episoden – diese freilich auf den jeweiligen Empfänger zurechtgeschnitten.

Hinzu kommt ein Tagebuch-Werk von ca. 5000 Seiten. Es enthält in erster Linie persönliches »Rohmaterial«, Erinnerungsskizzen. Zugleich erweist er sich darin als ein rastlos Suchender nach dem Schönen; aufgeschlossen berichtet er von Begegnungen, Gesprächen, Orten, Städten, Museen, Theateraufführungen (dies sehr oft), volkstümlichen Ereignissen, dazu von Reise-Unbillen mit der Postkutsche, von der ersten Eisenbahnfahrt und der Reise mit dem Dampfschiff donauaufwärts . . . und er schreibt über sich selbst, unverhüllt und gar nicht mehr märchenhaft, manches eher verblüffend ehrlich. Das von ihm selbst gepflegte, stets märchenbesetzte Andersenbild verändert sich somit erheblich. Hier erleben wir ihn als einen geradezu krankhaft ängstlichen Menschen, mißtrauisch gegen jeden, dabei oft unter Zahn- und anderen Schmerzen leidend, sexuell gehemmt und von grotesker Naivität, was das andere Geschlecht betrifft, glückstrahlend über jede Form von Zuwendung. Die vielen von ihm aufgesuchten oder nur genannten gesellschaftlich angesehenen Zeitgenossen (das Register umfaßt 10 000 Personen) werden selten anders als in bezug auf ihn selbst erwähnt.

So trifft er zum Beispiel auch Heinrich Heine und findet ihn »vertraulich«, während Heine sich anderwärts über Andersen äußerte, der sei ihm wie ein »Schneider« vorgekommen: » . . .ein Mann mit einem eingefallenen Gesicht und verrät in seinem äußeren Anstande

Er reiste nie ohne ein langes Seil, mit dem er sich im Falle eines Brandes aus dem Hotelfenster abseilen wollte.

Andersen, vor einer Reise, abfahrbereit, auf die Postkutsche wartend.

Einer der viel- und weitgereistesten Männer des Jahrhunderts mit Reiseplänen, »die gänzlich von den üblichen Touristenwegen und Bildungsreisen jener Zeit abwichen«. (Erling Nielsen)

Florenz, 8. April 1834, Zeichnung von H. Ch. Andersen.

ein ängstliches devotes Benehmen, so wie die Fürsten es gern haben . . .«

Andersen hatte allerdings kaum eine Chance, anders als devot, ängstlich, anbiedernd usw. zu wirken. Wer seine Autobiographie liest, wird trotz poetischer Verbrämung und Tarnung das Ausmaß seiner Einsamkeit begreifen können.

Alles, was er trotz der widrigen Umstände seines Lebens geradezu glückhaft erreichte (das war nicht wenig, wie man weiß, und hinzurechnen muß man auch die finanzielle Hilfe seines Gönners Collin sowie das Unterstützungssalär aus dem Kulturfonds des Königs), täuscht nicht darüber hinweg, daß Andersen ein zutiefst gekränkter Mensch war. Ohne diese Kränkung hätte er die Märchen kaum geschrieben. Nur schreibend, dichtend vermochte er Ausgleich zu finden: Antrieb zu einem voluminösen Werk. Sein bedrängtes Selbstbewußtsein kompensierte er mit nahezu neurotischer Selbstbespiegelung in allen seinen Werken. Aber das ist bekanntlich in der Kunst nicht außergewöhnlich.

Die vorliegende Auswahl der Märchen mischt sinnvoll bekannte, beliebte Märchen mit eher unbekannten, neu zu entdeckenden. Alle Märchen sind (bis auf das Titel-Märchen) in der Chronologie ihrer Erstveröffentlichung angeordnet.

1866 schrieb Andersen in einem Brief an Henriette Collin: »Sie wissen, daß ich nie zeichnen gelernt und mich darin auch nicht geschult habe, und doch drängt es mich oft, etwas auf Papier zu skizzieren, wenn ich meine, ich könnte es in Worten nicht wiedergeben. Ich habe einmal einige meiner Skizzen aus Italien H. C. Örstedt gezeigt, der zugegebenermaßen kein Künstler war, und er meinte, wenn ich nicht Schriftsteller geworden wäre, hätte ich Maler werden sollen.«

Aus Andersens Tagebuch (22. 5. 1831): Auf dem Weg nach Braunschweig.

Blatt eines Briefes, den Andersen 1841 auf »Leipzig-Dresdner Eisenbahn-Papier« schrieb.

Alle Übersetzer der Märchen Andersens haben mit dem gleichen Problem zu tun: Die Märchen sind kaum zu übersetzen, wenigstens nicht originalgetreu. Das erklärt die vielen Übersetzungsvarianten, die im Umlauf sind. (Hinzu kommen leider die unsäglich miesen Nachbearbeitungen alter Übersetzungen.)

Die Übersetzung von Thyra Dohrenburg – sie wurde auch für diese Ausgabe gewählt – hat den Vorzug, relativ neu (1959) zu sein und entspricht vielleicht am ehesten dem heutigen Sprachgefühl. Die älteren und zum Teil anonymen Übersetzungen des 19. Jahrhunderts gelten als überholt; sie betonen, sagen die Kritiker, zu sehr den gefühligen, sentimentalen Andersen. Dafür gibt es tatsächlich viele Beispiele. Gewiß muß in jedem Jahrhundert neu übersetzt werden. Es gibt aber auch Hinweise, daß die Zeitgenossen damals »ihren« Andersen zu würdigen wußten. Sie gaben seine Märchen warm, mundgeprägt wieder, und dies recht unverblümt. Bekanntlich begann Andersens Weltruhm in Deutschland. Viele seiner Bücher sind zuerst in deutscher Sprache erschienen, erst danach in der Originalsprache. Und der Dichter selbst »besorgte« seine gesammelten Werke auch in Deutschland.

Dennoch ist es in unserem Land nie zu einer einheitlichen, abgesicherten Übersetzung der Märchen gekommen. Es gibt eben immer wieder »nur« neue Versuche. Der »Originalton« Andersen ist unnachahmlich. Ihm gelang eine Erzählweise, die war so ungewöhnlich, daß seine Kritiker höhnten: »Wann wird Andersen endlich lernen,

Tintenfleck-Phantasie, als Bild eines mit Turban bekleideten Orientalen ausgestaltet. Vermutlich aus den späteren Jahren.

seine Muttersprache zu schreiben?« – Andersen wollte, daß man »im Stil den Erzähler höre«. Und das ist ihm sogar durch alle Übersetzungen hindurch gelungen. Wie schön müssen die Märchen im Dänischen klingen!

Der Märchen-Titel, der für die vorliegende Sammlung »ausgeliehen« wurde, existiert gleich in etlichen Varianten: »Fliedermütterchen« oder auch »Die Fliedermutter«. Thyra Dohrenburg übersetzt Andersens »Hyldemor« mit »Das Holunderweibchen«; für die vorliegende Ausgabe wurde die wesentlich herbere Titelform einer alten Übersetzung benutzt: »Mutter Holunder«, dies mit Erlaubnis der Übersetzerin.

Andersen hat mehr als 150 Märchen geschrieben. (Genug, um ein Leben lang darin lesen zu können.) Die vorliegende Auswahl berücksichtigt davon »nur« einundzwanzig. (Dies aus ökonomischen Gründen.) Das ist vielleicht zu wenig, und eine *Auswahl* aus einem so großen Märchenwerk wird es nie jedem recht machen können. Aber die farbigen Bilder von Sabine Friedrichson machen eben diese relativ schmale Auswahl zu etwas Besonderem unter den vielen Andersen-Ausgaben.

H.-J. G.

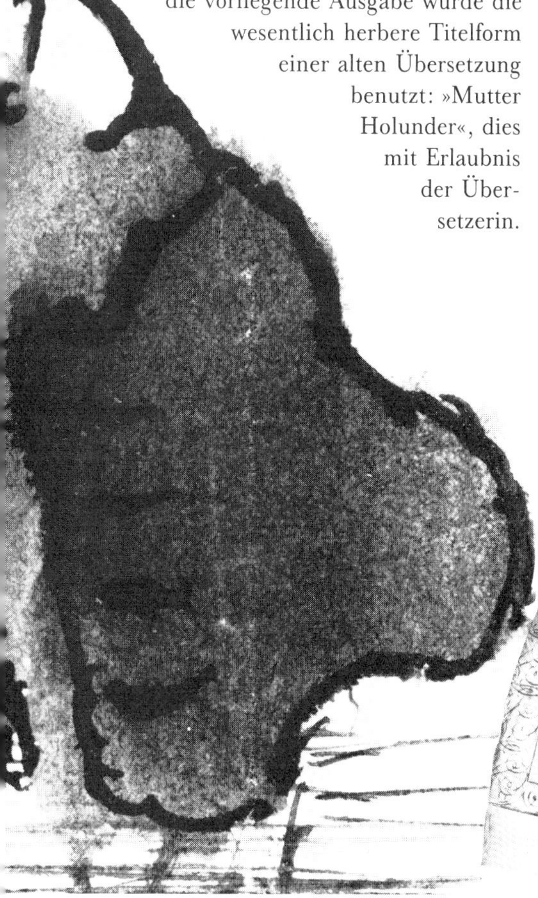

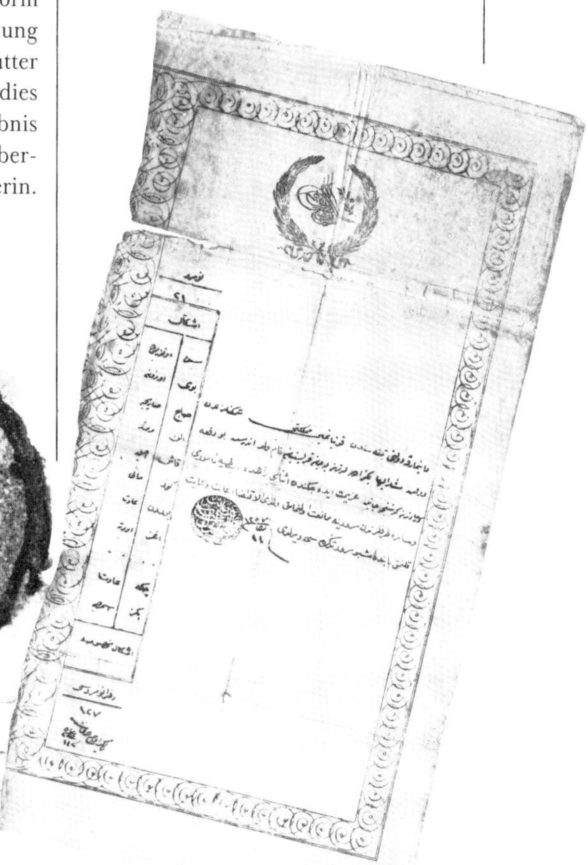

Andersens türkischer Paß.

»Aus dem Wirklichen erwächst das erstaunlichste Märchen«

Zur Andersen-Illustration von Sabine Friedrichson

Mit der vorliegenden Märchenausgabe verbindet der Verlag besondere Vorstellungen. In diesem Zusammenhang antwortet Sabine Friedrichson auf Fragen des Verlages, um interessante Aspekte des Illustrationsvorgangs zu erläutern.

1. Wie lange wurde an den Bildern zu »Mutter Holunder« gearbeitet?

Das ist eben diese Frage, die so oft und immer wieder gestellt wird, und die so schwierig zu beantworten ist. So kann ich zwar anhand meiner Notizen den Verlauf der Arbeitsvorgänge ungefähr nachvollziehen, aber es ist mir eigentlich kaum möglich zu sagen, wie viele Tage oder Wochen ich für eine einzige Zeichnung gebraucht habe. Vierzehn Tage, drei Wochen im Durchschnitt? Schwer zu sagen! Von den unterschiedlichen Größen mal ganz abgesehen, findet ja mit jedem Bild ein neuer Arbeitsprozeß statt, von den skizzenhaften Vorversuchen bis zur Ausführung, mal schneller, mal langsamer, mal mit Unterbrechungen, mal mit Verwerfen, Nochmalmachen, Überarbeiten. Jedenfalls ist sicher, daß ich am 19. September 1979 mit der Arbeit begonnen habe; denn an diesem Tag steht im Notizbuch: »Andersen-Anfang / Zinnsoldat / Fischstilleben 1. Tag«.
Seitdem waren Andersens Märchen nicht nur meine Arbeits-, sondern auch übergreifend meine Privatsache. Unnötig zu sagen, daß in zwei Ferien Dänemark natürliche Pflicht war, und ich hatte ein herrliches Alibi, um mir die

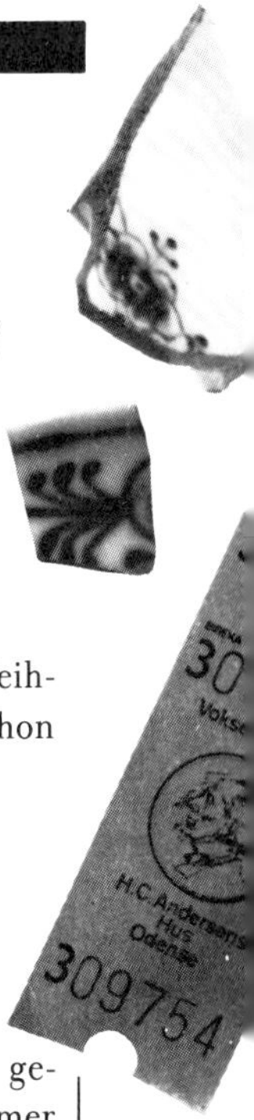

alte »Holunder«-Teekanne zu Weihnachten zu wünschen, mit der ich schon lange geliebäugelt hatte.

2. Es gab also Vorstudien und dergleichen, Annäherungen sozusagen? Wie lief so etwas zum Beispiel ab?

Ja, es hat eine Menge Vorstudien gegeben; die Zeichenarbeit war immer begleitet von Materialsuche in Bücherhallen, Ausstellungen und Museen.
Ich habe ja den Versuch gemacht, die Dinge zu betrachten, wie sie aus Andersens Blickwinkel wohl möglich gewesen wären (soweit das einem heute lebenden Menschen überhaupt gelingen kann). Sein Küchendialog hat jedenfalls nicht in einer Einbauküche stattgefunden; die täglichen Dinge sahen damals anders aus, die Gegebenheiten waren andere.
Wie ein Gang in diese andere Zeit waren für mich die Besuche zweier Freilichtmuseen, nahe Kopenhagen und Odense, und des »H. C. Andersen-Hus«, eine Kultstätte zwar, aber doch einmalig, um einen Begriff von Andersens biedermeierlichem Umfeld zu bekommen. Nahezu als Geschenk empfand ich dort eine Sammlung von Spielzeug aus seiner Zeit, alles Dinge, die in

»Fundstücke« einer Dänemark-Reise.

den Märchen eine Rolle spielen, sogar mit Zitaten der betreffenden Textstellen auf zugeordneten Kärtchen.

Ein ganz eigenartiges Erlebnis war »meine Entdeckung« des Gutshofs Borreby. Das Märchen von Valdemar Daae ist ja eigentlich mehr eine historische Phantasie; denn Herr Daae war ein Edelmann des siebzehnten Jahrhunderts, den seine vergebliche Goldsuche

ruiniert hat. Auf dem benachbarten Herrensitz Basnaes war Andersen in den späten fünfziger Jahren ein regelmäßiger Gast. Im Märchen selbst läßt er den Wind so genaue Angaben über Standort und umgebende Landschaft machen, daß ein nahe Vorbeifahrender unbedingt versucht sein muß, auf der Karte nachzusehen, und er wird ein imposantes Herrenhaus finden, gut erhalten und bewohnt. Allein der Garten ist zu besichtigen, jetzt öffentlicher Park für bestimmte Stunden, abends wird abgesperrt.

Ich ging die Alleen entlang, der Wind rauschte in den Bäumen, und die Krähen hörte man von ferne. An den Wegrändern fand ich große weiße Häuser von Schnecken, die früher für die Küche gesammelt wurden, und beim ungehörigen Stochern im Gartenmüll kleine Porzellanscherben mit der traditionellen blauen dänischen Bemalung. Da kam mir erstmals der Gedanke, daß die Scherbe, unter die der Mistkäfer kriecht, nicht notwendigerweise ein schlichtes Tonstück von einem Blumentopf zu sein brauchte, sondern ebensogut solch ein bemaltes sein könnte, sogar besser, weil mit typischem dänischen Muster.

Andersen, eine der meistfotografierten Persönlichkeiten des vorigen Jahrhunderts . . .

... Er war aber mit dem Ergebnis selten zufrieden. 1854 schrieb er in Dresden in sein Tagebuch: »Wurde zum Photographieren gefahren, posierte dreimal, sah wie ein abgeblätterter Nußknacker aus.«

Durch dieses Tor mußten Valdemar Daae und seine unglücklichen Töchter Borreby verlassen.

3. Welche Erfahrungen hat nun Sabine Friedrichson mit diesen Märchen gemacht?

Mein Andersen-Märchen-Verständnis hat sich im Laufe der Arbeit sicher verändert. Anfangs hatte ich gedacht, über alles schon Bescheid zu wissen, und das denken wohl viele andere Leute ebenfalls. Andersen gehört scheinbar zur Kindheit und ist somit einer, den man ja sowieso schon lange kennt. Man glaubt, alles über seine Märchen genau zu wissen, weil man damals einiges von ihnen gehört hat; aber was für eine Überraschung, wenn man den Märchen heute wieder begegnet. Über die Entdeckungen, die dabei zu machen sind, haben sich bereits andere ausgesprochen, aber am schönsten bleibt eben doch, selbst herauszufinden, was einem beim ersten Hören entgangen war, oder, warum man etwas früher schon so schön gefunden hatte. Als ich klein war, fand ich beispielsweise die Unterhaltung mit meiner Lieblingstasse so schön, und Herr Andersen hat durch seine Art, sich in andere Wesen einzuleben, geholfen, daß diese Beziehung so intensiv wurde. So wie alle Kinder ja ein viel unmittelbareres Verhältnis zu ihrer Umgebung, zu den Dingen haben, mit denen sie umgehen, hatte auch ich meine geheimnisvollen Bekanntschaften mit den täglichen Dingen und liebte Gespräche mit Pflanzen, Wind und Wetter.

Und warum war das so schön? Diese Frage kann mir heute Mutter Holunder beantworten, wenn sie sagt: »Aus dem Wirklichen erwächst gerade das erstaunlichste Märchen.« So, wie sich aus dem Gewohnten das Außergewöhnliche entwickeln kann, so wurzeln die Märchen von Andersen in der realen Welt; seine Wunder liegen zwischen den Dingen des Alltags, und das finde ich so hoffnungsvoll.

4. Zu Andersens Märchen gibt es viele und ganz unterschiedliche Illustrationen, und zwar in allen Ländern der Welt. Alle diese Bilder, soweit bekannt, illustrieren die Märchenhandlung durch personelle Beschreibungen. Warum geht Sabine Friedrichson einen ganz anderen Weg?

Die Vielzahl der Illustrationsmöglichkeiten wurde für mich eingeschränkt durch die Entscheidung, das ganz und gar Phantastische auch ganz und gar der Phantasie zu überlassen. Die direkte Darstellung von überwirklichen Begebenheiten mochte ich eigentlich nie so recht; Sensationen haben kaum noch eine Entwicklungsmöglichkeit und sind auch gar zu phantastisch, als daß sie einem selbst zustoßen könnten. Damit bleibt der Betrachter eigentlich außen vor, und das bringt keinen Spaß. Man muß nicht alles penetrant vorgeführt bekommen, sondern sollte Spielraum für die eigene Vorstellung behalten dürfen, um sich selber etwas auszumalen.

Sabine Friedrichson vor ihrer Andersen-Arbeitswand.

Schauplätze eines Geschehens realistisch zu zeigen, sich als eine Art Spurensicherung auf Details zu konzentrieren, ist zwar eine stillere, behutsamere Heranführung an die Märchen, muß aber nicht zwangsläufig die langweiligere sein. Gerade bei Andersen sind die stummen Dinge ja sehr beredt, und so lasse ich sie auch für sich sprechen.
Im »Häßlichen Entenküken« zum Beispiel zeugt die Brille auf dem Tisch von der Anwesenheit der alten Frau, die nicht mehr so gut sehen kann, und der Blick von oben auf die Dächer erzählt vom fliegenden Koffer.
Die geliebte Meerjungfrau rückt nur andeutungsweise und in umgewandelter Form durch den Griff des Messers ins Bild. Eben weil diese Märchen schon fast hinter ihren eigenen Klischeebildern verborgen sind, halte ich es für wichtig, gegen die Sehgewohnheit an zu illustrieren und beispielsweise auf die Abbildung vom nackten Kaiser und der Feuerzeug-Hexe zu verzichten. Damit werden sicher einige gewohnte Erwartungen nicht erfüllt, aber lohnt es sich nicht doch, etwas so Vielseitiges wie Andersens Märchen aus einem ungewohnten Blickwinkel zu betrachten?

5. Und was mögen Kinder dazu sagen?

Jedes Kind wird wohl seinen eigenen Standpunkt finden; Verallgemeinerungen gibt es da ebensowenig wie bei Erwachsenen. Es ist schwierig, über die Wirkung der Bilder auf andere Menschen zu spekulieren, und es ist auch die Frage, ob man bei solch stillen Dingen wie Zeichnungen überhaupt von Wirkungen sprechen kann. Der eine wird sie vielleicht mögen, der andere nicht, egal, wie alt er ist. Beim Arbeiten habe ich jedenfalls bewußt vermieden, daran zu denken, wer diese Zeichnungen sehen wird und welchen Eindruck sie auf wen machen könnten.

6. Die Übersetzungen fallen leider unterschiedlich aus – gab es dadurch Schwierigkeiten?

Als Kind besaß ich die Andersen-Märchen vom Droemer-Knaur-Verlag, illustriert habe ich nach der Manesse-Ausgabe, und erst zum Korrekturlesen kam ich bei der vorliegenden Übersetzung von Thyra Dohrenburg an. Ich vermißte einige liebgewordene Formulierungen, fing an zu vergleichen, nahm dann den Originaltext sowie das deutsch-dänische Wörterbuch dazu und fragte mich schon bange, ob meine dänische Ausgabe von 1900 wohl zuverlässig sei. Damit begann die »Einsicht« in ein mehr als verzwicktes Problemfeld von Ausdrucksmöglich- und -unmöglichkeiten.

Über Andersens »raffinierte Schreibkunst« und die Schwierigkeiten, die »selbst ernstzunehmende Übersetzungen« (Zitat von Erling Nielsen) mit ihr haben, gibt es ja schon viele kluge Anmerkungen.

Abgesehen von den heimlichen Sinnveränderungen, die dabei entstehen können, gibt es auch relativ plumpe Unterschiede in den Bezeichnungen von einfachen Dingen. So könnte man sich als Illustrator das Küchenstilleben im »Fliegenden Koffer« aus den verschiedenen Übersetzungen schon selbst zusammenstellen und wählen, ob man lieber einen *Staubbesen* zeichnen möchte oder einen *Staubwedel*, einen *Tontopf* oder eine *Tonschüssel*. In diesem Fall ist es denn doch wohl besser, man läßt das Vergleichen und lernt lieber gleich dänisch.

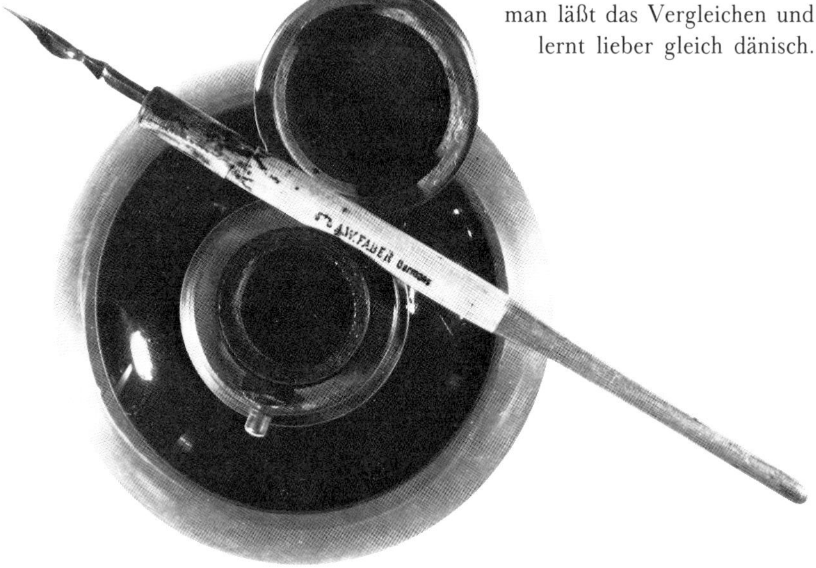

Tintenfaß und Federhalter, Arbeitsgerät für Sabine Friedrichson, zugleich Vorbild für die Titelvignette zu »Tölpel-Hans«.

Andersens Märchen

Von Egon Monk

Im Dezember 1932 schenkte der Gefion-Verlag (Berlin-Kopenhagen-Malmö) dem Direktor einer Berliner Lackfabrik dreißig Heftchen mit Hans Christian Andersens gesammelten Märchen. Die Heftchen sollten, so stand's auf der Rückseite, für den Beitritt zu dem schon »nach Hunderttausenden zählenden Leserkreis« des Verlags werben und die Beschenkten geneigt stimmen, sogleich den Roman »Der singende Tor« von Baron Palle Rosenkrantz zu bestellen, mit Goldschnitt und »Bildern vom Film gleichen Namens, für nur 2,75 zuzüglich Porto«. Ob der Direktor den Roman gekauft hat, weiß ich nicht, die Märchen hat er jedenfalls nicht behalten. Anscheinend hat niemand sie haben wollen. Wie Andersens dänischer Silberschilling in der Fremde müssen die Heftchen in der Lackfabrik von Hand zu Hand gegangen sein, unerkannt und ungeachtet, bis sie zum Geringsten der Firma gelangten, der keinen mehr unter sich hatte. Das war der Lehrling, mein älterer Bruder, und der schenkte sie mir.

Nun hatte ich die Heftchen, aber was stand drin? Ich konnte noch nicht lesen. Das mußte meine Mutter für mich tun. Sie hat mir die Märchen Abend für Abend vorgelesen, vom ersten bis zum letzten, alle hundertsechsundfünfzig. Draußen wurde das Dritte Reich ausgerufen, drinnen waren wir da vielleicht bei der Stopfnadel, die sich so fein vorkam, daß sie sich

Dies ist eines der ersten *fotografierten* Bilder von Andersen, eine deutsche *Daguerreotypie von 1850.*

Selbstporträt aus dem Jahre 1830.

einbildete, eine Nähnadel zu sein; draußen wurde es Frühling, Sommer, Herbst und wieder Winter, drinnen hatten wir da vielleicht »Tante Zahnweh« ausgelesen und fingen mit dem »Feuerzeug« wieder von vorn an: »Es kam ein Soldat die Landstraße dahermarschiert: Eins, zwei! Eins, zwei! Er hatte einen Tornister auf dem Rücken und einen Säbel an der Seite, denn er war im Kriege gewesen und wollte nun heim.« Manchmal, wenn es spät geworden war, übersprang meine Mutter einen Absatz oder überschlug auch eine ganze Seite. Das merkte ich. Da fehle was. Und wenn meine Mutter entgegnete, da fehle nichts, ich müsse mich irren, wußte ich meistens auch, was da gefehlt hatte. »Aber Junge«, rief sie dann, »du kennst die Geschichten doch schon auswendig!« Eben darum gefielen sie mir immer besser. Noch heute liebe ich jeden Satz.

Andersen war äußerst geschickt im Umgang mit der kleinen Papierschere, die er stets bei sich trug. Wenn er sich langweilte oder andere unterhalten wollte, griff er zur Schere und zauberte merkwürdige oder hübsche Figuren und Muster.
Gegen Ende seines Lebens, als Kraft und Konzentration für größere Vorhaben nicht mehr reichten, beklebte er

einen großen Wandschirm mit Figuren, Kupferstichen und anderem Bildmaterial aus verschiedenen Journalen, die man ihm besorgt hatte. Reizvoll die Vielzahl zeitgenössischer Porträts, die er in seinem achtteiligen Wandschirm zuordnete. Es entstand sozusagen eine raffinierte collagierte Enzyklopädie des Kultur- und Geisteslebens seiner Zeit – aus seiner persönlichen Sicht.

Seite aus dem Klebebilderbuch für Agnete Lind, der Enkelin des alten Collin. – In den letzten zwanzig Jahren seines Lebens fertigte Andersen Bilderbücher für Kinder und Enkel seiner Freunde.

Kann man nur als Kind Andersen lieben lernen? Das glaube ich nicht. Wer als Kind niemanden hatte, der sich zu ihm ans Bett gesetzt und ihm die Märchen vorgelesen hätte, der geniere sich nicht und hole als Erwachsener das Versäumte nach. Andersens Welt ist lebenslänglich und für alle Lebensalter geöffnet. Als die Märchen neu waren, als Andersen selbst sie zum erstenmal erzählt hat, vor fast hundertfünfzig Jahren, bemerkte er bald, daß ihm nicht nur die Kinder zuhörten. Sein Freund Thorvaldsen, der Bildhauer, ließ sich die Geschichten sogar während er arbeitete von ihm vorlesen, am liebsten die vom häßlichen Entlein und die vom Ball und dem Kreisel. Und wenn sie abends im Kreis der Familie zusammensaßen, fragte Thorvaldsen: »Bekommen wir Kleinen heute keine Märchen?«

In seinen Erinnerungen berichtet Andersen, daß Kinder sich vor allem an dem vergnügten, was er die Staffage nennen wolle, die Erwachsenen aber sich mehr für die tieferen Gedanken interessierten. Während er den Kleinen erzähle, denke er daran, daß oft Vater und Mutter zuhörten, und denen müsse man etwas für den Verstand geben. In der Geschichte »Moorkönigs Töchter« wissen das die Störche auch:

»Die Störche erzählen ihren Kleinen so viele Märchen, alle vom Sumpf und vom Moor; die sind für gewöhnlich ihrem Alter und Fassungsvermögen angepaßt; die kleinsten Jungen sind zufrieden, wenn man zu ihnen sagt: ›Kribbel, krabbel, blupp, blupp!‹ das finden sie ausgezeichnet, aber die älteren möchten einen tieferen Sinn dabei haben oder zum mindesten etwas über die Familie.«

Als ich älter wurde, hielt ich mich in der Tat lieber an die Stellen für den Verstand, die mit dem tieferen Sinn oder über die Familie, inzwischen aber finde ich »Kribbel, krabbel, blupp, blupp!« auch wieder ausgezeichnet.

Brauchen wir zum Märchenlesen günstige Umstände? Muß uns poetisch zumute sein? Sind Ort und Zeit von Belang? Das glaube ich nicht. Zwar empfiehlt Ernst Bloch die Abendstunde als die geeignete fürs Erzählen, zwar ist nicht zu leugnen, daß es schön ist, wenn dazu noch Winter herrscht, mit früher Dunkelheit draußen und einem richtigen Ofen mit einem richtigen Feuer drinnen, so einem mit langem Hals und blanker Messingtrommel, wie er uns aus dem »Schneemann« bekannt ist, aber wirklich nötig ist das alles nicht. Die Märchen können auch ohne förderliche Umstände gelesen werden. Im Frühling, Sommer, Herbst, morgens, mittags, nachmittags, in der U-Bahn, im Hotelzimmer, ja sogar am Strand. Ich habe es ausprobiert. Nötig sind nur die Märchen selber. Sie haben Kraft genug, uns zu allen Jahres- und Tageszeiten, und wie immer wir gelaunt sind, sofort – ja, was? gefangenzunehmen. Das altmodische Bild paßt. Wir merken das gar nicht, blättern, lesen eine Überschrift, einen ersten Satz, und sind gefangen. Andersens erste Sätze sind die schönsten und listigsten der Weltliteratur. Zum Beispiel:

»Es waren einmal zwei Hähne, einer auf dem Mist und einer auf dem Dache, hochmütig alle beide. Aber wer brachte es am weitesten? Sag uns Deine Meinung – wir behalten dennoch unsere eigene.« Oder:

»In China, weißt du wohl, ist der Kaiser ein Chinese, und alle,

Kleine Auswahl aus Andersens Scherenschnitten (dän. »Klipninger«). Über fünfzehnhundert Scherenschnitte sind erhalten.

die er um sich hat, sind auch Chinesen.« Wie mag das auf chinesisch klingen? Kürzlich las ich in der Zeitung, daß Andersens Märchen in der Volksrepublik China noch vor den Romanen von Dickens auf der Bestseller-Liste stünden. Oder:

»Es kam eine Ente aus Portugal, manche sagten, aus Spanien, das ist einerlei, sie wurde die Portugiesische genannt, sie legte Eier, wurde geschlachtet und aufgetragen; das ist ihr Lebenslauf.« Ist das ein Anfang? Es ist auch ein Schluß. Einer von den Schlußanfängen, wie Andersen sie liebte. Hier gleich noch einer:

»Es war einmal ein Kaufmann, der war so reich, daß er die ganze Straße und fast noch eine kleine Gasse darum mit Silbergeld hätte pflastern können, aber das tat er nicht, er wußte sein Geld besser zu gebrauchen; gab er einen Schilling aus, so bekam er einen Taler wieder, so ein tüchtiger Kaufmann war er – und dann starb er.« Eine Figur wird aufgebaut, bekommt einen Beruf, einen Charakter, einen Platz in der Gesellschaft – nun kann die Geschichte anfangen. Aber sie fängt nicht an, nicht so und nicht mit diesem Mann, sondern mit einem ganz anderen, mit seinem Sohn. Was es mit dieser Art von Anfängen auf sich hat, lehrt uns ein weiterer Anfang:

»Es ist eigentlich eine Geschichte in zwei Teilen, mit der wir hier aufwarten; der erste Teil könnte recht gut fortfallen, aber er gibt uns die Vorkenntnisse, und die sind nützlich!« Hier der schönste erste Satz. Er stammt auch aus dem berühmtesten Märchen: »Es war so herrlich draußen auf dem Lande, es war Sommer! Das Korn stand gelb, der Hafer grün, das Heu war unten auf den Wiesen in Schobern aufgesetzt, und dort ging der Storch auf seinen langen, roten Beinen umher und sprach ägyptisch, denn diese Sprache hatte er von seiner Mutter gelernt.« Das ist, für Leselustige, unwiderstehlich. Und welche Märchen zu welchen Sätzen gehören, das wird nicht verraten? Wer's wissen will, der suche selbst.

Können also die Märchen überall und jederzeit und von allen gelesen werden? Überall und jederzeit, aber nicht von allen. Philister, zum Beispiel, lesen keine Märchen, sie könnten es gar nicht, selbst wenn sie wollten. Sie glauben den Märchen nicht. Sie verwechseln Wunder mit Illusionen. Sie denken, das Märchenerzählen sei nichts weiter als erlaubtes Lügen für Kinder. Sie halten Märchen und Wirklichkeit für Gegensätze. Ihnen wird nie aufgehen, was Andersen meinte, als er in der »Geschichte aus den Dünen« die Fahrt des

Bevorzugte Scherenschnittfiguren: Kobolde, Schlösser, Schwäne, Windmühlen, aber auch Dämonen und nackte Hexen mit vier oder mehr Brüsten.

kleinen Jörgen durch die blühende Heide so beschrieb: » . . . ihm war es, als führe er mitten in das Märchenland hinein, und es war doch die Wirklichkeit.« Aber wäre es überhaupt wünschenswert, würde Andersen von allen verstanden? Es spricht, finde ich, sehr für die Märchen, wenn wir uns vorstellen, wer alles sie mit Gewißheit nicht liest, Leute nämlich, mit denen wir lieber nichts gemeinsam haben wollen.

Wir halten es mit den Märchenlesern. Mit Heinrich Heine, der Andersen sein Gedicht »Lebensfahrt« schenkte, und sich, selbst Fachmann auf dem Gebiet des Koboldwesens, von ihm ausführlich über die besondere Anhänglichkeit der dänischen Kobolde unterrichten ließ. Mit Charles Dickens, der, als er eine Sammlung arabischer Sprichwörter herausgab, eins davon hervorhob (»Als des Kaisers Roß goldene Hufeisen bekam, hielt auch der Mistkäfer das Bein hin«), und dazu anmerkte: »Wir empfehlen Hans Christian Andersen, darüber ein Märchen zu schreiben.« (Was Andersen tat.) Mit Theodor Fontane, der schon 1889 Andersens Märchen auf eine Liste der »besten Bücher« setzte. Mit Wladimir Majakowski, der den Märchen in seinem Antikriegs-Poem »Krieg und Welt« den Vorzugsplatz zu Füßen des Friedenstages anwies: »Aufbrach ein Tag, Zaubers so voll, / das Andersens Märchen zu seinen Füßen so froh / sich balgten, wie junge Hunde, vor Übermut toll.« Mit Kurt Tucholsky, der die Märchen von Herzen geliebt haben muß, denn sie fallen ihm zu oft ein, als daß es ein Zufall sein könnte. Über die parodistische Tänzerin Valeska Gert: »Gott muß ihr jenen Andersenschen Glassplitter ins Auge geweht haben, durch den man die Welt so eigentümlich verzerrt sieht.« Über den Blick auf das französische Städtchen Grasse am Abend: » . . . bis weit ins Land kann man sehen und oben auf den Bergen wohnen auch Menschen und blinken Lichter. Und jeder Lichtfleck erzählt eine kleine Geschichte – es ist wie ein Rundblick für Andersen.« Über die Riesenmenge gefundener und noch nicht abgeholter Fahrräder im Kopenhagener Polizeipräsidium: »Man müßte Andersen bitten, hier einen Nachmittag lang herumzugehen – was gäbe das für ein hübsches Märchen!« Es gibt auch einen ganz Andersen gewidmeten Artikel, »Herr Konferenzrat Andersen« von 1927. Und wenn Tucholsky, wie hier, sich lustig macht über Andersens Ruhmsucht, so läßt der milde Spott die große Zuneigung nur noch deutlicher hervortreten: »Du hast nach Anerkennung gelechzt, dein Leben lang! Wenn Herr Konferenzrat erlauben und wenn es Herrn Konferenzrat Freude macht: Herr Konferenzrat sind unser Aller Allerbester!«

Jenny Lind (Gemälde um 1843), die sogenannte »schwedische Nachtigall«, war Andersens große, unerfüllte Liebe. Als er sie kennenlernte, war er achtunddreißig Jahre alt.

Die frischeste Spur fand ich in Martin Walsers neuem Roman »Seelenarbeit«. Xaver Zürn, der Chauffeur, der von seiner Herrschaft selten beachtet und nie gelobt wird, hat ein Lieblingsmärchen, das vom Gärtner und der Herrschaft, in dem der Gärtner von der Herrschaft selten beachtet und nie gelobt wird, und dieses Märchen ist natürlich von Andersen. Keins von den berühmten, den oft gedruckten und viel zitierten. Es muß einer seinen Andersen schon ganz gelesen haben, um es zu kennen. Wie Xaver Zürn, über den Walser mitteilt: »Der Lieblingssatz der Herrschaft des Gärtners in seinem Lieblingsmärchen hieß: ›Dieses Jahr glückte es nicht, lieber Larsen.‹« Ich habe sofort in meinem Andersen nachgesehen, und da steht: »Es war fast, als empfinde die Herrschaft eine Erleichterung, wenn sie sagen konnte: ›Dies Jahr wurde es nichts, guter Larsen!‹« Zürn hat die bessere Übersetzung. »Glückte es nicht« ist genauer als »wurde es nichts«, weil im Mißglücken sich ausdrückt, daß Larsen sich Mühe gegeben hatte, es glücken zu lassen, und »lieber Larsen« gefällt mir besser als »guter Larsen«, weil das Gleichstellung vortäuschende »lieber« noch verlogener ist als das herablassende »guter«, ganz im Sinne von Andersens alter und Walsers neuer Geschichte. »Seelenarbeit« und »Der Gärtner und die Herrschaft« sind Darstellungen lebenlänglicher Kränkung Niedriggestellter durch Hochgestellte.

Die unverdiente Kränkung ist Andersens Hauptthema, und das Märchen vom Gärtner und der Herrschaft, 1871 geschrieben, eine seiner vielen Variationen darüber. Nur daß es hier, anders als im Märchen vom häßlichen Entlein zum Beispiel, eine menschliche Herrschaft ist, eine »reiche, hochadlige«, die das wahre Talent weder erkennt noch achtet, und nur, daß die Geschichte vom Gärtner Larsen nicht wie die vom häßlichen Entlein glücklich endet, nämlich mit dem Triumph des lang Verkannten, sondern daß die menschliche Herrschaft unbelehrt bleibt und es dem Gärtner übelnimmt, wenn ihm seine Arbeit gelingt und er Erfolg damit hat. »Sie fühlten«, heißt es am Schluß von Andersens Märchen, »daß sie die Herrschaft waren, sie konnten Larsen kündigen, aber das taten sie nicht, sie waren gute Menschen, und das ist erfreulich für jeden Larsen.« Ein Lob, das den lesenden Herrschaften eigentlich im Halse hätte stecken bleiben müssen, aber das tat es nicht. Vielleicht glaubten sie wirklich, gute Menschen zu sein, da sie die Larsens manchmal nicht hinauswarfen. Und vielleicht glauben sie das, wie Walsers Geschichte zeigt, noch heute. »Nun magst du darüber nachdenken«, sagt Andersen am Schluß. Das wollen wir tun. Auch darüber, wie unser Dichter eigentlich zum Ruf des guten Märchenonkels aus dem Butterlande kam. Das ist er, glaubt es mir, nicht.

Andersen, 1868, gegen Ende seines Lebens.

Ob es den Gefion-Verlag (Berlin-Kopenhagen-Malmö) noch gibt, weiß ich nicht, »Der tanzende Tor« von Baron Palle Rosenkrantz ist so vergessen wie der Film gleichen Namens, mein älterer Bruder fiel im Krieg, meine Mutter ist gestorben. Von den dreißig Heftchen habe ich noch an die zwanzig, aber vielen Geschichten fehlt entweder der Anfang oder der Schluß. Dennoch kommt es mir ein bißchen wie Verrat vor, wenn ich neue Bücher benutze. Bei uns zu Hause bin jetzt ich der Vorleser. Und welches Märchen lesen wir heute? Vielleicht das vom Vater, der immer das Richtige tut. Es fängt so an:

»Jetzt werde ich dir eine Geschichte erzählen, die ich gehört habe, als ich klein war, und jedesmal, wenn ich seitdem darüber nachgedacht habe, fand ich sie schöner; denn es geht mit den Geschichten wie mit vielen Menschen, sie werden mit dem Alter schöner und schöner, und das ist so vergnüglich!«

Andersen, in seiner Wohnung, Mai 1874, ein Jahr vor seinem Tod. Das Foto stammt vom Hoffotografen Weller aus Kopenhagen. Die Aufnahme war beschwerlich und langwierig. Andersen notierte hinterher mißmutig: »Ich blieb in dieser Haltung einfach sitzen, denn ich konnte nicht auf meinen Beinen stehen.«

BIOGRAPHISCHE NOTIZ

BERND JENTZSCH wurde 1940 in Plauen im Vogtland geboren und ist in Chemnitz, das heute Karl-Marx-Stadt heißt, aufgewachsen. Er studierte Germanistik und Kunstgeschichte in Leipzig und Jena und hat danach viele Jahre als Verlagslektor gearbeitet. Seit 1976 lebt er in der Schweiz.

Neben Gedichten und Erzählungen hat Bernd Jentzsch auch mehrere Kinderbücher geschrieben: »Der Muskel-Floh Ignaz vom Stroh« (1974), »Ratsch und ade!« (1975), »Der bitterböse König auf dem eiskalten Thron« (1975), »Vorgestern hat unser Hahn gewalzert« (1978) und »Die Wirkung des Ebers auf die Sau« (1980).

SABINE FRIEDRICHSON, 1948 geboren, studierte an der Fachhochschule für Gestaltung, Hamburg, und ist seit 1970 freischaffende Illustratorin in Hamburg. Ihr Hauptgebiet ist die Buchillustration zur Kinder- und Jugendliteratur.

Im Programm Beltz & Gelberg erschienen bisher ihre Illustrationen zu Frederik Hetmann, »Weißes Pferd, schwarzer Berg« (1971), Clyde Robert Bulla, »Weißer Rabe« (1973). Für »Fundevogel und andere Lieblingsmärchen« erhielt Sabine Friedrichson 1979 den Oldenburger Kinder- und Jugendbuchpreis.